U0611579

铁血文库 特刊

图说大坂之阵

褚以炜◎著
宋毅◎主编

時代文藝出版社

图书在版编目（CIP）数据

图说大坂之阵 / 褚以炜著．—长春：时代文艺出版社，2017.5

ISBN 978-7-5387-5395-0

Ⅰ. ①图⋯ Ⅱ. ①褚⋯ Ⅲ. ①战争史－日本－1614-1615 Ⅳ. ①E313.9

中国版本图书馆CIP数据核字（2017）第009016号

出 品 人　陈　琛
产品总监　郭力家
责任编辑　方　伟
助理编辑　胡　军
装帧设计　孙　利
排版制作　张　月

图说大坂之阵

褚以炜◎著

出版发行 / 时代文艺出版社
地址 / 长春市泰来街1825号　时代文艺出版社　邮编 / 130011
总编办 / 0431-86012927　发行部 / 0431-86012957　北京开发部 / 010-63108163
网址 / www.shidaicn.com
印刷 / 三河市万龙印装有限公司
开本 / 710mm × 1000mm　1 / 16　字数 / 260千字　印张 / 14.25
版次 / 2017年5月第1版　印次 / 2017年5月第1次印刷　定价 / 39.80元

图书如有印装错误　请寄回印厂调换

前　言

庆长五年（1600年），德川家康为夺取丰臣秀吉殁后的丰臣政权主导权，与奉行[①]石田三成、大老[②]毛利辉元等人组织的西军在美浓国（今岐阜县）的关原进行了一场决战。家康在获得这场决战的胜利三年之后的庆长八年（1603年）成功从朝廷处取得征夷大将军职[③]，随后在江户建立了幕府。但是，家康能够取得关原之役的胜利，实际依赖于在这次决战中支持他的丰臣氏谱代（嫡系）诸侯的奋战，他不得不在西日本封予他们面积巨大的领地，而秀吉的继承者丰臣秀赖也保持了他“天下人”[④]的身份，依然雄踞大坂，和西国的丰臣谱代大名同声共气，绝不对家康称臣低头。所谓“德川氏通过关原的胜利而夺取天下”的俗说并不全对，新生的德川政权依然危如累卵。日本政局一时俨然有德川、丰臣新旧“二重公仪”[⑤]之况，家康为打破这个格局，可谓殚精竭虑。

在之后的十余年里，家康逐步收紧对秀赖的包围圈，但秀赖依旧不肯对家康称臣。庆长十九年（1614年），以方广寺钟铭事件为契机，获得了进攻丰臣氏的名分的德川家康动员全国大名，对秀赖所据的大坂城发动围攻。秀赖则聚集浪人，进行顽强抵抗。经过1614年冬和1615年夏两次战役之后，大坂城内的丰臣方主要将领大半阵亡，秀赖则和其生母淀姬一道自尽。在丰臣家灭亡之后，幕府将庆长二十年改为元和元年。至此，

---

① 奉行：指接受主君命令执行公事的担当官员。自镰仓幕府以来，日本武家政权就设置了一批常设或临时设置的“奉行”来分掌各种政务。

② 大老：指的是五大老，系丰臣政权的职制，晚年秀吉为辅佐尚未成年的丰臣秀赖所设。由德川家康、前田利家（死后为利长）、宇喜多秀家、毛利辉元、上杉景胜担任。

③ 征夷大将军：在日本历史上，原为大和朝廷为对抗虾夷族所设立的临时的高级军官职位，本应于停战时即功成身退。“夷”其实是指曾在本州东部和北海道居住的虾夷族，“将军”一词指军阶中的高级领导职。

④ “天下人”：即掌握天下的最高权力者，指日本织田信长与丰臣秀吉时代，信长、秀吉独立于朝廷权威和将军职，以霸权统治日本而言。

⑤ “二重公仪”：公仪一词在当时指代将军权力，也表现为一种领主阶级的共同政治利害关系。二重公仪是国际日本文化研究中心名誉教授笠谷和比古提出的用以说明关原大坂两战之间日本国制结构的研究概念，意即秀赖和德川将军一样，也具备武家政权领导者的名与实。

除 1638 年爆发的“岛原之乱”外，日本全国到 1868 年明治维新为止，成为了一个没有战争、完全和平的国家，史称“元和偃武”。

关原决战之后的政治格局究竟如何？德川家康是否蓄意灭亡丰臣血脉？两者的矛盾是否有可能调和？方广寺钟铭事件是德川家康的捏造吗？大坂城壕的填埋是不是一个“阴谋”？真田信繁的决死一搏究竟有几成胜算？本书将用日本历史学界的最新研究成果，尽可能给以上历史谜题做出合理的解答。

CONTENTS
目录

一　关原之战的战后处理以及各方势力的动向

庆长五年（1600年）九月十五日，在“天下人”丰臣秀吉去世两年之后，丰臣政权主导权之争达到高潮。这一日清晨，德川家康率领的东军，与实际上由丰臣氏奉行石田三成统领的西军，在美浓国不破郡的关原（今岐阜县关原町）展开决战。两军鏖战至正午仍呈胜负难决的状态，后因西军一方小早川秀秋部倒戈，战局瞬间发生了戏剧性变化，遭受意外打击的西军全线崩溃。作为一场决定历史走向的节点之战（日谚曰：天下分け目），这个结局来得实在太快。毋庸赘言，这场战争的胜利者和失败者的命运也在这一瞬间被决定下来了。首先让我们来看看失败者的命运。

在当天实际作战中统领全局的石田三成逃出战场，向其居城近江佐和山城逃亡。关原决战六天后的九月二十一日，三成在今滋贺县米原市和岐阜县揖斐川町之间的伊吹山中就擒。作为起事首谋和实质上的总指挥，东军方面对他的追捕确为最严。接着，石田的盟友小西行长和在西军集结上出了很大气力的毛利氏外交僧安国寺惠琼也一同在亡命之路上落网。同年十月一日，他们三人在京都六条河原被处极刑，一命归西，其下场可谓悲惨。

在失败者中，有些人虽幸免改易（除封）之祸，但也被没收了大量的封地。比如西军的总帅，在战役期间一直坐镇大坂城的毛利辉元。虽然他由于同族吉川广家的“走钢丝”举动，一时得到了德川氏保证其领地的承诺，但是东军进驻大坂后，他勾结石田三成，积极参与西军的证据曝光，于是当初和德川氏并为东西两雄的大毛利家，被砍成了仅有本州最西隅的周防、长门两国的近世大名——“长州藩”。

至于在关原之战中第一个成为德川氏打击目标的北国重镇会津领主上杉景胜，在得知东军获胜时，立即停止了对羽州最上氏的攻击，朝德川氏恭顺。上杉氏最终付出的代价相

⊙ 彦根城本所藏关原合战图屏风，现藏于关原町历史民族资料馆。作为彦根藩主持制作的合战绘卷，该图着重彰显了其藩祖井伊直政的奋战

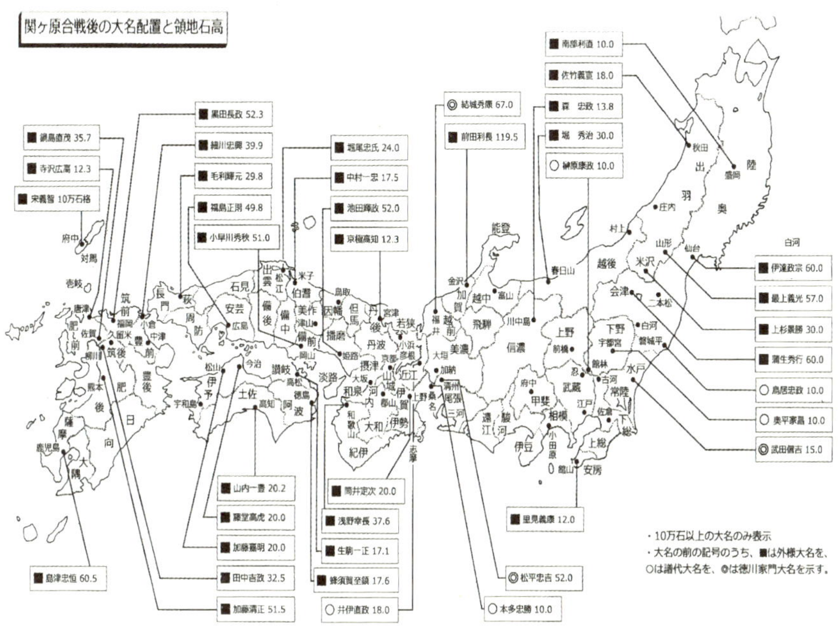

⊙ 关原战后的大名配置。只标示领地十万石以上的大名，黑色方块为“外样（非嫡系之意）大名”，单圈为“谱代大名”，复圈为德川一族的“家门（亲藩）大名”

当之大，他们原先和毛利氏一样账面高达一百二十万石[①]的广大领地被削减到三十万石，而且从陆奥会津转封到出羽米泽。常陆水户的佐竹义宣坐拥五十四万石领地，与石田三成私交甚笃。但因为在关原之战中态度暧昧，而被转封到出羽秋田的苦寒之地。这样，被除封和没收的西军大名领地达到六百三十二万石之巨，但是，其中约五百二十万石主要作为战功奖赏封给了投靠东军的丰臣系武将。

更为凄惨的是，有的人不仅被没收领地，还过起了长期的逃难生活。比如“丰臣五大老”中年龄最轻的西军重镇宇喜多秀家，战后一度藏匿在岛津氏的领国萨摩之内，在那里过了两年的亡命生活，后来被送还京都。庆长十一年（1606年）宇喜多秀家被流放到八丈岛，在当地蛰居了五十年才去世，还留下了不少轶闻。另外，阴差阳错地进了西军阵营的萨摩岛津氏没有受到德川氏的处罚，保持了原有领地的完整。

---

① 丰臣德川政权用土地上大米的生产量来作为封建诸侯的土地，以及其封建义务承担额度的标准，这个制度就是所谓的“石高制”。但必须指出的是，这个数值实际上政治意义高于事实意义，有时中央甚至会无视实际经济情况，用大名诸侯必须刚性承担的军役数额大小逆向规定石高额。所以石高额并不能用来衡量一地的经济实力。

关原合战时，在信浓上田城（今长野县上田市）拖住了德川秀忠的真田昌幸、信繁父子，被迫蛰居于纪伊国高野山麓的九度山村，这完全是由于其长子，算是家康养女婿的真田信之为其求情而得到从轻发落。在后世的传奇武打小说和话本里，都有描写这对父子在流配地为辅保丰臣江山打倒德川而枕戈待旦，等待再举机会的情节。实际上，他们哪有这等雄心壮志，生活落魄得很，一心希求幕府对他们网开一面。昌幸在家康就任将军的庆长八年（1603 年），还期望通过真田信之走家康近臣本多正信的路子，以求获赦回本家，但以失败告终。而后，这对父子只能靠本家、纪州莲华定院以及浅野氏的少许救济勉强度日。昌幸在一封某年三月二十五日写给信之的书信中叹道：“此一二年因为上了年纪，气力衰竭（中略），长年山居此处，万事不便，（你）想必能推察。”已经全然一个衰朽老者的气象。直到他去世，幕府的赦免命令也没有下来。

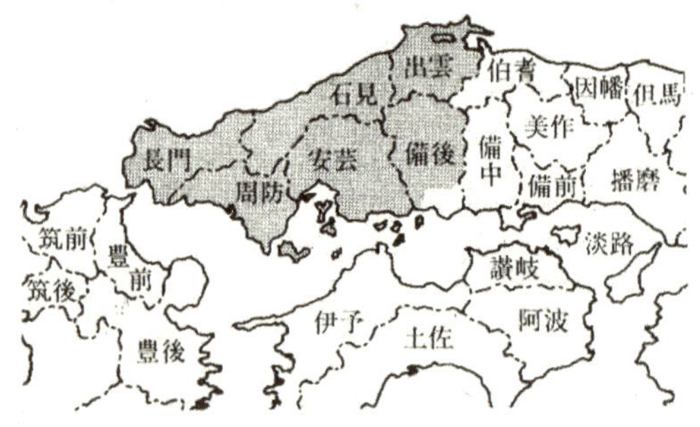

⊙ 毛利氏在 1582 年—1600 年之间的势力范围变迁示意图

在关原之战中和德川方敌对的武将，除掉少数幸运儿外，皆面临着暗淡的前景。关原一战之后，社会复归和平，浪人武士的就业行情自然不看涨，并且，诸侯们也不乐意征辟这些政治上有污点的人。他们若不肯改业，只能过起希望渺茫的放浪生活。相比之下，东军方的丰臣系大名借着论功行赏的东风分了他们的家业，很多人一跃成为国主级大名。

这样，浪人的去向就成了关原战后一个严重的社会问题。不仅如此，被减封的大名因为无法维持战前的领地规模，所以一般只能靠削减家臣采邑的手段勉强度日。最典型的例子莫过于前面提到的毛利氏，其领地基本缩小到了战前的三分之一，毛利氏只能采取削减每个家臣的封地的方式来图存，不满待遇缩减而出走的家臣不在少数。当然，也有像佐竹氏那样在转封之时将许多在乡小领主和各家臣的次子、三子留在本乡（当然，这些从十一世纪以来便扎根在常陆国的土著武士也未必喜欢远赴北国），并且裁减下级家臣的手段来维持其存续的例子。这样，浪人问题便不可避免，在后来的大坂之阵中，无数有名无名的浪人聚集到大坂城，可见失业浪人已经膨胀到了相当大的一个数字。

⊙ 福冈市立博物馆藏黑田长政骑马像

下面我们先以宇喜多氏的家臣为例，来具体看一看他们的境遇。

宇喜多秀家的重臣知名的明石扫部，其大名在很多后世写成的二手资料中被记为明石全登，但其人的详细事迹在史料中并没有留下太多痕迹。关原之战前夕，宇喜多秀家因为宠信近臣，导致家臣团分裂，从而引发了“宇喜多骚动”。宇喜多诠家（左京亮，后改名坂崎直盛）、户川达安等一大批重臣在这次内讧中脱离了宇喜多氏，但明石扫部还是留在了宇喜多家臣团中，在关原之役中为西军而战，他还试图策反当时在德川军中的户川达安，但不管怎样，战役以西军的失败而告终。他在关原之战以前，就受洗成为天主教徒。另外，和他立场不一的宇喜多诠家也是天主教徒，恐怕在他们的部下之中，天主教信者也不在少数。战败以后，他和备前国内约三千人的信徒移居到了当时也属天主教大名的筑前国主黑田长政领内。除了全登以外，黑田氏在弃教以前还是庇护了为数不少的天主教浪人。

另外，在江户时代成书的地志《越贺登三州志》庆长十九年（1614 年）三月的记事中，在从加贺前田氏处流放出去的天主教浪人名录里能看到一个叫作宇喜多休闲的人名。虽然不能具体知道他是何人，应该也是和宇喜多氏有关的人物，由于秀家的正室是前田利家的女儿豪姬，恐怕此人是借助着这层关系寻求前田氏庇护的吧。又据传教士方面的资料，在此同时，曾出仕秀家的一个名为 Guiuzza 的人物和其三个儿子被前田家流放到津轻，这个 Guiuzza 和休闲属于同一人物的可能性很高。

岩佐又兵卫作《伞张、虚无僧图》。制雨伞是贫困武士和浪人经常从事的副业，而虚无僧是普化宗僧徒的称呼。在江户时代，幕府特许无职浪人出家为该宗僧侣云游糊口

这些天主教浪人在江户初期当局对天主教尚属宽容的时代，尚能通过同教之缘和姻戚关系寻求有力人士的庇护。但是在幕府严行禁教之后，这些无处可去的信徒很多便在大坂之阵中参加了丰臣一方。这些一时之间还有处可投的人或许还是幸运的，因为有更多的人正为寻求出路而四处碰壁，身处逆境之中。

有一家本贯在美作国濑户村（今冈山县美作市）的国人领主江见氏，他们在室町时代就是名列足利幕府外样众的名门。这一族在文禄、庆长年间有个叫江见景房的人，从姓名可以看出，他大概是先跟随备前守护代浦上宗景，后来从属了取浦上氏的宇喜多氏。他随宇喜多氏参加过秀吉侵略朝鲜的战争，据说还周游各地修炼武艺本领。但在关原之战前后，此人以其本贯濑户村的田产以及家臣五郎右卫门、同家所传长船忠光的胁差为质当，从其兄江见秀清及侄子江见秀纲那里借出了金子十两、江见氏先祖的系图以及赤松氏、浦上氏等原备前国主下发给他家的各种证据文件。这无疑是为了实现“下岗再就业”，而向“用人单位”提供一份完美的履历所必需的证明资料。但是根据江见氏的系谱，此人老后住在（美作国）胜田郡下山村，子孙亦在当地，可见他的求职之路以失败告终，最后不得不放弃武士之路归农。这样的例子在当时非常之多，有很多原属东国大名的武士，家传文书却留在了关西农家。这些人中很大一部分是为了重新寻求出仕之途而背井离乡，最后只能终老异乡。

这些找不到工作的浪人武士不少都跑到京都等中心城市，或者企图凭借关系东山再起，或不得不以副业糊口。以信浓小诸城主仙石氏为例，在关原之战中，仙石秀久投靠东军，属于德川秀忠的部队序列。众所周知，秀忠因为在上田城一战中被真田昌幸拖了后腿，未能及时参加决战，遭受家康责备，当时秀久在家康面前为秀忠说了不少好话。秀忠做上将军后，仙石秀久就受到领地加增待遇，成为但马出石城主。秀久长子仙石久忠和次子仙石秀范本是家督继承人，但仙石久忠却投到西军一方，于是被废谪放逐。他只能改名宗弥，跑到京都，在新町通二条北面的地方开了个私塾，以教书为业。本来是一城之主，却落到当一个孩子王的下场。但他这样的境遇也绝不是个别现象，比此人家格更高的原土佐国主长宗我部盛亲，在当时也和他一样，不得不放下诸侯老爷的身份，在京都当起了私塾先生，教授一帮孩子识文断字。

长宗我部盛亲是土佐的战国大名——曾一度打下了差不多整个四国的长宗我部元亲的四子。元亲长子信亲战死于秀吉的九州征伐之役，于是盛亲在天正十四年（1586 年）被

⊙ 位于今四国高知县高知市浦户的浦户城天守台旧址。浦户城原由土佐国人领主本山氏所建，长宗我部元亲在 1591 年对此城作做了大改建后，从大高坂城（后高知城）移住于此，它是长宗我部氏晚期的政厅所在

元亲钦点接班，其正式继承家督则在元亲殁后的庆长四年（1599 年）。对于这个越过两个哥哥，仅因父亲溺爱而得即位的少主，长宗我部家臣团中颇多人对此不以为然，内斗不断，盛亲的基础难以牢固。等到盛亲继承家主第二年，关原之战爆发，他被裹挟加入西军，但在决战中，他将阵地布在远离主战场的南宫山后，以一个看客的身份观摩了这场大战，在西军败局已定后，他撤兵回国。战后，他一面通过德川重臣井伊直政向家康求情以避免清算；另外，指示家臣泷本寺非有和桑名吉成等人加固居城浦户城，并囤积兵粮进行两手准备。当年九月，盛亲听信重臣久武亲直之言，认为其兄津野亲忠和伊豫的藤堂高虎合谋，要对自己不利，便在当月二十九日在土佐国香美郡岩村的灵严寺里诛杀了津野亲忠。一说津野素与藤堂高虎相善，曾通过藤堂在家康那里为长宗我部氏存续而说项。对于位子不是很稳的盛亲而言，这个曾是自己接班竞争对手的哥哥一旦得到家康的好感和信任，对自己就是极大的威胁，在此板荡之时做出杀兄举动，并非不能理解。但是，这一鲁莽举动触怒了家康，盛亲虽然亲自上京予以辩解，但未能获得谅解，终于遭到除封之祸，远江挂川城主山内一丰取代了长宗我部氏成为土佐国主。之后，盛亲也只能在京都开私塾，过起了绝望的浪人生活。

在盛亲的京都蛰居生活中，有一个叫明神弥八的原近臣随侍左右。对于这位忠仆，盛亲在一封未书年号，大抵可以推断在庆长六年前后的书信中感谢他一直以来的忠勤，并劝其为糊口计先找别家大名就业，书信中有“到我的家业也顺利的时候……”云云的讲述，可见盛亲一直没有放弃重新成为大名的希望。同时，盛亲还给自己的堂兄弟香宗我部贞亲（元亲三弟香宗我部亲泰次子）的监护人中山田政氏去信，也是劝他可以先出仕他家以维持生计，但等到长宗我部氏再兴之时，希望他们能归参本家。但是，香宗我部方面对盛亲的态度十分冷淡，有意保持距离。盛亲尽管对复兴本家期望很大，但周围众人却对此有较为冷静的判断。

那么，盛亲又是用什么方法来图谋重振家业的呢？他所依靠的救命稻草是原室町幕府政所执事伊势氏的重臣、精通各种武家典故仪轨的蜷川家当主蜷川亲长（号道标，国人熟悉的日本动画片《聪明的一休》里的重要角色蜷川新右卫门，就以他们一族中有名的连歌名匠智蕴为原型）。此人旧仕室町十三代将军足利义辉，永禄八年（1565 年）义辉横死于三好、松永氏发动的政变后，亲长一度躲到土佐，投奔娶了自己妻子异父姐妹的长宗我部元亲，因其家学渊源，以及出色的和歌、连歌技艺而受元亲重用。关原之战后，亲长因协助新领主山内氏平定长宗我部遗臣发动的浦户一揆事件有功，而被家康看中，拔为幕府旗本武士，在山城国缀喜郡食封五百石，又以他精通典故、广于见识，家康还任用他作陪自己聊天解闷的御咄众。盛亲不外是想借助蜷川氏同长宗我部氏的旧谊，让他在家康面前为自己说项。他频频给亲长去信，求得一面之机，但亲长当然知道自己在德川家中的地位并不牢靠，何况盛亲被家康厌憎，给他说情搞得不巧自己也要惹一身腥，于是便借故拒绝了盛亲的面会请求。盛亲的再兴之愿为此基本告绝。他的境遇是无数西军浪人的一个缩影，其中丢掉封地的大侯伯里能够有幸恢复大名地位的人寥若晨星。

浪人们汇集在京都的一个原因，除了该地经济发达人口密集便于从事副业外，还有一个原因，那就是关原战后家康因公事时常暂驻京都的伏见城。对于这些希望平反的人来说，在此期间上访求得获赦是很便利的。但本来就富于自治传统、小共同体边界森严的京都町众并不欢迎这些行为粗暴的外来人，他们一来怨望重、脾气大，二来个个都荷刀实枪，甚至还有几个家臣跟班，难免成为社会治安上的毒瘤。从丰臣秀吉时代起，针对浪人的法令就十分严苛。早在天正十一年（1583 年）六月，秀吉就对管辖京都市政的奉行前田玄以下达关于城市管理和诉讼处理的七条掟文，其中一条关于浪人的条文便规定：“洛中洛外诸浪人，秀吉未明底细之人，不许居住。”一言以蔽之，就是要让这些浮浪可疑之辈从京都内滚出去。另外，秀吉还允许京都町众的自治组织对于各类奉公人（服侍武士，被称为“小者”“中间”之类的下级仆役，其临时、浮浪性很强）对町民的“狼藉非分”行径，可以无所顾忌地向町奉行报案。文禄五年（1596 年），当时负责管辖京都下京地域行政的石田三成也禁止奉公人对町民的“非分”“狼藉”行为。有其法则必有其行，我们从这些法令的背面也可以看到当时京坂大城市中所充斥的浮浪人口所带来的社会问题。不仅官府如此禁遏，町民的自治组织也极力排斥浮浪人口的流入和居住，天正十六年（1588 年），冷泉町就定规矩禁止住民将住家卖给武家奉公人，违规者将被处以罚款。在文禄三年前后，下本能寺町和鸡鉾町也做出了类似的规定。可见在关原战役爆发以前，京都就并不是一个欢迎失意者和流动求职人口的城市。在关原合战结束以后，德川氏派来管辖京都市政的“京都所司代”板仓胜重完全沿袭秀吉政权以来的方针，严格清理盲流人口。在

⊙ 江户时期一个日本武士行军从征时的典型情况，其中的马夫和抬武具、辎重的从卒皆由“中间”“小者”等“武家奉公人”担当

本多忠胜画像（本多隆将藏，东京大学史料编纂所模写本）。这位据说出阵数十次未有负伤的勇将，晚年却因雕刻木佛划破手指感染而亡

庆长八年（1603年）三月，上面提到的京都冷泉町就奉板仓的命令取缔借宿的奉公人，当年十二月则规定奉公人借宿町内必须得到板仓胜重发给的宿券。这样，无论什么身份的浪人以何种理由到京都暂厝，都必须经过京都所司代的许可，并服从其管理。想要将浮浪武士从居住范围里排除出去的京都居民和意图将不逞浪人严密监视管控的德川当局两方在这里达成了高度一致。这样，对于西军浪人们来说，只要他们不放弃武士身份改行择业，不仅难以在大都市里讨生活，而且必然受到政权当局的严密监控，其再就业也因此变得越来越艰难。

成者王侯败者寇，相比于西军败将的黯淡末路，在关原之战中获胜的东军武将，又得到了怎样的待遇呢？德川家康从西军所没收的领地共达六百三十二万石，其中成为德川氏直辖领的土地仅达一百三十五万石，另外全部成了非德川嫡系东军大名的恩赏地，领地分配根据军功次序的原则逐一分配，实际负责制定分配原案的是家康的亲信武将井伊直政和本多忠胜二人。地缘政治结构经过这次政权洗牌，一时出现了十分微妙的格局。

首先，在领地分配上面，占了最大份额的是在关原决战中成为主力的丰臣系东军武将。造成这种格局的祸首不是别人，而是家康自己。他在关原决战西上之际，对统率德川嫡系主力部队的德川秀忠下达了沿东山道进军时优先镇压敌对势力再行西上的军令，结果导致秀忠久攻上田不下，贻误了德川主力参加关原决战的契机，这可谓他在关原博弈中落下的最大臭子。结果他只能依靠丰臣系东军武将打胜了关原决战。所以战后论功行赏的大头当仁不让地落在了这些人头上。其中获封增幅最大系有以下几位：

池田辉政 三河吉田十五万二千石——播磨姬路五十二万石

黑田长政 丰前中津十八万石——筑前名岛五十二万石三千石

加藤清正 肥后熊本十九万五千石——同地增封至五十一万五千石

福岛正则 尾张清洲二十万石——安艺广岛四十九万八千石

⊙ 井伊直政画像（东京大学史料编纂所模写本）。远江出身的井伊直政是家康麾下少壮武将中的翘楚，既有勇略，又能从事行政工作，关原之后即因岛津军留下的枪伤复发而过世，不知家康有无奉孝夭亡之叹

同样获得大幅增封的东军诸侯还有很多，可以参考本书附带的图表，正文中不一一列举。他们除了获得了很高的恩赏以外，还基本被配置在西军没收地最为集中的关西、九州地域。以上这四位在山阳道和九州地区获得了很多封地。再看其他的丰臣系武将，细川忠兴从丹后宫津转封到丰前的中津，浅野幸长从甲斐府中（甲府）转封到了纪伊的和歌山，山内一丰从远江挂川转封到了土佐的浦户，田中吉政从三河西尾转封到筑后柳川。从大势上来看，他们集中地配置在西国、九州地域，和丰臣秀赖的居城大坂连成了一片。

较之丰臣系东军武将势力范围的大规模扩张，德川嫡系将士虽然也有恩赏，但是在规模上是逊色于丰臣系东军武将的。面对这个局面，家康着重加强了德川同族的实力，比如其次子结城秀康从下总结城十万石增封为越前北庄五十六万九千石，四子松平忠吉从武藏忍十万石增封到尾张清洲的五十二万石。此二人被大幅增封五倍以上的领地，都被配置在当时日本东西分界概念上的境界要地，以牵制外样强藩。德川谱代家臣中也有一些被提拔为国持大名者，他们从关东的德川势力范围圈挺进到作为丰臣氏腹地的畿内周边地带，防备关西旧丰臣势力的先锋。例如，井伊直政获封石田三成的故地——近江佐和山城，本多忠胜受封伊势桑名，奥平信昌转到了美浓的加纳，户田一西获封美浓的大垣。他们一方面要监视大坂方面的动态，另一方面也要提防丰臣系的东军大名。尽管他们也成为二三十万石的中等规模领主，但终究不能和大外样诸侯相提并论。

⊙ 黑田如水所用黑丝威胴丸付合子型兜，藏于福冈市美术馆

因此，从德川氏的立场上看，关原战后的地缘政治格局一时出现了势力配置西高东低的局面。德川家康固然在当时掌握了政治的主导权，但是在名分上依然属于丰臣氏的首席家老，只是停留在“周公”的地位上，而“成王”依旧是丰臣秀赖。所以他无法用自己的名义对诸大名下发领地加增安堵的“判物”以及“朱印状”之类的正式行政文件。幕府自己编纂的《谱牒余录》中关于土佐藩的情况就记载道：“虽然拜领土佐国，但未领受判物。”日后的熊本藩主细川忠利问其父忠兴在当初从宫津转封到九州的中津时有没有取得领地封给的判物文书，忠兴只是回答：“并不曾有甚判物，不止我一人，诸人都是同样。”实际上的知行分封是怎样的呢？仅仅是派使者向当事人口头传达一下而已。福岛正则的备后安艺两国分封决定是由本多忠胜和井伊直政二人为使者传达的。山内一丰的土佐转封则是以榊原康政为使者口头传达的。至于向来处事精明的黑田如水甚至打算以脚踏两条船的方式稳固黑田氏的地位。他在关原之战结束后的庆长五年九月十六日写给藤堂高虎的一封信中这样说道：

（一）加主计（加藤清正）、在下因此度之战功，依井兵少（井伊直政）之吩咐，仰仗其斡旋，将由内府大人执成，自秀赖大人处拜领（知行），几年之间未

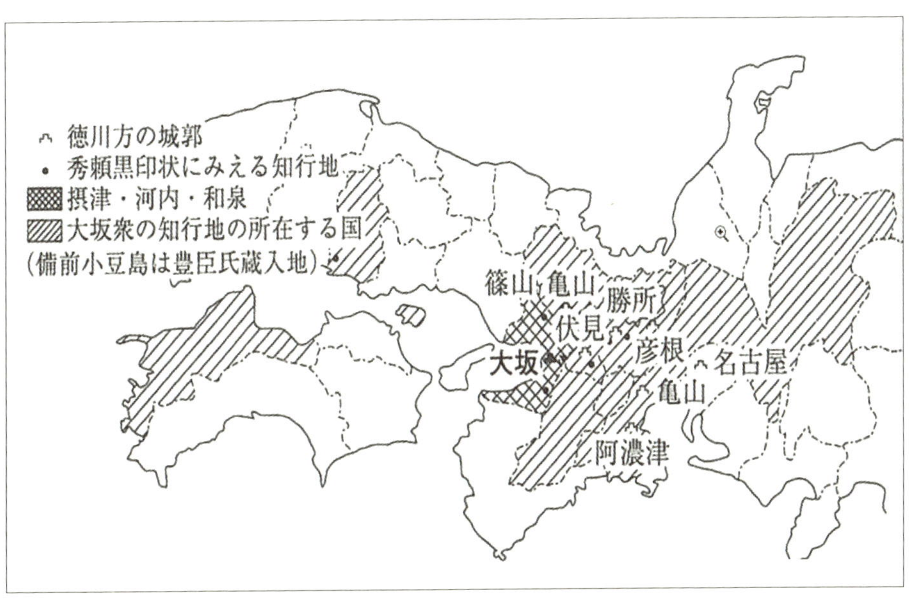

⊙ 关原战后秀赖领示意图（黑点：秀赖黑印状中所见之知行地。斜线：分布有大坂丰臣家臣零散封地的地区）

敢等闲处事，正为此时。

（二）总之，甲斐守（黑田长政）将在上方（指京坂）受封知行地，在下欲别成一家，为内府大人效力奉公，此事请您设法说项成全。

可见，在黑田如水眼里，秀赖是秀赖，家康是家康。关原战后黑田家新封的领地知行状是通过秀赖所发，但为给黑田家的前途上双重保险，他要直接从家康这里获得知行，成为德川家臣。从黑田如水不想把鸡蛋放在一个篮子里以及把丰臣、德川二者都视为下一代“天下人”有力候补的举动中，我们也可以看到家康即便打胜了关原之战，其“天下人”的地位也只是建立在一时的战胜之威上，尚未成为永固性的权力，其一时的合法基础也完全建构在丰臣国家的框架上，而不能摆脱它的规制。关原之战只是家康建立“德川公仪”的起始点，而不是终止符。同样，丰臣系的大诸侯被集中配置在西国，和大坂城同气连枝，也对德川氏的继续执政构成潜在的威胁。

至于身居在大坂城阁中的幼“成王”——丰臣秀赖在关原西军战败后的待遇如何呢？关原之战爆发时，他还只是个不满十岁没有政治判断力的孩子。关原之战也是以交战双方互以清君侧为名义，最后让石田三成等人背上叛乱首谋的锅就戮告终的丰臣家臣团内讧。

⊙ 义源院藏丰臣秀赖画像

秀赖和其生母表面超然于两军之上，但是片桐贞隆（片桐且元之弟）、松浦久信、石川赖明、小出秀政等秀赖的直属家臣，所谓“大坂旗本众”率军参加了西军对东军京极高次据守的大津城的攻防，后来成为丰臣家首席家老的片桐且元固然没有亲自参战，但也和奉行众增田长盛一起派遣了属下家臣参与了此役。鉴于这时年幼无知的秀赖没有判断能力，这些动作没有其监护人生母淀姬的首肯想必是难以成行的。但不管怎么说，这些人是秀赖母子可以直接调拨的直属扈卫力量，他们的参战还是将丰臣家卷入了这场纷争之中。所以，之后家康在二条城会见秀赖时责备其“背约”，也并非全是毫无缘由的指摘。

继承了秀吉遗领的秀赖，领有其属于大坂直接势力范围的摄津、和泉、河内三国以及散播在诸国的直辖领“藏入地”（藏即库房，此处指丰臣政权的直辖领）一共二百二十万石。但这些“藏入地”很大一部分都应用于丰臣政权的日常运作和军事开支，属于“公库”而非“内帑”。关原战后，实际负责国家政权经营的家康通过掌控实际负责大坂方行政的片桐且元等人，到庆长九年为止就顺理成章地接收了属于“公库”的这一部分藏入地。而秀赖的实际掌控部分，除掉摄津、和泉、河内三国内的六十五万石领地（庆长十九年数据），还有分布在山城国、近江国、备中国、信浓国、大和国、丹波国、伊豫国、备中国的不少飞地。尽管有学者以这些散在飞地的存在，论证秀赖并没有单纯地成为一个普通大名，还具有“天下人”支配的形式，但不管怎么说，丰臣家的支配范围比起秀吉时期无疑是大大缩水的。庆长七年（1602年），当时因参加西军而失封滞留京都谋求平反的前柳川城主立花宗茂在给家臣隈部氏的一封书信中生动描写了当时的政局和大坂方的窘状。

不管怎样，（如今）上方（京坂地方）之大计，秀赖大人的部下（原文作“秀赖样众”）所申报的事宜，（家康）一切不予听从，只是有时亲自接见他们一下。万机由内府大人的部下（原文作“内府样众”）调理，而且秀赖大人就连灶台里的柴火，也得用太阁大人时候（遗留的）金银购买，这些情况须有分晓。总之，据甲州（黑田长政）说，（家康家臣）可靠井伊兵部（直政）、本田（本多）佐渡（正信）二人，秀赖大人的部众则靠小出播磨（秀政）、片切市正（片桐且元）、寺泽志摩（寺泽广高）三人，其外无论何人都不能置喙（政事），公仪之情形只是如此。

但尽管如此，秀赖还是在一定情况下维持了政权继承人的体面。在对实情捕风捉影只能做一些皮相观察的外国传教士眼里，大坂方俨然还是日本政府的代表者。由当时传教士撰写的《日本西教史》就谈道：“应领有日本全国的正统君主秀赖，受其贤明而有智虑的母亲教育，年岁渐长，智勇益加。家康死后，为患其世子地位的强敌已经不剩什么了。”甚至在诸大名的眼里，秀赖也依然是“主格”的存在，其格式并未旁落。庆长六年（1601年）四月二十一日，陆奥仙台的大诸侯伊达政宗在写给和家康相善的堺町豪商兼茶道家今井宗薰的一封信中就这样谈道：

秀赖大人尚小之时，还是置之于江户或伏见为佳。总而言之，还是牢牢管在内府大人身边为妙。成人之时，（是否引渡政权）则任内府大人判断。即便是太阁大人的遗子，若内府大人觉得他不是能指掌全国的人，就封给他两三个国，一直照顾他下去就行。像今天这样随随便便把他搁在大坂，不知何时世间会冒出不逞之徒抬出秀赖大人造反。为着这些宵小，不得不

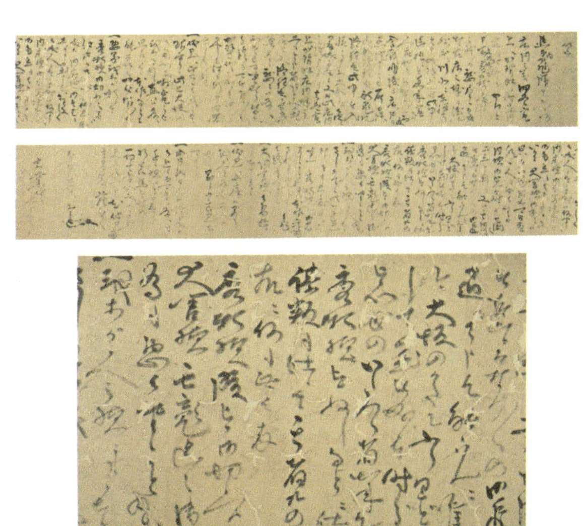

大坂观心寺藏庆长六年四月二十一日伊达政宗写给今井宗薰的书信原件，其中放大部分就是文中译出部分

让什么事也不懂的秀赖大人切腹，怎么对得起太阁大人在天之灵。像我这样的人，虽然想提提这样的意见，很遗憾却说不上话。总之，为了秀赖大人，即便是半开玩笑也好，请您老务必在本多佐渡守（正信）那里提一提。

众所周知，伊达政宗是亲家康的大诸侯，今井宗薰则是家康的近臣。在这些人的书信里，照理应该认家康以及其继承人德川秀忠为国家正主。伊达政宗却毫无顾忌地将秀赖当作“天下人”的有资格继承者，并且毫不避讳地提到只要他具备“天下人”的资质，完全可以合情合理地继承政权。从这里我们也自然可以看到关原战后政治格局的实际情况。即便这是政宗有意给家康敲警钟，也不得不采取这样旁敲侧击的形式。足可以看到家康的霸权并未固若磐石，秀赖的正统地位依然没有动摇，至少家康一方在形式上还不敢公然对此唱反调。日本学者山本博文打了个比较形象的比方：秀赖好比在辛亥革命后逊位但依然享受“优待清室条例”的溥仪，虽然不在其位，但是依然拥有正统的资格，只要他自己野心不死，再有前朝“辫子军”的推戴的话，丰臣氏的复辟并不是没有可能。

所以说，在形式上取得政治主导权的当下，家康的权力基础还是危如累卵。他得相当慎重地进行布局经营，一方面小心地维持同丰臣氏的关系，另一方面需要巩固德川政权的基础。他在庆长八年就任征夷大将军的同时，依然根据秀吉遗言，将自己的孙女，也是秀赖小姨浅井江和家康继承者德川秀忠所生的千姬嫁给年仅十一岁的秀赖，使得丰臣、德川二氏的血缘一体化。反观地方上的例子，肥前佐贺的大名龙造寺氏，由于其当主隆信在天正年间战死，其幼子龙造寺政家只能由其姻族锅岛直茂辅佐。锅岛氏以其行政和军事上的实绩取得了龙造寺家臣，乃至其同族的一致认可，故而能在后来取代龙造寺氏成为佐贺之主。家康起初无疑也意图通过此种融合，确保政权平稳过渡。

弘经寺藏千姬画像，千姬是秀忠和淀姬之妹阿江夫妇所生

二　德川“公仪”的成立

德川家康在同丰臣氏保持了比较稳定关系的情况下，在庆长八年（1603年）二月十二日就任征夷大将军。他在伏见城迎接了后阳成天皇派来的敕使权大纳言广桥兼胜和劝修寺光丰，除将军职就任宣下外，还同时将官职从内大臣升任右大臣，并成为源氏长者，兼淳和、奖学两院别当[①]，许带牛车兵仗。所谓的源氏长者意为源姓的氏长者，由各流源氏中官位最高者担任，并且负责管理该氏的祭祀和教育同氏子弟的大学别曹[②]，所以兼带管理教育源氏赐姓子弟的大学别曹奖学院。淳和院则是淳和天皇的离宫，固定由源氏长者管理。所以家康在身兼源氏长者身份后也依例获得该二院别当职的头衔。此后，德川氏历代将军在就职之时都仿效家康的例子，身兼源氏长者身份。

⊙ 日光东照宫藏《日光东照社缘起》。画中描绘家康将军任官之际，按照古礼乘坐牛车入宫的场景

自源赖朝镰仓开幕以来，就任征夷大将军职就成了武家社会中的加冕仪式，是成为武家世界“王”的标志。首先，这就成了和诸大名建立正式的主从关系的根据。德川家康在三月二十一日进入京都二条城，在二十五日向后阳成天皇行了

① 别当：日本平安朝到江户时代，亲王家、摄政关白家、大臣家等贵族以及大寺社设置机构的长官。

② 大学别曹：是律令制度下大学寮（相当于我国的国子监）的附属机构，这里的“曹”指的是学生在大学寮就读时候的宿舍“直曹”。平安时代，一些贵族为了抵抗当时垄断文章博士地位的清原氏的管控，在原来的直曹外为自家子弟单独设置宿舍，谓之别曹。

拜贺之礼。在家康驻跸二条城之际，不仅是诸大名，朝中的亲王、门迹[①]、卿相也逐一前来二条城拜贺。相对于未能延续丰臣氏“武家关白”[②]职的秀赖，这可谓是德川氏取代丰臣氏成为新“公仪”的标志，给丰臣家造成了极大冲击。自此以后，家康不仅有了实力，在名分上也确立了对丰臣氏的优越地位。德川氏的优势也慢慢显露出来，这从诸大名的态度中便能窥见一二。

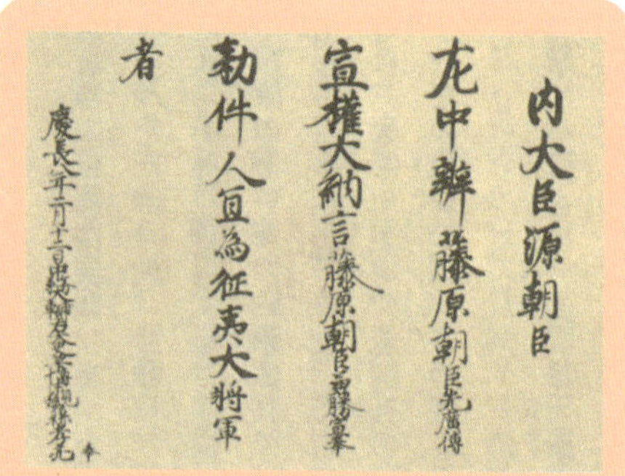
内大臣源朝臣
左中辨藤原朝臣光廣傳
宣權大納言藤原朝臣兼勝奉
勅件人宜為征夷大將軍
者

后阳成天皇任家康为征夷大将军的宣旨

在家康就任将军之前，诸大名在新年之际向秀赖和家康道贺的时候，一般还是先拜见秀赖而后见家康，这自然体现了丰臣氏和德川氏的上下之别。不仅如此，家康本人也必须到秀赖的居城大坂城道贺伺候，这自然是家康朝秀赖执臣礼的表现。虽然家康在庆长五年取得了关原之战的胜利，但是既然名分未改，在接下来的两年内家康只得继续向这个毛孩子行礼如仪。但在庆长八年二月以后，情况又有什么变化呢？实际上，诸大名还是继续在新年到大坂城朝贺秀赖。不仅是丰臣嫡系的加藤清正、福岛正则等人，像萨摩的岛津家久（忠

川上家藏大坂城图屏风，反映了庆长年间的大坂城样貌。其左支除描绘了五层大天守外，还有城下町屋的街景，下部的桥则是位于城北的天满桥；右支则描绘了四天王寺一带的场景

① 门迹：本意是指一脉佛法的法脉师承关系，在平安后期之后特指由皇族和大贵族出身的贵族僧侣担任住持的寺院。

② 武家关白：关白作为天皇的辅佐，总揽朝政之要职，一般是由藤原北家的宗家，即所谓摄关家世袭担任的。丰臣秀吉是日本历史上唯一一个以武士身份自创贵姓，以武力为背景占据关白一职的，并将之作为武士政权的首领象征来使用，情况十分特殊。所以学术界有所谓“武家关白”的研究概念。

恒）、加贺的前田利长、出羽米泽的上杉景胜这样的大诸侯也是一样。这一方面说明秀赖作为潜在的“天下人”继承者依然保有威势。另外，德川方面也没有对此加以阻挠。当时，德川家臣山口直友在写给萨摩岛津家久的一封信里还对他顺利朝贺秀赖一件表示庆贺。可见，德川、丰臣二氏在此时也并没有陷入对立的态势，诸大名的大坂访问也是以自然而然的形式进行的。

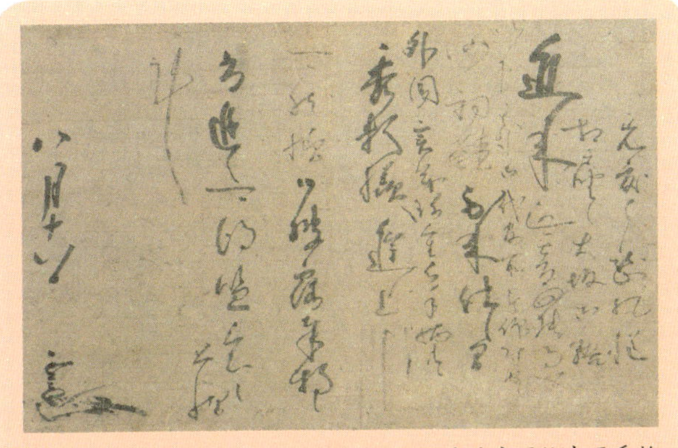

大坂城天守阁藏无年份八月十八日伊达政宗写给丰臣秀赖某侧近（收信人不明）的亲笔信，年份据推断应该是1602年。其文云：“近来安然无事，因初鲑已经送到，便向秀赖大人献上一条，敬请您在御前好生表示此意。外，往后也应得您贤意看顾，恐惶谨言。又及，承蒙关照，上次贵信已经收到，已经吩咐大坂当值家臣以下及代官所去办，于名于实都是大功一件，惶恐惶恐。”此时的政宗一方面对家康进言应该及早处理大坂问题，另一方面却对大坂装出一副极其恭谨之状，足见其处事之八面玲珑

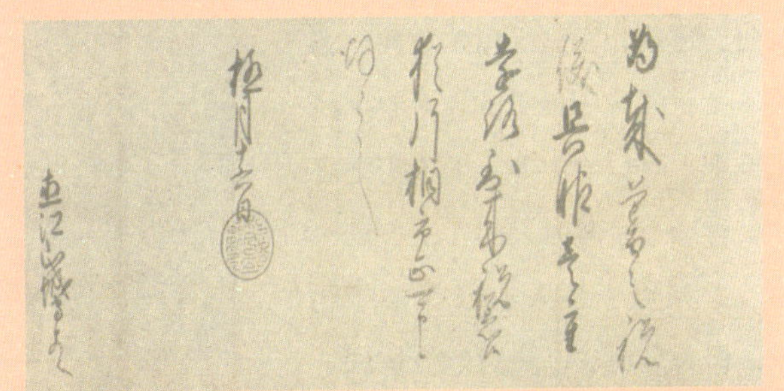

大坂城天守阁藏无年号十二月二十六日秀赖黑印状，内容是对米泽上杉家执政直江兼续送来的岁暮祝仪吴服一件表示谢意的礼状

不过，自从家康就任将军以来，他本人就再也不去大坂城侍奉秀赖了。这意味着家康通过就任将军，在实际上解除了和秀赖的主从关系，和秀赖获得了对等的地位。家康已经成为加冕的王，既具备实力，又有了名分，其“御威光”正在潜移默化地改变诸大名的意识。接下来就是实现德川将军的世袭化了。

庆长十年（1605年）四月，家康仅仅就任将军两年之后，就把将军职让给了其三子德川秀忠，秀忠在就任将军的同时还升任为正二位内大臣。这就向全日本表明，德川氏将永远以作为武家政权的王者身份执政下去。这给予还在期盼着“天下人”之位的大坂方以极大的心理冲击。虽然，这时秀忠在官位上还低于在庆长九年就任右大臣的秀赖，但是他在当年二月为行其事而领兵进京之际，就充分摆出了自己作为次世代“天下人”的威风。

他率领十六万大军（一说十万），仿效“（源）赖朝京人之例”，浩浩荡荡地朝京都开进，扈从武将不仅有家康六子松平忠辉等一门重镇、榊原康政等谱代老臣，还有伊达政宗、上杉景胜等东北、关东的有力外样诸侯。这支大军在三月二十一日在京都贵贱的围观中开进京都，公家船桥秀贤在其《庆长日件录》中记载道：“今日，右大将（秀忠）御临伏见云云，行路装束惊人耳目也，前后骑马三千骑余云云，东国诸大名个个前来供奉。”秀忠这时尚未就任将军，官位也不是什么右大将，这些公家已经用源赖朝的官途右大将来称呼他了。大坂的市民都蜂拥上京，洛中上下无不为之震动，秀忠上京对时人的冲击可见一斑。秀赖母子虽未在京都目睹此景，但秀忠此举已经对他们构成了强大的威压。

林原美术馆藏《洛中洛外图屏风》。画作中的伏见城天守，这座城是丰臣政权的晚期政厅，在秀吉构建的秀赖辅佐体制中，家康在此摄天下之政。同时，在元和五年该城被废之前，也是德川将军的京都行辕之一

这张所谓的淀姬画像如今藏于奈良美术博物馆，但也仅是像主被认为是淀殿，实际情况不明

此时，家康打算趁热打铁，一鼓作气解决丰臣、德川二氏的上下顺位问题。他通过秀吉的正室北政所阿宁向大坂方提议，为了庆祝秀忠继任将军，秀赖应上京道贺。此举激起了大坂方的强烈抵制。淀姬接报就愤怒地表示，若有此事，她便一刀杀了秀赖，然后自己寻死，愤然拒绝了家康之上京议程。大坂城下得知风声，以为战争在即，大为惊惶，市面上立马骚动起来。《当代记》称：“五月七八日许，大坂下民纷纷搬运行李，人心不定。”并且传说加藤、福岛等丰臣系大名都心向大坂，将有呼应。家康见淀姬这般抗拒，心知时机并不成熟，便派六子松平忠辉前访大坂，示以并无别意，秀赖也予以款待，事态方告平息。

在秀忠顺利接班之后，诸大名便开始自觉地停止参访大坂，这并没有德川方的明文

行令禁止，而是众人体察时情的一种自律行为。德川氏和丰臣氏的关系正如秀赖母子严拒上京所表现的那样，依然处在一种非常微妙的局面之下。但这只是这两方面之间的一种观感，在作为第三者的其他大名眼里，两边的高下已经非常明了了。如今德川已是正主，而秀赖依然未及“加冕”，实力也不足和德川氏抗衡。但是家康依然没有考虑直接用军事力量打垮秀赖，而是继续慢慢布局，其慎重的态度还是没有改变。在关原之战前后，他一步一步地把维持政权的经济命脉抓在手里，继续将势力向几乎是丰臣一系的西国渗透，稳步地创建对自己有利的局面。

但马生野银山的坑道遗址

第一步，就是德川氏对重要矿山地带的直辖化，包括佐渡岛的金山、石见国的大森银山、但马的生野银山、甲斐国的黑川金山等主要金银矿。佐渡金山在庆长年间以来以日本最大的金山之名而为人所知，而石见大森银山出产的白银在当时的世界上是数一数二的，甚至带动了整个十六世纪末的亚洲白银风潮，过去一直是大内、毛利氏和出

林原美术馆藏《洛中洛外图屏风》中二条城的场景，可以看见京都所司代板仓胜重正在庭中审案断狱，下方是京都府立资料馆所藏的京都市政法规“町触”文书

云的战国大名尼子氏的争夺目标。负责实际经营这些矿山的人物，则是被德川家康破格提拔的怪才大久保长安，他不仅长于经营矿山，技术上也有两把刷子，为初期的德川政权扎牢经济基础立下了不小功劳。对于家康而言，这也是在政治上不可或缺的一步棋。

第107代日本天皇后阳成天皇，初名和仁，1598年改为周仁。他固然乐得借助秀吉利用朝廷权威巩固政权的东风来恢复朝廷的荣光，但并不支持秀吉的对外扩张举动，明确反对丰臣秀吉亲自渡海。其实明眼人都看得出来，如果秀吉的“三国分割计划”得以成功，那么日本天皇、朝鲜“天皇”乃至“大明天皇”全得听凭秀吉分封。那么谁成了真正的“中华皇帝”，谁要掉格为国王，那是一清二楚的

接下来，家康又着力控制京都、伏见、堺、奈良、伊势山田、长崎、博多等流通节点和核心都市。在这些都市设置谱代家臣出身的奉行，进行直辖管控。都市和经济存在密不可分的关系，尤其是朝廷所在的京都，则是重中之重。在关原战后，家康任命的首任京都所司代，就并非外人，乃家康的大女婿奥平信昌，他在短短数月的任期中最大的功绩就是逮捕了关原西军谋主之一的毛利氏外交僧安国寺惠琼。庆长六年八月，能吏板仓胜重便取代奥平信昌就任了京都所司代职。此人自幼出家，法号香誉宗哲，其父兄相继为德川氏阵亡后，在天正九年被家康召辟还俗。他凭着在寺庙生活中涵养的文化素质，迅速成长为优秀的行政人才，在骏府町奉行、江户町奉行、关东代官等任上成绩出色，故而为家康担负起控制首都地域的千钧重任。他的职责和行动集中为三点：一是京都日常的行政和治安，二是管掌涉及朝廷、公家贵族的事宜，三是监视西国大名。可谓是当时德川氏掌控西国的左膀右臂，尤其第三条职责在德川政权的确立上有极其重要的意义。正如前文所述，在关原战后西国一时间成为丰臣系大名的天地，在德川氏尚未确立统治名分的期间内，他们尚能和大坂君臣往来，家康尽管不便直接干预，但切实掌控了其动态情报。另外，由于丰臣氏对作为其政治加冕象征的“关白”一职虎视眈眈，而德川氏也在政权正当化一事上一时也需要朝廷的协助，所以说对朝廷的工作和监视也是不能避开的。板仓胜重在京都所司代一职上一口气干了十九年，成功地完成了家康交付给他的重要任务。

家康在逐步掌握经济资源和流通节点，密切监视西国诸势力动态的同时，也用政治联

姻的方式加强对丰臣系大名的羁縻。众所周知，家康在秀吉死后就不惜违背所谓“太阁遗命”，企图同伊达氏和蜂须贺氏建立政治婚姻，为此一度遭到奉行众的问责和攻击。在关原战后，家康更进一步推行了认养重臣之女为养女，然后下嫁给外样大名，和其结成亲缘关系的做法。

在当时，德川氏比较主要的政治联姻如下：

真田信幸（信之）——大轮院小松姬（家康养女，生父本多忠胜）

池田辉政——督姬（家康次女，原北条氏直室，不过这次婚姻是秀吉安排的）

加藤清正——清净院（家康养女，生父水野忠重）

福岛正则——昌泉院（家康养女，生父牧野康成，另外其养子福岛正之娶家康异父弟久松松平康元四女——满天姬，亦在名义上为家康养女）

黑田长政——大凉院（家康养女，生父保科正直）

堀忠俊——荣寿院国姬（家康养女，生父本多忠

毛利辉元画像。这位前五大老在关原战后以其子毛利秀就为名义上的家主，但是一直实际掌控毛利家的实权，直到1623年才正式退休隐居。1625年过世，享年七十二岁，其高寿也堪比其祖父元就

京都寺瑞泉寺藏《秀次公缘起》。当时京都的贺茂川经常泛滥成灾，人们认为这是丰臣秀次冤魂作祟，豪商角仓了以便建造了瑞泉寺以安秀次一族之魂。图为《秀次公缘起》中描绘关白秀次切腹，其子和妻妾被游街斩首的凄惨场面。如果这些人真有所谓冤魂，那么秀赖则无疑将遭受他们的诅咒。同时，秀吉灭掉了现职关白，但自己却是无官的太阁，武家王权只能由秀吉的个人威信维持。这无疑破坏了他之前缔造的“丰臣摄关家”和“武家关白制”。如果说外侵失败是秀吉政权失败的外因的话，秀赖的诞生和由之带来的秀次事件就是丰臣家走向衰亡的内因

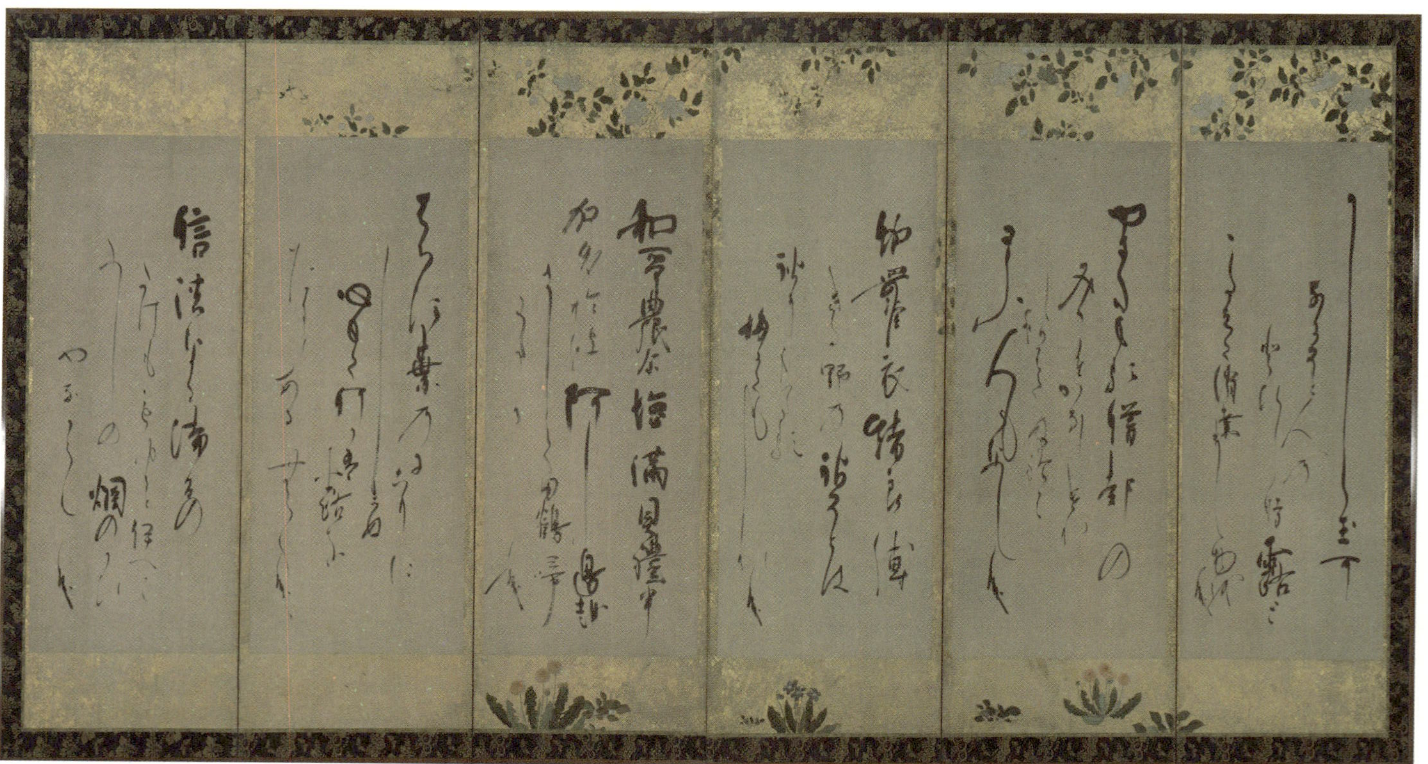

⊙ 东京国立博物馆藏近卫信尹自笔和歌屏风。信尹是近卫前久的长子，曾和二条家的二条昭实争抢关白位，而给了秀吉横插一枪，攫取关白大位的机会。此人失落之余，甚至跑到秀吉“征韩”的大本营名护屋城，想要渡海去打仗立功，因而激怒了天皇，一度被流配到鹿儿岛。这次他终于把关白职拿到了手里，心中肯定感慨万千

政、堀氏改易后又改嫁肥前有马直纯）

赤松有马丰氏——长寿院莲姬（家康养女，生父长泽松平康直）

	天正16年	天正19年	天正20年	文禄4年	文禄5年
1	羽柴秀吉	羽柴秀吉	羽柴秀吉	羽柴秀吉	羽柴秀吉
2	織田信雄▼	徳川家康	羽柴秀次▼	徳川家康	徳川家康※
3	徳川家康	羽柴秀次	徳川家康	**羽柴秀俊**	前田利家※
4	羽柴秀長▼	宇喜多秀家	**羽柴秀保▼**	**徳川秀忠**	**羽柴秀俊**
5	羽柴秀次	上杉景勝	**羽柴秀俊**	**織田秀信○**	**徳川秀忠**
6	宇喜多秀家	毛利輝元	**徳川秀忠**	前田利家	**織田秀信**
7	上杉景勝	前田利家○	宇喜多秀家	宇喜多秀家	宇喜多秀家※
8	毛利輝元	**羽柴秀保○**	上杉景勝	上杉景勝	上杉景勝※
9	（前田利家）	**羽柴秀俊○**	毛利輝元	毛利輝元	毛利輝元※
10		**徳川秀忠○**	前田利家	（小早川隆景○）	小早川隆景※

⊙ 秀吉政权下的大名官位排名前十变迁，其中圈标记为第一次出场，倒三角标记表示死去或倒台，星号表示所谓“五大老”，粗体字表示所谓的“丰臣大名第二代”

家名	家格	人名	官位	石高(万石)
小早川家	「清華成」	小早川秀秋	従三位権中納言	35.7~52.25
毛利家	「清華成」	毛利輝元	従三位権中納言	120.5
	「清華成」	毛利秀元	正四位下参議	
	「公家成」	吉川広家	従四位下侍従	
上杉家	「清華成」	上杉景勝	従三位権中納言	120
宇喜多家	「清華成」	宇喜多秀家	従三位権中納言	57.4
島津家	「公家成」	島津義弘	従四位下侍従	55.5
	「公家成」	島津豊久	従五位下侍従	2.86
前田家	「公家成」	前田利政	従四位下侍従	21.5
佐竹家	「公家成」	佐竹義宣	従四位下侍従	54.5
立花家	「公家成」	立花宗茂	従四位下侍従	13.2
長宗我部家	「公家成」	長宗我部盛親	従五位下侍従	22.2
石田家	「諸大夫成」	石田三成	従五位下	19.4
増田家	「諸大夫成」	増田長盛	従五位下	20
小西家	「諸大夫成」	小西行長	従五位下	20
大谷家	「諸大夫成」	大谷吉継	従五位下	5
長束家	「諸大夫成」	長束正家	従五位下	5
鍋島家	「諸大夫成」	鍋島勝茂	従五位下	31
		安国寺恵瓊		6
総計				
小早川家	「清華成」	小早川秀秋	従三位権中納言	35.7~52.25

家名	家格	人名	官位	石高(万石)
豊臣宗家	「摂関成」	羽柴秀頼	従二位中納言	220

家名	家格	人名	官位	石高(万石)
徳川家	「清華成」	徳川家康	従二位内大臣	255.7
	「清華成」	徳川秀忠	従三位権中納言	
	「公家成」	井伊直政	従四位下侍従	12
	「諸大夫成」	本多忠勝	従五位下	*
	「諸大夫成」	松平忠吉	従五位下	10
前田家	「清華成」	前田利長	正四位下参議	83.5
細川家	「公家成」	細川忠興	従四位下侍従	17
伊達家	「公家成」	伊達政宗	従四位下侍従	58
最上家	「公家成」	最上義光	従四位下侍従	24
福島家	「公家成」	福島正則	従四位下侍従	20
筒井家	「公家成」	筒井定次	従四位下侍従	9.5~20
池田家	「公家成」	池田輝政	従四位下侍従	15.2
京極家	「公家成」	京極高知	従四位下侍従	10
井伊家	「公家成」	井伊直政	従四位下侍従	12
結城家	「公家成」	結城秀康	従四位下侍従	10
蒲生家	「公家成」	蒲生秀行	従四位下侍従	18
里見家	「公家成」	里見義康	従四位下侍従	9
森家	「公家成」	森忠政	従四位下侍従	12.7
浅野家	「諸大夫成」	浅野幸長	従五位下	21.7
黒田家	「諸大夫成」	黒田長政	従五位下	18
加藤家	「諸大夫成」	加藤嘉明	従五位下	10
田中家	「諸大夫成」	田中吉政	従五位下	10
藤堂家	「諸大夫成」	藤堂高虎	従五位下	8.3
寺沢家	「諸大夫成」	寺沢広高	従五位下	8
山内家	「諸大夫成」	山内一豊	従五位下	6.86
生駒家	「諸大夫成」	生駒一正	従五位下	6.1

⊙ 关原参战大名官位和家格一览表

除养女模式外，家康还使其谱代大名子女和中小等级的外样大名普遍联姻，通过严密的血缘网，来稳固在制度上尚不牢靠的德川政权。在这些联姻的重中之重，则是丰臣和德川二氏的同姐妹子女二代联姻。因此，在血缘上德川、丰臣的一体化和同质化就更加严密了。

如此一来，伴随着时间推移，秀赖作为“天下人”的立场无疑日益恶化。对于秀赖而言，他要继续和德川家抗衡，唯一能做的就是通过就任关白一职，至少在形式上保持关白和将军并立的“二重公仪”。复活丰臣家的荣光，唤起丰臣恩顾大名对旧家威势的回忆，将他和丰臣系大名间变得淡薄的纽带关系巩固起来。他在之前的官位升进顺序，是和藤原氏五摄家的贵族几乎类同的。庆长二年（1597年），年仅五岁的他就位列公卿，成为从三位的左近卫权中将。第二年四月十八日，秀赖在其母淀姬的老女大藏卿局和其乳母右近大夫的陪同下在小御所参内觐见后阳成天皇。天皇下旨升秀赖做大纳言，秀赖谦辞，乃于二十日在禁中的阵仪中正式任为从二位的中纳言。在秀吉死后，秀赖一直算是作为拥有摄关家格的丰臣氏长者。千姬在嫁到丰臣家以后，在庆长十年之前在史料上也有“政所样”“御里样”之类适用于摄关家正室的称呼，这足见丰臣一派的“公仪”意识。总而言之，他在庆长八年家康复活将军政治时，在官位上是仅次于家康的正二位内大臣，庆长十年在秀忠就任将军之后，他的官位甚至越过了秀忠，系正二位右大臣。这种安排无疑是家康考虑到丰臣氏立场，为其保留一定颜面而做出的。

武家官位虽然没有实际意义，但无疑是政治权威的象征。在家康成为将军的时候，秀赖将就任关白的传言已经不胫而走。庆长七年十二月，担任醍醐寺座主、三宝院门迹的义演僧正（关白二条晴良之子、准三后）就在晦日条中记称："文殊院来（中略），闻秀赖任关白已下旨，珍重珍重，江户大纳言（秀忠）传旨任将军。"虽然这只是不准确的风闻误报，但是也反映了当时的气氛。第二年，即庆长八年一月，毛利辉元在一封推定为庆长八年正月十日写给本国家臣的信中也称："此处平安无事，内府大人（家康）将成为将军，秀赖大人成为关白，喜事也。"（《萩藩阀阅录》毛利宇右卫门项）另外一直为统一政权担任外交顾问的相国寺住持西笑承兑也在其日记《鹿苑日录》中提及有敕使下访大坂，他推测大概是有关关白任官的事宜。虽然这些风闻在知道后事的我们看来都是捕风捉影，但是既然这些不确定消息会被这些总有着自己情报来源，在格局判断上不同于贩夫走卒的上层人物觉得是自然而然，可以权且听之的事，也即说明秀赖并非没有就任关白的可能性。

⊙ 土佐藩祖山内一丰画像。其妻子山内千代"贤内助"的传说非常有名，司马辽太郎的小说《功名的十字路口》就讲述了他从一个普通武士拼搏到国主大名的故事。该小说还被翻拍成了 NHK 的历史电视连续剧

但是问题在于，丰臣氏的政权形式——武家关白制由于文禄四年七月的所谓"秀次事件"，总归出现了中断。经过"秀次事件"，秀吉只有前关白的身份，而秀赖因为年龄问题又不能遽继关白要职。这次事件不仅撕裂了丰臣氏家臣团，为关原的内讧埋下了伏笔，更给丰臣政权带来了政权名分存亡的危机，只是因为秀吉作为开辟之主，有足够威权压制群雄，才暂时没有让问题暴露出来。但是作为丰臣政权"王"的象征——关白职，一直处于空位状态。一直到庆长五年（1600 年）十一月，关原之战结束数月之后，才由家康执成，让五摄家之一九条家的家主九条兼孝就任关白。这在吉田神社的社僧神龙院梵舜的

日记中被称为“（关白）自武家返于摄家之始”。九条接下这个烫手山芋之后，做到庆长九年十一月后辞职退休。关白职又在虚悬了八个月之后，才在庆长十年七月由五摄家首席的近卫信尹接手。这段时间刚好和家康开幕，乃至传代秀忠的时期重合，可见是相当微妙的一段时期。家康得到将军任命内敕的时间点是庆长八年一月，不用说这并不是唐突的任命，两边在之前就肯定暗地里进行交涉了。这些情报，丰臣氏也定然有所耳闻，或许还会有所动作。对于秀赖而言，他要守住这个“天下人”的资格，只有实现关白任官之途，这些地下运作的风声走漏出来，或许就是以上种种流言的根子。

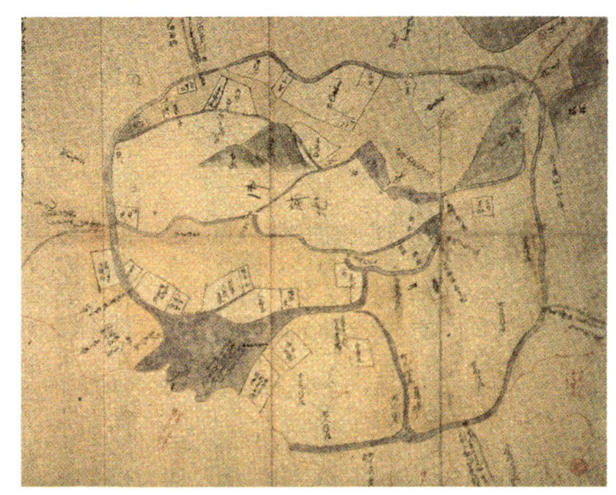

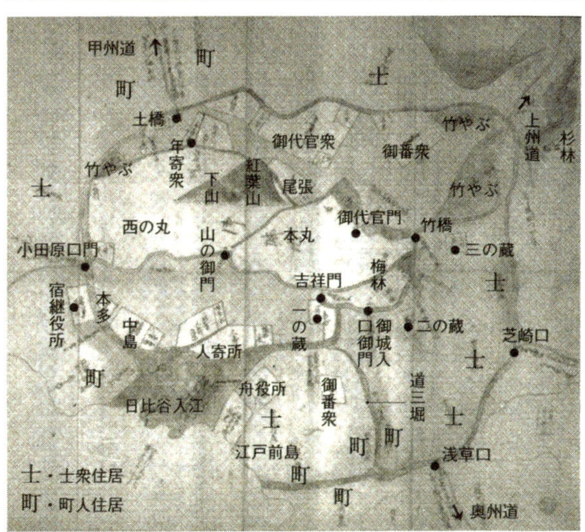

⊙《庆长江户图》可见此时的江户只是德川家臣团的聚居处，都市功能极其不发达

但是，秀赖终究未能在这个阶段就任关白。在家康将军任官以前，他就能和家康保持一种对等或是凌驾其上的表象。他一旦就任关白，而德川氏并没有能够完全在西国进行安全布局的话，这无疑将对德川氏的政权建设构成威胁。虽然因为这段历史在江户时代史上的敏感性，并没有什么透露了内幕的史料能够遗留下来。但我们从家康在后来将武家官位的推举权全部抓在将军手里的做法看，德川氏应该是对丰臣方的不轨举动施加了一些压力。但是江户方面还是保持了一定克制，并未和大坂方扯下脸皮。庆长十年，家康在进行将军交代的时候，让秀忠保持了内大臣的官位，而自己辞去了右大臣的官位让秀赖接上，使得秀赖不至于颜面扫地。他

通过这样的平衡工作，避免了大坂和江户的第一次潜在冲突。而关白之职事实上在近卫信尹就任以后，重新归还给了五摄家，终结了丰臣氏武家关白制复活的可能性。

这样，对于家康父子而言，在进行大名管控的同时，对朝廷和公家贵族的控制也变得重要起来，而此工作的目的除了树立武家政权的优越地位外，更是为了进一步布局，拂拭政权残余的丰臣色彩。庆长十一年（1606年）四月，家康上洛，对朝廷行年贺礼。此时，家康就和朝廷方面的武家传奏提出了前面提到的武家官位问题。《庆长日件录》对此做了如下记载："武家辈官位之事，无御吹举（将军的推举），则一圆不可颁下，（家康）坚请之云云。"朝廷只能敕许。家康为此意气扬扬地回到了伏见城。德川氏独占武家官位推举权之意义何在呢？我们知道，丰臣秀吉当初在建立关白政权的时期里，构建了一套层序分明的武家官位制度。在天正年间，他模拟藤原氏的权门贵族秩序，以摄关家丰臣一族为核心，将原属同一集团，居于秀吉上位的织田信雄、德川家康以及准同族宇喜多秀家提到藤原氏七清华家公卿的级别上。织田信雄被除封以后，秀吉在庆长年间，又陆续

这一组图反映了江户时代建造城池时的石材采取过程。左上图是进山采石的石工行列；右上图则是将石材从山上运出，这一过程非常危险，一不小心就会造成重大事故；左下图则是将石材装在大筏子上，运往港口；右下图则是将筏子上的石材装船出海

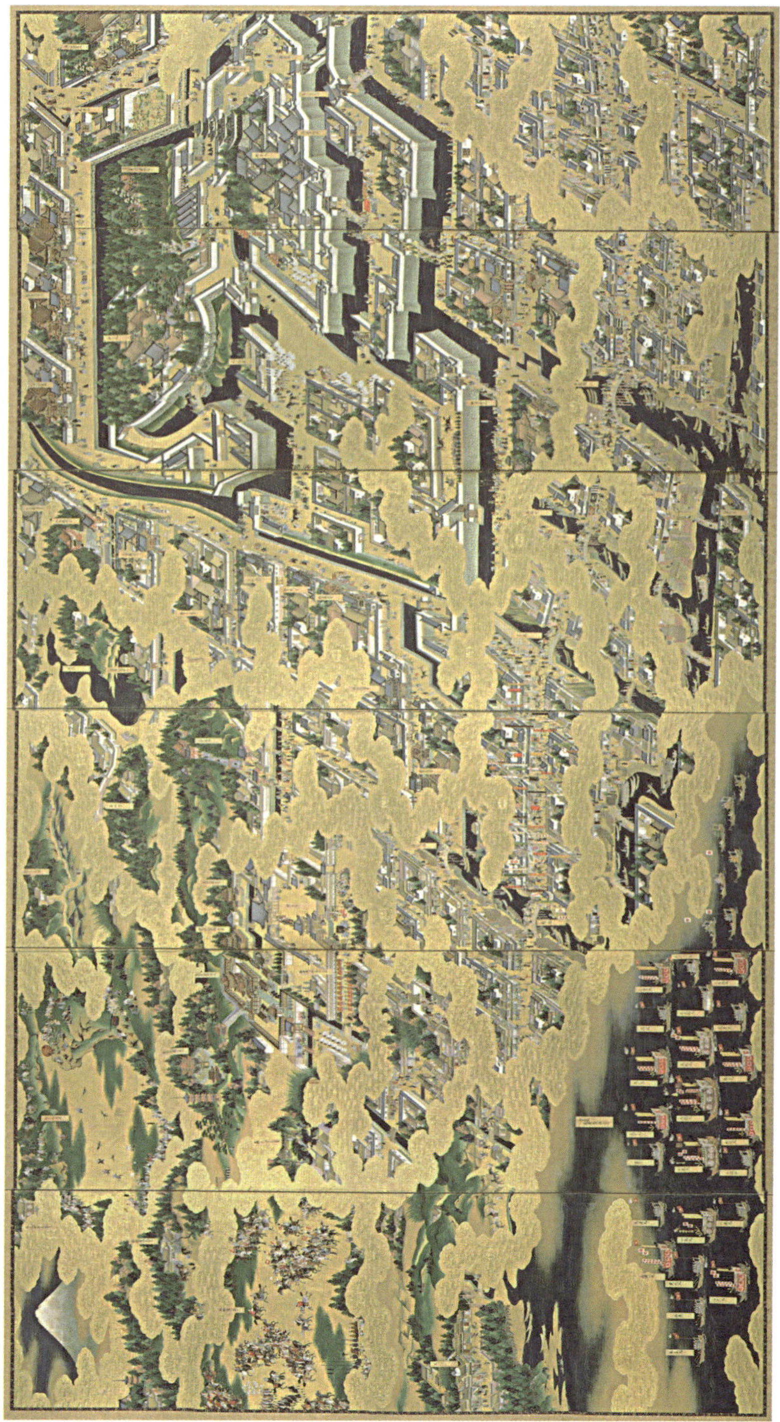

⊙ 国立民俗博物馆藏江户图屏风，反映了宽永期的江户城下繁荣之景。明历大火（1657年）之后，因为原来的天守阁和街区大部烧毁，整个江户城的市政规划又为之一变

⊙ 骏府城旧址航拍照片

将前田利家、毛利辉元、小早川隆景、上杉景胜等实力大名提到这一级别上，而让浅野长政、石田三成、加藤清正这样的丰臣系谱代和岛津、长宗我部这样的一般非嫡系大名居于四五位的诸大夫一格。以朝廷官位的高下拟制了丰臣政权的权力秩序金字塔，并且在这些官位任命的口宣案上，诸大名都使用秀吉赐予的羽柴氏和丰臣姓，和丰臣家模拟了一种同族集团的关系。秀吉能够这么做，归根结底都在于对官位申请的完全掌控，而秀赖要保持其“天下人”身份，也有赖于此。庆长四年，丰臣家就以秀赖的名义，向朝廷奏请了岛津氏的嗣子岛津又八郎忠恒（家久）的升殿资格，以及安艺毛利辉元的嗣子毛利藤七郎（秀就）的侍从官职。直到庆长十年九月十一日，秀赖尚能为自己的三名直臣奏请诸大夫的官位格式。但这是最后一例，家康得到这一许可以后，全日本诸侯无论大名小名、直臣陪臣，其官位申请都要经过德川将军，秀赖在这一方面也只能屈从于德川一方了。

从具体事例来看，庆长八年三月，通过家康的推举，土佐国主山内一丰就任从四位下土佐守。这尚是家康获得武家官位执奏权之前的例子，不过，这次任命的口宣案还沿用山内氏以前获赐的丰臣姓。另外，从庆长八年的事例看，浅野幸长和福岛正则等丰臣系大名依然在沿用丰臣姓，而幕府未置一词，这是家康对丰臣氏有所顾虑的体现。但到庆长十年将军更代以后的七月份，山内家的世子国松（山内忠义幼名）获任从五位下对马守，在官位颁下的口宣案中，丰臣姓已经被山内家弃用，而改用其本姓藤原氏。并且在五年后接受新将军秀忠的“忠”字讳和松平氏（注意，只是使用德川家庶流使用的松平苗字，本姓不做改动）下赐，成了“松平对马守忠义”。基本上，以庆长十年为分水岭，除掉部分例外，各大名所得到的口宣案中丰臣姓已经不见使用。也意味着在庆长十年前后，德川政权的去丰臣化政策得到了阶段性的成效。

另外，在丰臣体制下，这一堆武家官位是强行嵌入朝廷官位体系中去的。丰臣家以及

⊙ 描绘了骏府城筑城场景的一幅六曲一双的小屏风《筑城图屏风》

诸大名挤占了这些官位，并且完全不参与朝廷的日常事务经营。这也意味着很多公家贵族无法按照以往的格式和惯例就任他应得的官职。家康针对这一局面，在庆长十六年（1611年）向朝廷奏请将武家官位员外官化，完全独立于朝廷的官位定额，获得朝廷的敕许。这不仅使得朝廷避免了缺官的窘境，同样也是对朝廷官位叙任权的一定限制，加强了德川政权的掌控力，可谓是一石二鸟的做法。

以上提到的几点，基本是属于政权名分的范畴。但是权力一词是由权和力构成的，没有实力保障的权柄并不能发挥作用。对于武家政权来说，实力的体现就在于对诸大名进行有效的动员和军事指挥，信长和秀吉建政的基本动力当然是他们以统一为旗号发动的对内对外战争。以军事动员为杠杆，丰臣政权建立了一套和中世纪日本松散多元的国制大为不同的，能够一元化汲取全国资源和征调军役劳役的动员体系，这也成为日本近世统一国家——“幕藩制国家”的国制根本。德川氏吸取丰臣政权的失败教训，在对外政策上采取了审慎做法，将竭全国之力实施对外侵略扩张这一项排斥在政治选项之外。这样固然不会有大规模的战争动员，但是德川家为彰显新将军的动员力和指挥权，动员全国之力修建作为政权象征的建筑物是势不可免的。家康在就任征夷大将军之后，就开始大规模地整顿

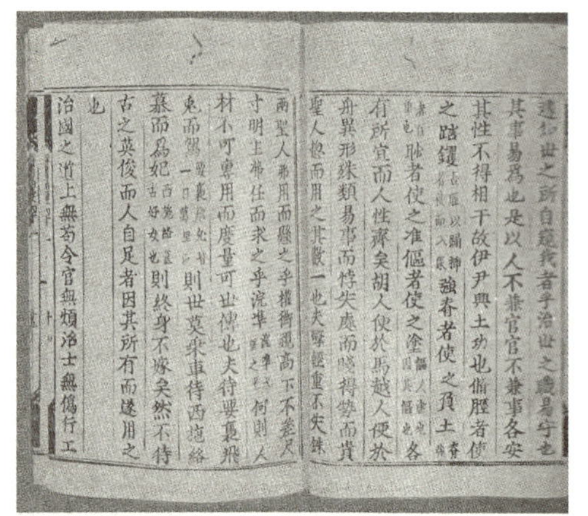
達於世之所自窺我者乎治世之職易守也
其事易爲也是以人不兼官不兼事各安
其性不得相干故伊尹興土功也脩脛者使
之跖钁強脊者使之負土
眇者使之准傴者使之塗各
有所宜而人性齊矣胡人便於馬越人便於
舟異形殊類易事而悖失處而賤得勢而貴
聖人總而用之其數一也夫舉輕重不失銖
兩聖人兼用而懸之乎權衡視高下不差尺
寸明主兼任而求之乎浣準何則人
材不可專用而度量可世傳也夫待要褭飛
兔而駕則世莫乘車待西施絡
慕而爲妃則終身不嫁矣然不待
古之英俊而人自足者因其所有而遂用之
也
治國之道上無苟令官無煩治士無僞行工

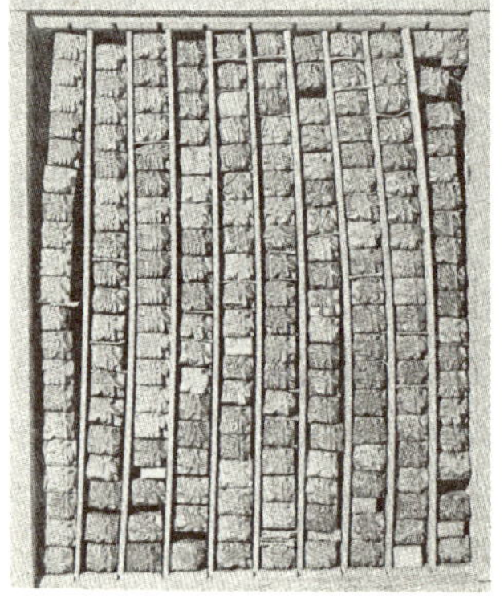

⊙ 骏河版的《群书治要》（上）以及德川氏骏府版图书使用的铜活字（下）

其首府——江户的街市，这被称为“天下普请”。家康向一族谱代家臣乃至有力外样诸侯征调每一千石知行地出一人的“千石夫”，挖掉神田山高地，填埋丰岛的洲崎海滨，建成从今天东京的日本桥到新桥一带的广域土地。他将新市区规划为围棋盘格状的区块，建设起新的市镇用地。同时重新规划江户街区和东海道等交通要道，以日本桥为起点，让通向全国的流通要道从新建成的街市延伸，形成了繁华的大江户的雏形。不久后，在江户城的正面及其周围，诸大名的官邸行辕接连建毕，后来借参勤交代及大名家眷的人质轮值制度的东风，江户名副其实地实现了首都化。经过德川三代的持续经营，江户的首都建设大抵在宽永十年（1633 年）告一段落。在宽永年间，江户的人口数大抵达到十五万，从中世纪关东一个普通寒酸的小港镇，化身为足以构成日本一极的核心城市。

在江户的城市规划进行的同时，家康也着手策划江户城的大改建。眼下德川氏既然成为“天下人”，就必须建设一座足以与王廷相称的雄伟城垣。要建设这样的一座“天下城”，当然需要动员天下的诸侯一起动手。这一规划的实施，在江户市镇大建设开始之后的庆长九年，其动员范围包括了加藤清正和福岛正则这样的西国丰臣系雄藩，家康给予他们必要的资金，命他们建造搬用建筑石材的石纲船。完成的石纲船达三千余艘，连日从伊豆运送新伐采的石材到江户。在材料到位之后，庆长十一年（1606 年）三月，江户城的新建工程正式开始。其工程的基本设计由天下第一的建城名手藤堂高虎担当，实际从事劳役的则大半是以西国为根据地的外样大名。这也向天下宣示了新“天下人”德川家的大名管制和动员能力。但是，丰臣秀赖并不在动员的范围之内。当时所任命的八名负责现场指挥和监督的“普请奉行”是：

内藤金左卫门忠清

贵志助兵卫正久

神田与兵卫正俊

都筑弥左卫门为政

石川八左卫门重次

户田备后守重元

水原石见守吉胜

伏屋飞驒守贞元

⊙ 后世版画中的筒井定次画像，他的父亲是筒井顺庆的堂兄弟慈明寺顺国

这八人中，贵志和内藤是家康直臣，神田以下四名是秀忠的家臣，而水原和伏屋的主君却是丰臣秀赖。值得注意的是，秀赖并不是被动员的一方，而是派出技术实务官员进行现场监督指挥的一方，在形式上采取了丰臣家对等协助德川家的形式，这同样体现了家康对丰臣政策的慎重性。另外，水原和伏屋还参与德川政权推行的日本地图制作事业，从事了摄津以及和泉两国的庆长国绘图的测绘工作，这应该是家康以千姬爷爷的身份，向丰臣家提出了派遣工程技术人员的请求。但是我们可以想象，如果秀赖拒绝派遣人员参与，也同样不妨碍德川方继续一系列的工程建设。相反，就秀赖而言，为了维持其“天下人”的地位，他反而无法拒绝对国家建设事业的参与邀请。但在外部看来，这反而成了德川方面“两家一体化”的有利宣传材料。

在江户城修建工程开始的第二年二月，家康便开始开展其“大御所政治”的据点骏府城的大改建工程。这次工程所采取的力役动员体系和江户工程不同，江户城工程的动员名目谓之“御手传普请”，和军役一样，是将军个人层面的主从契约而对大名摊派的课役，受命的大名必须率领其家臣团以及从领内带来的劳动力参加工程。而骏府城工程采取的方

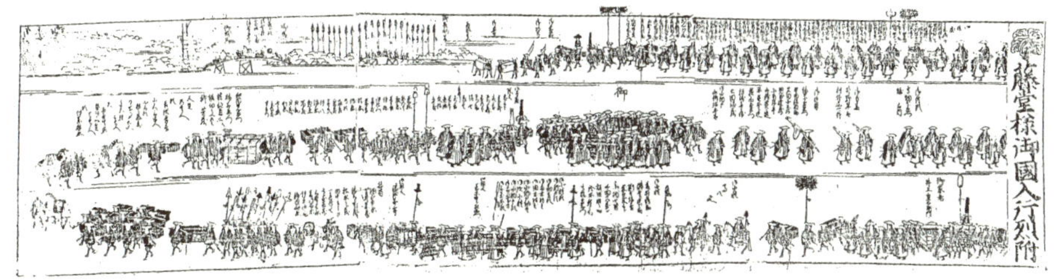

⊙ 描绘藤堂氏伊贺入国行列的版画

⊙ 丹波篠山城本丸的大书院。这里在明治废藩以后作为学校和会堂使用，1944年因失火烧毁，战后重建。照片摄于1943年

式是以国家公共事业的层面发动，不分德川氏的“天领”以及其他公武寺社各种私领，每五百石出一名劳动力的“五百石夫”制度。也就是说，这次的劳役动员依据并不以将军和大名之间的私人主从关系为前提，而是以将军以其事实上“日本国王”的地位，对于其国土和属民课派的公赋役。所以，其范围除掉原定的丹波、备中、近江、伊势、美浓五国外，还囊括了属于朝廷和丰臣家势力范围遍布的山城、摄津、河内、和泉、大和等“五畿内”之地。这一赋役因为是从国家层面课派的，所以无论朝廷幕府、贵族武家，只要在征派范围之内，都必须按要求出人出力。丰臣家也无法以不是德川氏家臣为由躲避这一课派。这也是家康为避免和丰臣氏直接摊牌，而采取的绕弯子做法。但是不管怎么说，丰臣氏还是得按照家康的意图，为德川霸府的建设出人出力。庆长十二年七月，骏府城的改建工程按期完成，家康即从京都的伏见移居此处。之后，家康便在此地一方面监护新将军秀忠，一方面管理国政，开始了“大御所政治”的时代。以将军秀忠为首，诸大名咸皆献上祝仪，秀赖也无法避免，只能对骏府城的家康行礼如仪。可见，尽管家康在格式上固然尊重丰臣家的特殊地位，但是在实际上秀赖已经不可避免地接受家康的指挥了。

⊙ 摄于1872年的丹波龟山城五重层塔式天守。该城由藤堂高虎设计，天守据说就是从藤堂氏的原封地伊豫今治城移建而来

这样，丰臣家的处境可谓江河日下，秀赖母子在家康巧妙的柔性攻势之下，越来越无法保持丰臣同德川氏并立的“二重公仪”的体面。但秀赖作为“天下人”丰太阁的“神童世子”（典出宋应昌《经略

⊙ 尾张名古屋城模造天守，原天守在二战中毁于美军的战略轰炸。该城系御三家之一尾张德川家的居城，加藤清正、福岛正则等丰臣恩顾大名都参与了该城的建造。据说福岛正则对德川家支使他为家康的儿子建城牢骚满腹，加藤清正便提醒他不要乱说乱动，并且说：“如果不满意就回城造反。”

复国要编》，后附)，哪甘屈居家康之下。庆长十一年，秀赖在文化事业上干了一票大手笔，在大坂方的主持下，堪称当时东亚世界帝王学最新成果的《帝鉴图说》得以在日本开版刊行。《帝鉴图说》成书于明朝隆庆六年（1572 年)，是张居正为教育当时年仅十岁的万历皇帝朱翊钧，采摭前代人君治迹，所编成的一部帝王修养鉴戒图册。它共上下二部，各取阳爻九九、阴爻六六之数区分善恶。上部题名为《圣哲芳规》，编录上自尧舜，下止唐宋共二十三名前代帝王的“其善为可法者”事迹共八十一则，下部题名为《狂愚覆辙》，共录三代以下共二十名帝王的“恶可为戒者”劣行共三十六则，每一篇都图文并茂。作为当时最新的统治者修养书，该书的插图在日后被改绘成屏风绘卷，装点在江户城、名古屋城等德川重镇城池之中，体现了日本统治阶级的儒教治者意识。为该书日版撰写跋文的西笑承兑在文中声称“秀赖公朝夕手读此书”，故而下令将此书刊布天下，还大拍秀赖马屁，说他“妙年有志于学，有老成人之风规”。鉴于此时德川政权为宣其教化于天下，不断推出其“伏见版”“骏府版”的钦定汉籍古典，秀赖此举明显包含了对德川氏的对抗之意，并且有意表明自己是不亚于家康的贤明圣君，绝对不会放弃自己“天下人”继承者的地位。到了第二年，即庆长十二年（1607年），年已十五岁的秀赖在正月十一日就辞掉了那个对他来说食之无味弃之亦不可惜的右大臣一职。在当时的观念看，秀赖在这一年算是正式成人，站在他的立场和想法上，德川家理应还他那个生来就属于他的“公仪”，他不需要关白和将军以外的任何地位。德川父子让给他的右大臣，简直就是嗟来之食，大坂浪花城里的伟大统帅难道需要老狸猫打赏的安慰奖吗？

对于不惜打肿脸也要充胖子的丰臣家，家康也进一步地展开地缘战略布局，实现对丰臣氏的有效遏制。为此，家康必须改变因为关原之战后分配造成的大名配置“西高东低”的格局。庆长十三年六月，伊贺上野城主筒井定次被幕府改易。理由是定次和权臣中坊秀祐不和，中坊秀祐将定次的种种不轨举动向德川家做了举报。定次是原大和国主筒井顺庆的养嗣子，天正十三年被秀吉从大和国转封到伊贺。他在伊贺上野的高地上建造了伊贺上野城，将城郭周围发展为町镇，并且利用修整河川水川，疏通了周围的流通网络，将京都、大坂等地联通在一起，推进了伊贺地域的经济发展，也提高了此地的战略价值。取代定次统治该地的人选乃家康身边的红人藤堂高虎，他原是秀吉之弟丰臣秀长的家臣。秀长的大和丰臣家因为养子秀保病死无嗣绝后，他一度打算上高野山出家，秀吉重其才而挽留。秀长生前重视和大诸侯的协作推进政治，和石田三成等人的集权路线相左。秀长死后，石田三成等人就通过炮制“千利休事件”清算了秀长的政治路线，而藤堂高虎便开始急速向同其亡君生前关系亲睦的德川家康靠拢，为家康建立新的“公仪”出谋划策，而得到了大御所侧近亲信的地位。伊贺上野是联结东国和西国的要处，接近京都、大坂，家康将该地交给藤堂高虎，很明显是考虑到对丰臣氏的遏制，并且由于藤堂的非谱代地位，这一改封还不致招致大坂方的过分反应。

庆长十三年五月，丹波八上城主前田茂胜又受到了改易处分，他是丰臣五奉行之一的前田玄以之子，以基督教徒为人所知（教名康斯坦丁）。前田玄以在关原战时虽然属于西军，因为没有参与战争而受处分，遗领由茂胜继承。他受到改易的理由据说是因为亲手杀死了其家中重臣尾池清左卫门，而尾池一直是德川方留在他那里的眼线，在家康处食禄两千石。成于后世西人之手的《日本切支丹宗门史》关于前田茂胜改易一事称：“一名家臣向公方[①]告发他是基督徒，主膳殿（茂胜）为之激怒，杀死密告者，又对自己的行为后

① 公方，即将军。

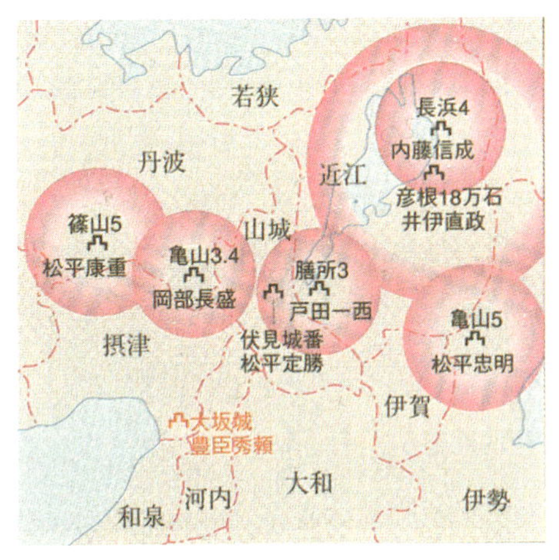

⊙ 大坂包围圈示意图

怕，显示出精神异常的征兆。当时的公方宣布他失去统治能力，只饶他一命。”不管此事内幕如何，取代茂胜成为八上城主的大名是传闻为家康私生子的原常陆笠间城主松平康重。此人在佐竹氏从常陆水户转封到出羽秋田的时候，曾经镇压了水户当地佐竹浪人的暴动，之前也数有军功，是适合监视西国动态与遏制大坂的上佳人选。这一配置和藤堂高虎的伊贺转封一样，很明显是对丰臣氏的监视。松平康重一入八上城，就认为此地立地不佳、交通不便，遂决定将治所迁移到同国的篠山，并在该地筑城。篠山城的修建采取“御手传普请”[①]的模式，总奉行由池田辉政担当，负责城郭格局规划设计的“御绳张奉行”则是藤堂高虎，受到征调的大名则涵盖了西国十三国二十个大名。家康通过这些改易，成功地在主要地域配置了其心腹大名。同时，骏府城也为之修葺一新，家康的大御所政治正式起航。

以上这些大名改易，不过是德川政权全国一盘棋的一个序幕罢了。在此前后，庆长十二年闰四月，家康的异父兄弟、远江挂川城主久松松平定胜被任命为山城伏见城番（守备司令官）；庆长十四年八月，旧今川系的谱代大名冈部长盛被移封到丹波亀山城三万石；庆长十五年七月，家康的外孙松平忠明被移封北伊势的亀山五万石。在进行转封的同时，藤堂高虎等筑城名人也没有闲着，他们根据针对大坂方发动不逞之举的军事需要，紧锣密鼓地进行新据点城郭的规划设计，构筑大坂包围网。德川氏进行的这一系列转封不仅让大坂包围网俨然成型，还通过对新建城郭一连串的“御手传普请”，动员了各地大名，明确了德川氏的军事指挥权。这一大坂筑城潮的最高潮就是庆长十五年对尾张名古屋城的改筑，几乎整个西国和中部地方的大名都被征调，是最大规模的“御手传普请”。如此一来，德川氏不动声色地完成了对大坂军事行动的先期准备，以备将来之用。

家康并没有像某些俗说强调的那样，用赤裸裸的暴力强逼秀赖母子交出政权，而是一

① 御手传普请：指的是丰臣、德川权力以“天下人”和诸大名的主从关系为依据，动员诸大名的人力物力来实施大规模的土木建设工程。是幕藩制下封建领主必须履行的封建义务。

方面逐步稳固自己的权力基础，另一方面采取切香肠的渐进战术，慢慢压缩江户和大坂的暧昧空间，但每一步都留有余地。他希望秀赖母子能够认清形势，主动向德川方投怀送抱。然而，大坂方就是死活不肯就范。既然能切的香肠已经所剩无几，两方对孰上孰下做出一个了断便迫在眉睫。面对冥顽不化还以为王冠非他莫属的秀赖母子，家康终于决定先发制人，进行一次正式的态度试探。

三　庆长十六年二条城会见

——没有刀光剑影的较量

庆长十六年（1611 年），这一年秀赖年已十九，当年三月二十七日，后阳成天皇按照约定，要把天皇位置禅让给东宫。三月六日，大御所德川家康从隐居所骏府城出发，在十七日进入京都，已经先行上京的西国诸大名都到山城追分迎接。东国诸大名约五万大军扈从家康进京，其乘舆前的护卫徒士就有三百余，而近卫的骑士则有七八百骑。但家康到达以后，却下达指示称让位行幸之仪毋庸诸大名扈从。对此三宝院门迹义演僧正在其日记里颇有疑问："先代正亲町让位之际，天下诸侯无不扈从，如今略去此仪，究是为何？"但明眼人都看得出来，这次大御所动员天下大名进京的真实目的，只是为了向天下显示调动兵马的权柄现今何在，而不是给朝廷捧场。这么做的示意对象是谁？恐怕有点政治敏感度的人都看得出来。

德川家康晚年画像。图上方的祥云是家康的神号"东照大权现"神格化的表现

家康的醉翁之意很快就表现了出来，在三月二十日，他就通过淀姬的舅舅织田有乐斋（信长的末弟）通知大坂方："许久未会秀赖公，正好如今有事进京，务必请您上京一次。"淀姬对此颇有难色，表示："太阁殿下死后，每年都是家康前来大坂城拜会秀赖，如今秀赖并无理由上京会见家康，如果两者真

玉林院藏片桐且元画像

有见面必要，家康应该速来大坂城。”淀姬的头脑果然还是一贯的不灵光，却是急坏了大坂城的首席家老片桐且元。

片桐且元是个在当时立场复杂而在后世落下不小争议的人物。但首先可以确认的是，他和淀姬一家的因缘非浅，其父亲片桐直贞是淀姬的亡父浅井长政的家臣。在元龟四年（天正元年，1573 年）织田信长围攻浅井氏的根据地小谷城时，片桐直贞跟随浅井长政，奋战到了浅井氏灭亡的最后一刻。小谷城落城，浅井父子自杀是在当年九月一日。现存的浅井长政最后留在世上的一星痕迹，就是一张在八月二十九日由他亲自签发的“感状”（表彰状），受给者不是别人，正是片桐直贞。我们或许可以想象到，浅井长政在自尽前夕，将妻子阿市和茶茶（淀姬）、阿初、江三个年幼的女儿转交给信长的军使羽柴秀吉的时候，当年已经十七岁的且元，有可能目睹了这一悲剧性的时刻。且元出仕秀吉后，虽在贱岳之战中一战成名，位列“贱岳七本枪”之一，但在秀吉后来的统一战争和对外侵略中，却并未有出众的武功智略之闻，这绝不是因为司马辽太郎之流的通俗小说家描绘他“才干平平”“智力低下”的缘故。（《丰臣家的人们》）盖因他从事的都是兵粮运输船只的调集、造桥修路等看起来脏苦辛劳不起眼，但实际上在战争进行中一刻不可或缺的后勤事务。并且他也随浅野长政、增田长盛等人参与太阁检地、寺社营造等行政工作，虽然在风头上不及石田三成、增田长盛等剃刀型酷吏，但也早被锻炼成一员资深的“奉行众”。他尤善进行调解，在天正十四年就成功地处理了摄津国人盐川国满和能势赖次之间的械斗纠纷。天正十九年十

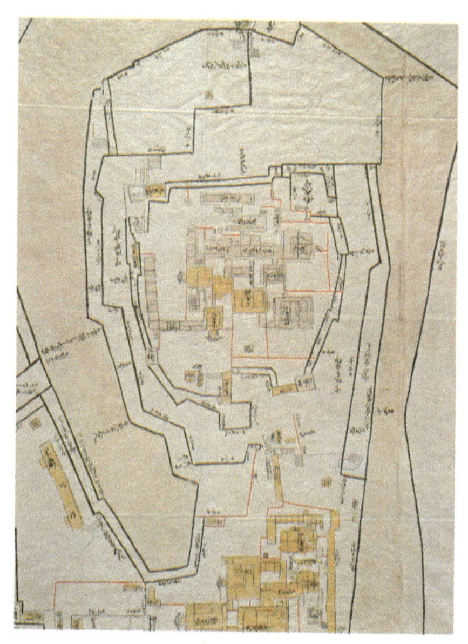

丰臣时期的大坂城平面图，天守在本丸的东北隅

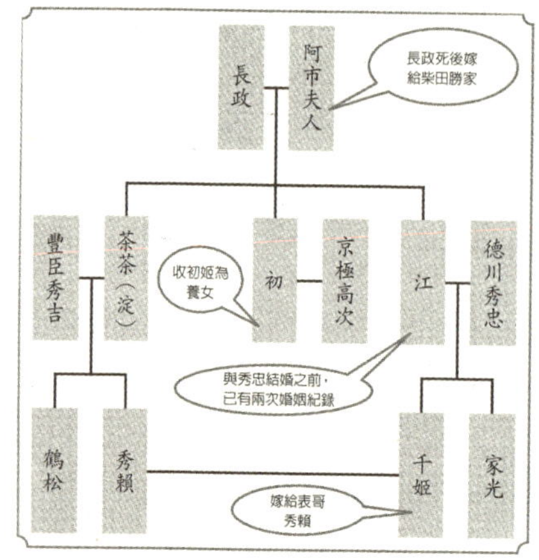

丰臣德川血缘一体化概念图

月，密教圣地高野山的寺领因为检地中发现隐漏问题，惹怒了秀吉。此事也靠当时被秀吉派来处理此一事务的片桐且元协助高野山的耆宿木食应其上人巧妙折冲应对，得以平安解决。且元还长期负责调解北出羽的大名安东（秋田）实季和其家羁縻的国人领主浅利赖平之间围绕对丰臣政权的军役负担而产生的纠纷和内讧。恐怕是考虑到且元和淀姬的旧关系，以及且元长于实务，尤其有人际交往的才能，秀吉才在临死前钦点他和小出秀政等五人担当秀赖的傅役，总理大坂上下的庶务。并且，他还和德川家康、前田利家两位巨头保持着密切关系，充当着秀赖辅佐体制的润滑剂。

以小名三法师为人熟知的信长嫡孙、岐阜中纳言织田秀信。他在丰臣政权下的处境可谓和德川政权下的秀赖十分接近，他既是前“天下人”的正统继承者，又居住在沉积着其父祖光荣传统的居城之中，但他身边并没有什么遗老遗少鼓吹他是什么“正统接班人”，所以他也没有什么非分之想，一直受到丰臣家礼遇。直到关原属于西军，岐阜被福岛正则、池田辉政等人攻落，才算倒了霉。战败后他在高野山处谪居，但高野山因曾遭其祖父信长镇压，仇视于他，他便在1605年郁郁而终

关原之战结束后，五大老合议自然是早就崩溃了，五奉行除掉先前就靠边站的浅野长政，都一夜变成了叛逆，杀头的杀头，失势的失势。秀吉安排的过渡体制完全崩盘，丰臣氏的中央僚吏为之一空。在这种情况下，且元一下子成为丰臣家的首相级人物。尽管他在关原派遣部下参加了西军围攻大津城之战（其弟片桐贞隆则是直接参战），但家康不但没有动他一根毫毛，还让他做了大和龙田两万石的领主。这不是因为他之前就和家康私交不错，而是家康遽然一战掌握大权，但百僚不整、名分未备，十分需要丰臣方面的资深吏僚协助他经营国政。首先，关原战役之后的军功封赏、接收丰臣藏入地与检地的实施、编制地方国郡的绘图和财政账簿等行政事务堆积如山。这些事务若没有片桐且元、小出秀政等谙于实务的“秀赖样众”的协助，是很难顺利实施的。所以，片桐且元在此时就不得不陷入了两属的境遇：一方面他是丰臣秀赖的首席家老兼代表人，另一方面还要协助德川方面的吏僚处理日常政务，如共同签发各类行政文件、封建文书。江户幕府建立后，他又是德川政权所任命的摄津、河内、和泉三国“国奉行”，统

⊙ 京都二条城二之丸御殿

一管辖这些公私领地犬牙交错、十分难以管理的地区。他在丰臣氏到德川氏的过渡阶段中，可谓为家康顺利接手政权立下汗马之劳。后世论者（典型如近代的德富苏峰，乃至战后的桑田忠亲、司马辽太郎）都认为片桐且元“不忠”，相反的是，自江户评价一直不高的淀姬宠臣大野治长因为算是最后为丰臣家殉葬，倒被这些人做出的“再评价”抬得很高，认为大野可没有你们说的那么坏，真是大大的忠臣贤良。

以上论调看似讲得很有道理，不过毕竟秀赖本人在庆长十二年以前都是“非完全行为能力人”，秀赖母子既然不管他们并不具备统治能力的事实，也要保持丰臣家的“公仪”体面，自然不可能拒绝参与国家政权的经营。如果因为这个政权实质上是以家康主导而放弃参与，等于在事实上将政权明确禅让给家康。所以对于丰臣

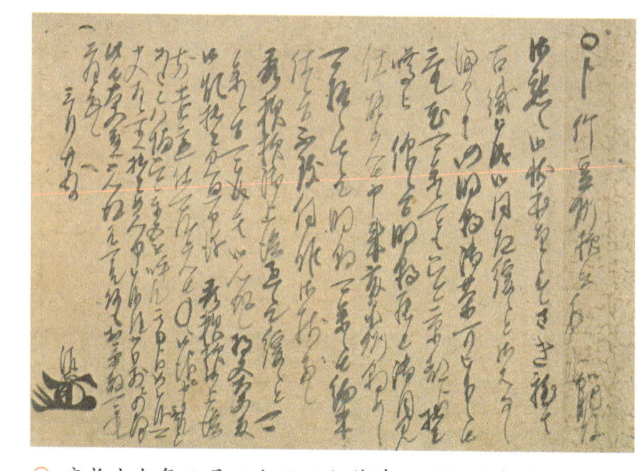

⊙ 庆长十九年三月二十五日加藤清正写给竹中重利的书信原件

家而言，这是一个明知道是怎么做都只是有利于家康但也得硬撑着的局。而片桐这位丰臣家的大管家，知道这是吃力不讨好的烫手山芋也必须得接。就算他不想接，满脑子正统“天下人”观念的秀赖母子会让他放弃吗？

那么，索性放手一搏又如何？石田三成的前车之鉴还是昨天的事，秀赖在长时间内无法成为一个完全的主君，在关原之乱中被抽骨扒筋的丰臣家需要时间来安稳过渡，而家康武威正盛，在表面上也依旧对丰臣家十分尊重。如果轻举妄动，谁能保证天下诸侯会为这么一个名分不清的暴举而为秀赖付出牺牲呢？

⊙ 大坂城天守阁藏加藤清正画像

谙于世务的且元只有一个判断：保存丰臣家的唯一之道就是顺着家康的意思，让德川“公仪”顺利吸收丰臣氏，秀赖则维持未来三代将军的姑表兄弟、家康嫡孙女婿的地位，成为德川氏的同族连枝大名以保存实力，等待来日。他自己必须换取德川氏对他的绝对信任，哪怕自己被纳入德川氏的主从支配体系，背上贰臣之讥。

这并非是天真的想法，至少日本历史上还没有谁像中国南朝刘裕那样开了禅位君主必须死的恶例。丰臣秀吉自己就是在消灭明智光秀后，逐杀不服其掌握政权的织田一族而篡夺了本属于信长嫡孙织田三法师的“天下人”地位。但这位三法师织田秀信并没有表露一点儿想要报复丰臣氏的意图，终秀吉之世，织田宗家以大名身份安如泰山。对于家康来说，只要秀赖对最高政权“公仪”没有分毫染指的表现，他也没有理由杀害一个既是他的旧主遗孤，又是自己孙子竹千代（家光）的表兄弟兼亲孙女婿的秀赖。否则，只会徒然刺激还在西国拥有很大势力的丰臣恩顾大名，这在政治上对他没有任何好处。家康一生处事谨慎，就算他有武力讨灭丰臣家的想法，那也必须让丰臣家自己先犯错误。

事实很明了，难以保存的只是实际上也等同一个空架子的丰臣“公仪”，丰臣家却是完全有希望保存的——只要他们愿意做一个正常的大名。在这种情况下，究竟什么样的结局算是对秀赖母子好，片桐且元本人恐怕是很清楚的。但是最大的问题在于，这一切怎么

由加藤清正主持建造的熊本城天守，它经受住了明治十年西南战争的考验。熊木原名隈本，原来只是肥后国人城氏的小堡砦，如果不是加藤这个秀吉的得意门生入主此地，其地断无今日之规模。这些生活在几百年前的战国武将之所以能够绵延其人气于今日，并不是因为他们的“武功”有多么伟大，而是因为这些人的领国建设奠定了日本不少地方的发展基础

和秀赖母子解释清楚？司马辽太郎、桑田忠亲之类“秀吉铁杆粉丝”自作聪明地以为，片桐且元的忠臣之道就是一把鼻涕一把眼泪，掏出一片衷心把天下的时势以及家康的图谋与一老一小两位独裁者讲清楚。但有哪个自诩天生圣人的“天下人”会允许臣下正告他“认清现实吧，你已经不是老大了”呢？片桐且元如果这样做了，满腔衷心估计是不大可能打动秀赖母子的，这对母子大概会当场叫他把自己的肚肠一刀剖出来。

顺便扯点题外话，在江户时代的日本，彻底奉行了这种不顾个人安危也要贯彻儒教忠义的典型，就笔者所见，大概只有幕末时代的吉田松阴，他曾鼓吹对天皇绝对效忠，自己把刺杀老中[①]的计划抖落给幕吏，想要用“诚意”规谏准备和外国签通商条约。可是很不幸，他老人家对自己的定位就是个“狂愚”。恐怕有人会说不是还有“忠臣藏”赤穗四十七浪人嘛，可惜那些家伙实施“复仇”的动机其实是怕别人讥笑他们没胆复仇，在“武士道”上丢分，而非对主君的“忠义”。他们甚至认为赤穗浅野家若不能实施复仇，亡

① 老中：江户幕府的最高行政职，直属于将军，掌行政大权，监督诸大名。

⊙ 熊本本妙寺内清正墓的参道，沿途由历代各色人等捐献寄进的石灯笼层累从山脚延伸到清正墓所在的山顶，俨然衬托出了人们对加藤清正的信仰和敬爱

了也无所谓。

言归正传，和德川家打了这么多年交道，且元当然知道当下应该怎么办。不顺从家康的意思，等于宣告摊牌。他立即让淀姬的乳母大藏卿局去说服她下决心，并且明确地向淀姬表示："家康意图固然叵测，但从常识来看，如果秀赖大人拒绝上京，必定要和德川开战。"淀姬还是不放心，叫术士卜占此举吉凶，结果卜出一个凶兆，且元硬是把占卜的勘文改成了吉。另外，浅野幸长和加藤清正也屡次向淀姬进谏，称："为使秀赖公无事平安，应该上京，和家康顺利见面。"淀姬看大家意志坚决，只能勉强答应下来。秀赖和家康的会

⊙ 二条城的大唐门

面定在了三月二十七日，地点则是将军家的京都行辕——二条城中的二之丸御殿中的“御成之间”。

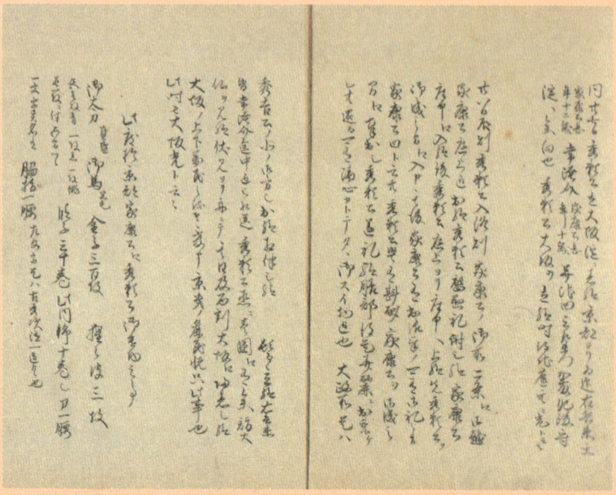

这次两巨头的见面，只要一个应对不当，就会造成严重后果，将会让促成这次会面的旧丰臣系诸大名本已经忐忑的心中再次感到不安。加藤清正在三月二十五日写给竹中重利的一封书信中就表现了这种敏感心态：

⊙ 京都大学文学部藏《当代记》写本中二条城会面一段。《当代记》相传是龟山城主松平忠明所作，实际不详，但成书较早，可信度高，是研究丰臣德川之交历史的基本史料之一

（前略）起先和古田织部一道，同您闲谈，甚为满足。因此，明日之茶会虽然幸蒙邀请。但如今从京都那边有些在下的闲话被（家康大人）听闻，明天清早上京还是前去拜见（家康）为好。因同藤堂高虎有约朝食，明天不能来会，甚为遗憾。等到秀赖大人上京一事结束后，再高会不迟。另外，在下去探望福岛正则之病情，在秀赖大人上京之前，还是小心作罢为妙，此一情状，我已有分晓。但这并不能如此回报（正则）。向爱宕八幡发誓，现在在下固然是正要喊来平五，将此状告知正则的时候，但还是将我之胸臆原本告知于他才是合乎事理。也请你对正则知会一下，让他好生注意，不管怎么样，到京都再谈。

加藤清正的一般形象，早已被民间传扬到了半人半神的地步（尤其是在他的旧封地九州熊本），因此后人为他在二条城会见中如何忠心护主也编排了不少真假难分的小段子。关于这类清正神话的中心思想，从幕末的旧熊本藩儒、后为明治天皇帝师的元田永孚所作咏清正诗中就可以知道个八九不离十。

六尺之孤可以托，

百里之命可以寄，

临大节者不可夺。
以此可评公心事。
此公已是一世豪，
攻城野战独贤劳。
绝海孤垒饥至骨，
叱咤骂虏虏遁逃。
归来白首捧遗孤，
丰家存亡仅一毛。
匕首仰天酬旧主，
天神泣兮人鬼号。
仍有余力堪经国，
节用爱民足民食，
筑城治水存功泽，
百世不忘公威德。
呜呼！忠勇安独髯之绝伦。
君子其人欤？君子其人也。

上图是秀赖在冬之阵前夕延请土佐派画师为自己所作的画像，下图是其外祖父浅井长政的画像。对比着看，应该说秀赖确实有点外祖父的遗传。可以肯定，他们都是大脸盘、又白又壮的胖汉无疑。但是肯定和后世小生化、偶像化所塑造出来的形象相去甚远

可惜的是，从一手史料我们就可以看出，这位被后人看作日本关公的“豪杰”，在当时却没有一点儿英雄气概。他一如既往地小心谨慎，汲汲于体察家康的不测之意，极力避免自己串联丰臣恩顾诸将的嫌疑，早把他加藤家的安危存续摆在了第一位。笔者当然不是说，他对秀赖就不讲一点儿旧主之谊，他们主观上当然希望丰臣家的延续，但是他们的实际态度并不会比片桐且元超出太多，片桐的立场也同样是他们的天花板。政治人物最难做到死得其时，加藤在二条城会见之后不久便十分凑趣地死了，这大大便利了他遗留的孤臣孽子，还有那些由于他的基础建设而对他感恩戴德的熊本地方老伯伯老阿姨为他塑造忠义两全伟岸形象。甚至于一些好事者构想出什么德川家把他老毒死害死，以便为讨灭秀赖扫清障碍之类的奇幻小说情节。在这一点上，他的难兄难弟福岛正则因为活得太长，就要比他不幸得多。

⊙ 丰臣秀赖手书其父神号“丰国大明神”，右端乃其八岁所写，左端乃其十一岁所写

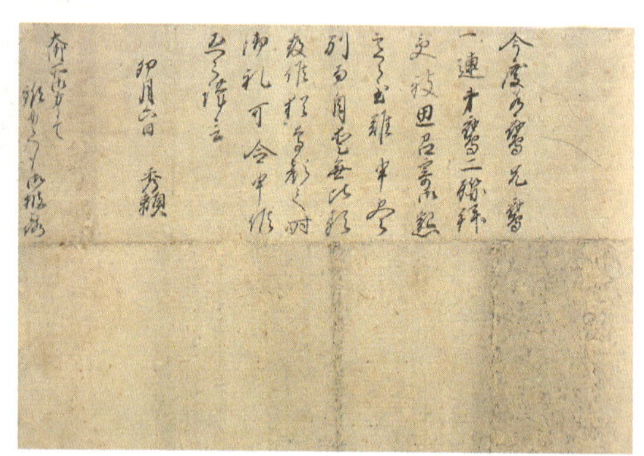

⊙ 庆长十六年四月六日丰臣秀赖写给家康侧近礼状的原件

总之，在三月二十七日上午十点左右，秀赖一行总算是出了大坂城，他们在淀川的渡口上了船，沿途还优哉游哉地飞鹰走犬。在途中住了一宿后，二十八日早上船到淀城，秀赖等人上岸，沿竹田道路向京都行进。当天先进了片桐且元的在京府邸，在那里换上正装礼服，然后继续向二条城行进。家康派出他的九子右兵卫义利（当年十二岁，即后来的尾张藩主德川义直）和十子常陆介赖将（当年十岁，即后来的纪州藩主德川赖宣）到鸟羽迎接，陪秀赖进了二条城。二十八日早上八点左右，会面仪式开始。

关于会面的经过，一般都依据《当代记》的记述：家康先到庭上迎接秀赖，秀赖则对家康“殷勤行礼”；然后家康先进房，秀赖随后进屋，并直入“御成之间”先行落座；家康在秀赖之后进入“御成之间”，提议“互可有御礼”，即采一字并肩对对座之礼；秀赖谦让，坐于下段；然后珍馐佳肴端上，两人都互谦不肯动，只是喝了些汤水；随后秀赖声称要去陪伴“大政所”即高台院，起身失陪。家康让德川义利、赖将送他到路上。秀赖在参拜了祭奠他父亲的丰国神社以后，去看了正在修建中的方广寺大佛。之后，便从伏见坐船回大坂，在夜里八点左右到家。会见按照义演僧正的日记说是花了一个时辰，细川忠兴写给重臣松井氏的书信中则称秀赖在未上刻（下午一点左右）参拜了丰国神社，可以估计大致在上午就结束了。忠兴在信中称秀赖在拜完他亡父后就立即启程回了大坂，而义演僧正则称他还到加藤清正在伏见的宅邸兜了一圈。

至于会面期间有谁陪同，小说家经常渲染加藤清正和浅野幸长为了给秀赖尽孤忠，舍命陪护。实际上这二人并非是为了护卫秀赖而去的现场，他们只能算是家康两个小公子的陪同人员，藤堂高虎倒是专为迎接秀赖而受委派去的。到二条城的路上，也就是藤堂、加藤、浅野外加池田辉政四人陪同前行。另外的大名小名一个也没有出现，原因是幕府已经发布了禁止出迎秀赖的通知。

关于关原之战到大坂之阵间隔时期的日本中央政治构造，国际日本文化研究中心名誉教授笠谷和比古所提出的丰臣和德川“两重公仪论”是很有名的。也就是说，在这个阶段，丰臣氏和德川氏都作为国家政权并立，两方在血缘上一体化，通过分别统治日本列岛的西部和东部，维持了两家的共存和共荣。关于笠谷氏这个论点妥当与否，以及怎么看待支撑这个论点的一些论据，本书的第一节已经做了评判，这里不细说了。但关于

⊙ 骏府城公园中本丸遗址的德川家康塑像，像上停着一只鹰，盖因田猎放鹰是家康十分热衷和喜爱的一项活动。他将自己的嗜好之物赠给秀赖，这也显示了家康对秀赖的一种好意。但奈何秀赖以真命天子自诩，根本不把家康的宽容放在眼里

⊙ 如今的德川家当主德川恒孝自藏的庆长十七年家康亲笔日课念佛纪录。家康是净土宗信徒，但他日常的念佛记录都已经散佚，唯独庆长十七年的部分存留下来，史家北岛正元认为他或许只有这一年才有集中的日课念佛。他此时的情绪异常热切激烈，乃至时不时地会将“南无阿弥陀佛”写成“南无阿弥家康”。在这个微妙的时间点上，个中之意诚可玩味

⊙ 宫内厅书陵部藏后水尾帝画像，作者为尾形光琳

二条城会面是否体现了丰臣方和德川方的地位平等，也是他做出这个结论的支撑论据之一，他在2015年和黑田庆一共著的《丰臣大坂城》一书中，依然坚持这个主张。他认为，按照当时一般的待客之礼，客人来临时候，一般是主人的家臣或用人迎客，将客人从玄关引领到屋内，通过应接之间，在看到客人落座之后，再由主人现身接待，所以主人家康亲自到庭上迎接，是对最尊贵客人的破格接待。另外接待秀赖的场所是“御成之间”，所谓“御成”指的是主君级别的贵客访问其家臣的住宅，而接待这等贵客的接待室谓之“御成之间”，这体现了家康对丰臣家旧主格的体认和尊重。在入座之时，秀赖先上座，而家康坐于下列平间的座位上，家康提议一字并肩而坐，“互可有御礼”，即采敌礼模式。秀赖谦让，而使家康上座，自己下座，这体现了两者的平等，以及小辈秀赖对自己的爷丈人和官品上的长者（家康从一位，秀赖正二位）家康的谦恭和敬意，而非臣从之卑屈。笠谷氏对于二条城会见事件经过的评价无疑是正确的，德川方确实做足了表面功夫，让秀赖也无话可说。但是把它上升到家康本人依然对丰臣家平等看待，甚至是仰视的高度，就很值得商榷了。问题在于，会见只是在二条城家康的私宅里举行的，在场人员不多，仅限于两边的家里人和少数几个旧丰臣大名。在这样一

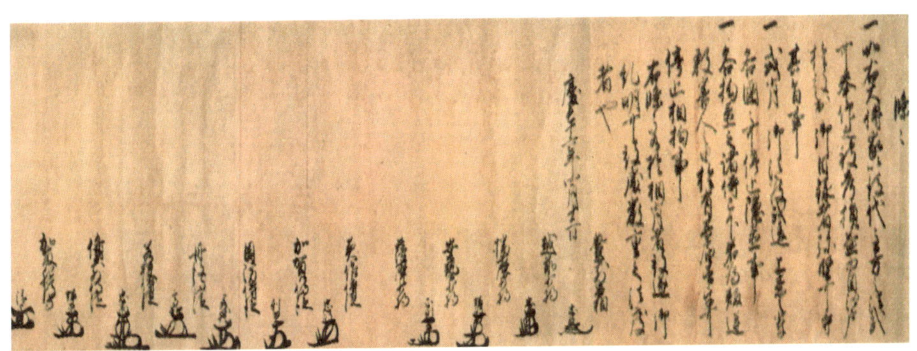

⊙ 庆长十六年四月在京诸大名提出的“三条誓文”，它被认为是后来制定的《武家诸法度》的前身。署名序列则按照官位大小，很明显，位最高的前右大臣秀赖卿并不在其列

个私密的空间里，家康作为长者，自然可以让一让秀赖这个小辈。这个过程外人并无从知道，德川家不允许天下大名前来出迎陪同的用意便在于此。大家听到这件事，第一反应只会是你秀赖终于听家康的话了，上京认了怂。另外，尽管是秀赖自发谦让了家康，但既然秀赖还是认为自己是“天下人”，那么他就应该知道一个君主不论在何等场合，也是不能让臣子居于上位的，你对臣子谦恭作顺，就证明你主动放弃了主君身份。家康的高明之处，就是设计了一个让秀赖不管内心愿不愿意、在气氛上他也不得不让自己三分的局，而秀赖的确向家康低头了。

这次会面结束后，“天下人”都为战争得以避免而欢悦，他们只知道秀赖听从家康的命令上了京，顺利见面行了礼，算是丰臣家对德川家服了软，承认了家康的天下共主地位，这样丰臣家的地位也安稳了。“大坂上下万民自不必说，京畿之庶民也只为此事欢悦，据说，此时大坂异光焕发。”（《当代记》）但是，这些都是表面现象，实际问题真的得到解决了吗？

根据《庆长之记》（岩濑文库藏）的记载，在会见结束之际，家康对秀赖讲了如下这样一段语气很重的话：

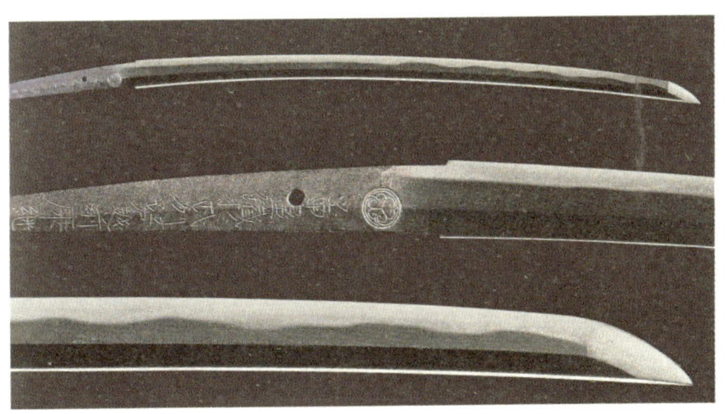

⊙ 葵纹越前康继刀，这是德川家康命刀工越前康继用从英国、荷兰进口的良钢“南蛮铁”打造的利刃

虽说如丰国大明神（秀吉）所命，在您十五岁时，吾人应将天下交付于您，但您已在青野（青

⊙ 浅野幸长（左上）、浅野长政（左下）及秀吉正室高台院浅野宁宁（右）的画像，他们是丰臣氏尾张系外戚的代表人物

野即青野原，关原别称）合战时（青野即青野原，关原别称）附和凶徒，意将逐我。此誓既遭您所反悔，我也无计可施。即便如此，我亦难忘太阁之恩，您无论要我办何事，我都应承。另外，侍奉大坂之诸士食禄万石以上者，今后要隔年到骏府伺候听命。如果虚耗时日，就不成体统了。

这句话看上去貌似强词夺理，其实也不然。毕竟在关原之战时，丰臣家的旗本武将确实参与了西军的军事行动。尽管这不是当时的秀赖能决定的，算是淀姬的判断失误，但是丰臣家在事实上已经选择了站队。家康今天把这事拿出来将秀赖批判一番，秀赖也无法正面回应，只能默不作声。加藤清正在一侧害怕僵场，急忙出来解围说："大坂那边等着呢，应该回去了。"秀赖等这句话等得如久旱逢甘霖，连忙应承说："很对，很对！"然后匆忙抽身离座。类同的记事还见于宽文十二年（1672 年）的《大坂日记》，只不过在这里清正并没有出场，家康把类似内容的话嘱咐给了片桐且元。如果这确有其事，无疑是家康对秀赖的一次政治摊牌。这段话的意思放狠了说就是，我可以容你，甚至是给臣子范围里的最高待遇，但前提必须是你明确你我的君臣之分，并且不许再拖时间，你要立即以实际行动给出答复！

秀赖在当场虽然靠旧臣帮忙，勉强蒙混过关，但回到自己的大坂城后，他的胆气又长回来了。他当然知道自己其实是在二条城会见上丢了分。不行！必须想法找回面子来，不能就这样让世人看扁了，我堂堂丰臣秀赖也不是一个没有骨气的男子汉。于是，在两方答赠礼物之际，秀赖就在书札礼和赠答上大做文章，拼命地彰显自己的主格地位。

在京都大学综合博物馆中，藏有一件秀赖亲笔写给大御所左右侧近的礼状。这是摄津国久昌山建国寺传来的文物，该寺建有淀姬的舅舅织田有乐斋的别邸，和有乐本人关系颇深，书信本身有可能是德川家交给织田有乐斋保管的。其礼状文面和翻译如下：

原文：

今度、若鷹兄鷹一連、
弟鷹二聯拜受、被思召寄御懇
意之至、難（闕字）申盡
別而自愛無比類
存候、猶尊顔之時
御礼可令申候
恐々謹言
卯月六日　秀頼
大御所御方にて
誰にても御披露

译文：

此次拜受小鹰雄鹰一对、雌鹰二对，承蒙美意，周到之至（感谢之意）。言语难尽，本人尤其喜爱此鹰，未有他物可媲美。另外，会面之际，再施谢礼。恐恐谨言。

十二月六日　秀赖

不论是谁都可以，请将此意向大御所尊处转达。

这份文书的年份被推定为庆长十六年年底，内容是对家康赠礼的感谢状，一般认为秀赖在信中坦率表露了会见成功与两家和融的喜悦之情。但是仔细看这封书信的格式，可以发现秀赖居然采取了尊大自我贬低家康的形式。首先是第三行的“被思召寄”，这指的是家康赠他礼物的美意，如果尊敬家康，应该在思字之前空出一格，体现对家康的尊敬，但秀赖却没有阙字，相反在表示自己谢意的“难申尽”的申字前空出差不多有一厘米的空格，表示对自己“空一格”的自敬。而在写到第五行显示自己行为意志的“存候”，则硬是重起一行，把体现自己意志的这个表现顶行书写。在书信公文中，君主名讳必须换行顶格，甚至采取平出书写的尊敬表现这一点上，中日韩三国并没有什么不同。这封书信在字面上对家康算是虚辞敷衍，在书信格式里却把家康视如无物，仿佛是在特意讽刺家康在二条城会面上的做派。家康看到此信，即便没有勃然大怒，心中也必定打翻了五味瓶。

这不是我们单要对一封礼状吹毛求疵搞文字狱，我们再仔细体味二条城会见前后双方的仪礼赠答，也可以发现大坂方违反了赠答仪礼之际的互酬平等、有赠必有答的原则。在二条城会见之时的礼物赠答，两边倒算是有来有回。秀赖送给家康太刀一把、名马一匹、黄金三百枚、锦缎三十卷、猩红绯纱三张、南泉一文字刀一把、左文字胁差短刀一把，对家康的两个小公子德川义利和德川赖将各送了太刀一把、黄金百枚，另外对家康的高级侍女众和宿老也各有金银相赠。家康则送给秀赖鹰三只、名马十匹、大左文字刀一把、锅通正宗胁差短刀一把，对高台院赠送了黄金十枚、银子百枚。虽然对丰国神社的社人神官有所赠礼，但未对秀赖的随行家臣赠礼。固然大坂方送礼的面比德川要广点，但是家康赠送秀赖的鹰和名马都是千金难换的高价品，很难说两边谁厚谁薄。问题出在接下来四月二日家康为对

⊙ 位于今富山县高冈市的前田利长铜像

秀赖进京拜访他而做的回礼上。这一趟，家康派遣德川义利、德川赖将二人为代表前去大坂拜会秀赖。家康本人送给秀赖千枚银币，给淀姬二百枚银币、绵三百束，给秀赖夫人千姬银币百枚、绵百束。德川义利赠送秀赖太刀一束、马一匹、银币二百枚，各送给淀姬和千姬银币百枚、绵百束、红花三百斤。德川赖将则送给秀赖太刀一把、马一匹、银币二百枚，千姬银币百枚、绵百束、红花三百斤，对淀姬无赠物。德川家既有赠物，那么按照惯例大坂方也必须回赠物品。结果秀赖回送给德川义利长短佩刀各一把、锦缎百卷、小鼓一个，给赖将长短佩刀各一把、锦缎百卷、一套能乐道具。两人的随从人员也各自有赏，淀姬还单独送给二位公子的四名付家老银子。秀赖给两位小公子的回礼倒是颇为周到得体，算是慰劳他们小小年纪远路来大坂一趟。但是对于大御所家康这次带来的赠礼，秀赖竟然一个大子儿也不回敬。过了四天，他就给家康送去了以上这封挑衅意味满满的回谢状。按照常理，秀赖即便不再回赠家康礼物，也应该对家康的代表派遣和赠礼表示谢意，但是秀赖却对此丝毫不提。他的意思很明确：老家伙！你送给小爷我的三只鹰，不错，小爷我很喜欢，下次和你再碰头，小爷我再好好地回敬你！

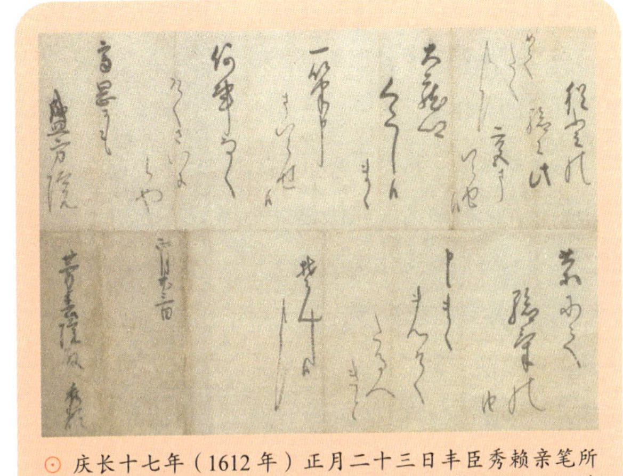

⊙ 庆长十七年（1612年）正月二十三日丰臣秀赖亲笔所写，由大藏卿局带到正在江户作人质的前田利长之母芳春院阿松处的问候信，正文内容是："一笔启上，您定是平安无事，身体健康吧，据说在高冈的盛方院的药有了效果，想必十分满意，敬启。"

秀赖要表达的可不止这些，他的潜台词更进一步挑明的话，恐怕还有这个意思：我看家康你只派两个小毛孩当代表来敷衍小爷我，小爷是不会理你的，你要小爷我领你的情，很好，小爷不要你虚情假意，你直接到大坂城来对小爷行礼如仪，小爷我再考虑赏你几个大子儿。

这哪里像是寻常的应酬了，这不简直是直接向家康挑战吗？

但家康的反应是什么呢，他内心可能很恼火，但他厚重肥满的下巴上最后浮起的恐怕还是冷笑。据《明良洪范》记载，在二条城会见之后，家康曾对本多正纯说道："秀赖是个机灵的人。"（秀頼は賢き人なり）在考虑到以上的事实后，这个所谓"机灵"，恐怕并非像一些俗说所言那样，是家康在二条城那里看到秀赖那据说达到一米九〇的大块头，再看自己风烛残年，又矮又胖，将来要对付不了这小子，于是酸溜溜地说他聪明机灵。其用意恐怕是说“这小子滑头得很”，居然有胆子给他玩脸色。但是，秀赖再滑头，无非要的是顽童式小聪明，这对他挽回势力不但没有一点儿实质作用，反而徒然惹怒了德川家康，后果很严重。恐怕在这个时候，忍辱负重、谨慎小心了一辈子的家康，才终于忍无可忍，下了即便撕破脸兵戎相见也要解决大坂问题的最终决心。

⊙ 津城主藤堂高虎画像。反映了他的晚年风貌，据说他年轻时也是个一米八〇以上的大个头，在当时的日本人中也是鹤立鸡群

庆长十六年四月十二日，在京都御所的紫宸殿上，东宫政仁亲王终于行了即位典礼，成为第一百〇八代天皇——后水尾天皇。在这革故纳新的一天，家康对以西国为中心的二十二位大名约法三章，命他们交出服从的誓词。这三条是：遵守江户颁布的法令（公方的法式），禁止包庇违反法度和将军意旨者，停止召用谋反者和杀人犯。当时签署誓书的二十二位是：

细川忠兴（丰前小仓三十九万石）、松平忠直（越前北庄七十九万石）、池田辉政（播磨姬路五十二万石）、福岛正则（安艺广岛四十九万石）、岛津家久（萨摩鹿儿岛六十二万石）、森忠政（美作津山十八万石）、前田利光（即利常，加贺金泽一百十九万石）、毛利秀就（长门萩三十七万石）、京极高知（丹后宫津十二万石）、京极忠高（若狭小浜九万石）、池田辉直（一名辉兴、辉政六子，播磨平福三万二千石）、加藤清正（肥后熊本五十二万石）、浅野幸长（纪伊和歌山三十七万石）、黑田长政（筑前福冈五十二万石）、藤堂高虎（伊势津二十二万石）、蜂须贺至镇（阿波德岛十七万石）、山内忠义（土佐高知二十万石）、田中忠政（筑后柳川三十二万石）、生驹正俊（赞岐高松十七万石）、堀尾忠晴（出云松江二十四万石）、锅岛胜茂（肥前佐贺三十三万石）、金森可重（飞驒高山三万三千石）。

这个序列里一时没有关东和东北地方诸大名的身影，盖因他们都在江户给德川家修城服役，没空上京。到第二年庆长十七年（1612 年），家康又对东北和关东的外样大名十一人同样约法三章，这十一人中除松平忠直重缴了一遍誓纸外，余下的是：

上杉景胜（出羽米泽三十万石）、丹羽长重（常陆古渡一万石）、伊达政宗（陆奥仙台六十二万石）、立花宗茂（陆奥棚仓三万五千石）、佐竹义宣（出羽秋田二十万石）、蒲生秀行（陆奥会津六十万石）、最上义光（出羽山形五十七万石）、里见忠义（安房馆山十二万二千石）、南部利直（陆奥盛冈十万石）、津轻信枚（陆奥津轻四万七千石）。

除了这些比较知名的人物以外，还有中小等级的大名小名五十余人向德川家提交了誓书，遵循家康的约法三章。这样，家康就基本和全日本的大小诸侯再一次明确了主从关系。只有丰臣秀赖本人未曾在誓文上署名，继续维持他“光荣的孤立”。当然，在前述笠谷氏的观点中，秀赖之名未见于斯，乃“两重公仪体制”存在之“雄辩的说明”。确实，秀赖确实没有向德川氏宣示效忠，还是处在一种非君非臣的超然地位上，而家康还是照旧没有强迫秀赖向自己臣从，但这也不足以说明秀赖的“丰臣公仪”到了这个阶段还是事实存在的。

实际上又怎么样呢？此时丰臣氏连起码的封建关系也维持不住了，在二条城会见之前的庆长十五年三月，家康封给浅野长政的次子浅野长晟备中国足守四万五千石，这是高台院浅野宁宁的亲哥哥木下家定病死后被收公的领地，算是转交给他的亲戚代为管理。借此机会，浅野家就找到秀赖家臣石川贞政，要求返还秀赖此前封给他们的二千石（拜领时期日期不详）。石川和片桐且元商谈，片桐指示称只要浅野长政和幸长的正式请求书信一到，就让秀赖履行手续。《三原浅野家文书》中留下的有关文件明确指出，浅野家退还领地的理由是“正因此次拜领御知行，有所忌惮”。考虑浅野幸长并无男丁，而长晟在幸长病死后立即接了家督的班，可以认为浅野氏是有意让长晟切割和秀赖的关系。这还算好的。庆长十八年，秀赖新增片桐且元一万石，但片桐立马跑去骏府向家康请准，在获得家康同意的基础上才敢正式接受。到了庆长十九年，家康则直接下指示给秀赖，要他对片桐贞隆和大野治长二人每人加封五千石，他们在当年六月十三日奉命参拜了京都的丰国神社以后，就跑到骏府谢大御所的恩去了，家康还让他们跑到江户和秀忠打招呼。连秀赖和他的直属家臣之间的封建关系也在德川氏的影响和干预下产生了动摇。由此可见，谁能说丰臣“公仪”如今还是实质存在的呢？

和以往一样，家康这次和天下诸侯约法三章，也并不是要借此机会一举达到让丰臣家屈膝而降的目的，而是借这个机会让诸侯们明确表态——你们是跟德川走，还是跟丰臣走？此举更进一步削减江户和大坂之间的暧昧空间，让丰臣家认识到自己的孤立局面。但是秀赖还是置若罔闻，他恐怕在心里还对加藤清正、福岛正则等旧丰臣恩顾大名怀有期望。毕竟在庆长十三年时，他曾经因为患上天花，差点儿没命。这时，“西国与中国之大名中有暗中探视者，恐在家康公前有所忌惮欤，据闻福岛左卫门大夫匆忙前赴大坂”（《当代记》庆长十三年二月四日条）。这恐怕给他带来了深刻的印象，让他有了这些人或许可以倚靠的幻觉。但是这些秀吉以来的旧将在这一期间内也逐一退出了历史舞台：其中加藤清正死得最早，二条城会见结束后，他在六月归国途中便在船内染病去世；池田辉政和浅野幸长也分别在庆长十八年的一月和八月作古；而在庆长十六年前后，坐拥“加贺百万石”的北陆之雄——前田利长的身体也开始每况愈下了，选择在越中的高冈城隐居养病。

⊙ 吉川广家画像。由于他在关原之战中首鼠两端，观望不前的表现，使得毛利家落得个“偷鸡不成蚀完老本”的下场。所以在整个江户时代，岩国吉川家和长州毛利本家的关系一直处在十分微妙的状态——吉川家被幕府当作一个大名，而毛利家不给吉川家支藩待遇

对此，秀赖非常着急。在庆长十七年正月让淀姬的乳母大藏卿局找到京中的名医盛方院，让他带着特效的处方药和给利长生母芳春院（松）的亲笔信前去探望。但是前田利长为了向德川方面表示自己并无二心，通过促成前田家聘用家康心腹本多正信的次子本多政重为重臣一事，早就确定了自己的立场，所以也并不对秀赖的“关心”有甚表示，让盛方院完了事就早些回京。但是秀赖依然不死心，庆长十八年他又派遣织田有乐斋之子织田赖长到利长的隐居地高冈城密会利长，声称：“近年内，东夷（德川氏）欲灭秀赖公，为此只能靠利长殿了。万一之时，无论如何也请出兵相助。”利长便答复道：“如你所见，我已落得病身，在家里连行步也困难，要进京为贵方奔走实在是强人所难。嫡子利常已是将军秀忠之婿，非我之意见所能左右。”以此婉拒了秀赖方的请求。庆长十九年五月，在大坂冬之阵前夕，前田利长过世，其继承者前田利常在丰臣与德川决裂之后就把大坂方的种种

拉拢工作和盘向德川家托出。

余下来的几位呢？筑前的黑田长政和阿波蜂须贺氏由于在庆长二年朝鲜蔚山之战的终局解围战中没有全力追击撤围的明军，遭到丰臣奉行众的弹劾，差点连身家性命不保，是在关原之战中靠支持家康才算保住了地位，对丰臣家已不会有什么好感情。藤堂高虎一来不算丰臣嫡系将领（他的主君是秀长而不是秀吉），二来他亦主动择了家康为新主，当然也不会念秀赖什么情。至于田中、山内、堀尾几家，一来早就换了二代当家，二来他们的父辈都由于做了丰臣秀次的付家老，被秀次事件波及而靠边站，情况类同于黑田长政。所以说对于秀赖来说，在世诸将中靠得住的，貌似只有秀吉的姑表兄弟，算是丰臣一门连枝的福岛正则了。但是众木既摧，只留福岛一人，正如德富苏峰“孤掌难鸣”之谓。史实并不像有些小说家所想的那样——家康岁月无几，时间拖得越长，形势越有利于秀赖翻盘，事实正与之相反，德川方以其实力和实绩，逐渐获得了天下诸侯的认同和服从。大坂方却成了被孤立一方，再是歇斯底里也无人相助。主动权在德川家一边，而秀赖已经陷入重重包围，他要保住基业，只有明确称臣之一途。但是他还是不肯放下主君架子，终于错过了转圜的机会。

不管怎么说，在二条城会见结束之后，德川氏和丰臣氏之间在表面上依然是波澜不惊，让人们产生了天下太平的错觉，愚夫村妇自不必言，连大坂城的冢宰片桐且元这样层级的人都觉得问题已经得到解决了。庆长十七年（1612 年）十一月十二日，他给岩国城主吉川广家去信，为广家赠他两笼蜜橘和两桶腌鲇鱼而致以谢意。其信（见《吉川家文书》940 号）写道：

> 去秋在拜访骏府和江户之际，两御所大人（家康父子）所设接待十分殷切，言语难尽。其间，因大御所已下赐名为鹤之御鹰，（我）即向秀赖大人提出（自己）欲（以此为秀赖大人）献上一场茶会，不料七日秀赖大人亲访我处，终日游览，心情极为愉悦。我辈近年之苦劳也为之一轻，荣耀之至，非言语所能形容。

且元在庆长十六年五月，曾一度到访骏府和江户，庆长十七年八月到九月间又去了一次，在九月十九日回京，他为维持德川和丰臣之间的脆弱关系竭尽了心力。但片桐且元还是吃不准秀赖会如何看待他的斡旋工作，他在回到大坂之后，便想用家康所赠之名鹰招待秀赖。秀赖倒很爽快，到他家里高高兴兴玩了一天。且元觉得这位小主算是谅解了自己的一片苦心，这几年的辛苦终于有了报答，他对此十分激动。因这件事，他甚至还给在京的家康政治顾问以心崇传去信，分享自己的愉悦之情。根据当时的记录，十一月六日，京坂地方下了冰雹，并迎来了这一年冬天的第一场雪。随后七日秀赖造访片桐邸宅之时，万里无云，白日青天，雪上银光灿灿生辉。

恐怕谁都不曾料到，这大概是风波之前最后的一段平静岁月。

四 “君臣丰乐，国家安康”

——方广寺钟铭事件的发酵

在家康收紧对丰臣包围网与秀吉旧将逐一凋零的紧张时势下，争端的导火索终于因一个偶然的事件被点燃了。庆长十九年，家康抓住秀赖在其倾注全力重建的京都方广寺钟铭上所犯的纰漏，对丰臣氏大发其难。

方广寺的前世今生，正可以说是对外妄思入主中夏之业，对内烦劳民力、挥霍民膏的暴君秀吉“获罪于天，无所祷也”的一个绝妙缩影。在奈良时代，圣武天皇为镇护国家，倾全国之力，在当时的首都奈良建造大佛。秀吉则仿效此事，在京都建造过大佛，以显示自己凌驾于皇室之上的威势和财力。它是秀吉政权镇护国家的象征，也是祈祷丰臣氏百年家运的氏寺。但是，仿佛预兆了丰臣氏黯淡的前景一般，这座寺从开始建造以来便问题百出。天正十四年，该寺在起工之时，就因为用地变更，以及朝鲜战争的开始而时断时续，一直折腾到文禄四年方才完成。秀吉立即在当年九月为供养亡父亡母而举行了千僧供养的仪式。但是好景不长，由于秀吉一味赶工，大佛并未能用青铜铸造，只是在木架子上涂上油漆和糊上金箔之后强行凑数。这个“豆腐渣”工程在庆长元年的大地震

⊙ 信浓善光寺本堂

⊙ 庆长大地震中的秀吉（月冈芳年锦绘）。当时据说正在禁闭中的加藤清正不顾其戴罪之身，第一个冲进伏见城救驾。但按照相关资料，第一个前往伏见的貌似是细川忠兴

中毁于一旦。为此，秀吉不惜从信浓国的名刹善光寺强行搬取有名的善光寺如来像来代替该寺的本尊。世上都传说秀吉是因为犯下了这一暴举，遭到神佛报应，才染上不治之症。在秀吉身死的前一日，如来像才被返还给了善光寺。

庆长七年（1602 年），秀赖为供养亡父，又开始重建方广寺。但在当年十二月，由于铸工的无心失误，新建的大佛连同大佛殿再次烧成了灰烬。秀赖并不甘心，这是赌上了整个丰臣氏威信的大事业，哪怕是倾家荡产，也要将这一秀吉未竟的事业进行到底。后世史家往往有意无意地矮化以方广寺重建为首，丰臣秀赖所施行的一系列寺社造营，称这全是德川家康教唆秀赖浪费金银的阴谋诡计。其实不然，秀赖的寺社造营，有着相当明确的对国内政治宣传的目的。其意味在大坂官方炮制的政治宣传品中表露无遗。以《信长公记》的作者为人所知，晚年一直在大坂城给秀赖做笔杆子的太田牛一在庆长十五年（1610 年）撰成的《丰国大明神临时御祭礼记录》中这样写道：

> 大明之帝王（万历帝）虚诞表里，不似（帝王风仪），一犬吠虚，万犬吠虚，上浊，故下流不清，下至万民不成正路尔，盗人也，依之佛法衰废也。日本国虽为小国，五常（仁义礼智信）正由秀赖公所令而行，诸国大社大伽蓝，悉御再兴，佛法真最中坚固也。

这段话无非说明了秀赖一方的如下认识：壬辰朝鲜之役（文禄、庆长之役）中的明日讲和交涉，因为明朝的“背信弃义”而告破局，这说明明朝皇帝绝无信用，上梁不正下梁

歪，中国也只得沦为一个盗贼之国，其佛法也宣告衰微。而他丰臣秀赖讲仁行义，遍造佛寺神社，将日本变作一个现世佛国。（野村玄《庆长初期的政治局势和丰国大明神》）总而言之，日本在秀赖公正确的领导下，在文明的建设上已经超越大明。这段话露骨地表明了秀赖时代的丰臣家即便在称霸东亚的野心被打得粉碎，甚至为之丧失政权以后，其意识形态和秀吉时代相比也没有丝毫的改变。秀赖臆想的依然是要高出明朝皇帝一等，是理应君临东亚的天生圣人。只不过因为他现在虎落平阳，所以只能靠振兴佛法来洗刷对外战争的失败责任，对内彰显和鼓吹作为“天下人”和“公仪”的丰臣家“威震华夏”的“御威光”了。秀赖花钱修建寺社，意不在小，是一种歇斯底里的政治宣传和自我暗示，目的就是宣扬自己依然是秀吉政治的正统后继者。

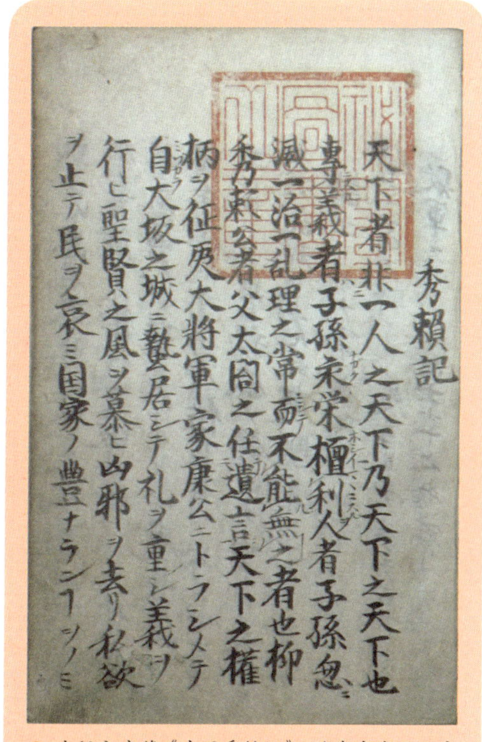
秀頼記
天下者非一人之天下乃天下之天下也
專義者子孫永栄擅利人者子孫忽
滅一治一乱理之常而不能無之者也抑
秀頼公者父太閤之任遺言天下之權
柄ヲ征夷大将軍家康公ニトラシメテ
自大坂之城ニ蟄居シテ礼ヲ重ン義ヲ
行ヒ聖賢之風ヲ慕ヒ凶邪ヲ去リ私欲
ヲ止テ民ヲ哀ミ国家ノ豊ナランヿヲノミ

⊙ 内阁文库藏《丰臣秀赖记》。这本成书于江户时代的军记一开始就用儒教伦理给丰臣氏的兴亡定了性：“天下非一人之天下，乃天下之天下也。专义者子孙永荣，擅利人者子孙忽灭。一治一乱理之常，而不能无之者也。”这常常会被如今日本之论者评论为德川政权为自我正当化而建构的“德川史观”。但平心而论，秀吉之衰，亦是此理

秀赖和淀姬这对母子的心态不健康到了这个地步，家康有没有教唆他们浪费金银反而是个一点儿也不重要的问题。即便家康什么也不说，笔者相信他们也会搞出其他名堂来浪费秀吉遗下的金银，以粉饰“秀赖的天下”。另外顺带一提，尽管丰臣秀赖如此雄心勃勃，但方广寺的重修工程，大坂方也并没能做到单独出资一力担当，秀赖只管出材料钱，而人夫的工钱和每日粮食饭米还是要德川方面负责调集提供。根据《当代记》的记述，诸国大名也赠送了不少的兵粮，没有关东的背后帮衬，大坂方连这一点儿自我精神麻醉也是无法周全的。

言归正传。丰臣家在庆长十四年开始准备方广寺工程的重启，在第二年六月重新开建。建到庆长十七年，大佛宣告完成。在两年后的庆长十九年四月，秀赖倾其财力建立的

⊙ 丰国神社藏丰国祭礼图屏风。描绘了庆长九年（1604 年）丰国大明神七回祭时的游行场景，这次祭礼是德川和丰臣氏共同主持的

大佛殿也终于宣告落成了。这大佛殿中有一口大钟，由片桐且元亲自担任奉行负责监造，在四月十六日告成，并在十九日告知大御所家康处。其形制规模据《骏府记》的记载，钟体以青铜一万七千贯目（63.75 吨）铸成，钟口九尺一寸五分（275 厘米），高一丈八寸（324 厘米），厚有九寸（27 厘米）。为铸此大钟，丰臣方面动员了山城国的铸师栋梁十一人，诸国铸物师三千三百余人。其钟铭委托禅僧文英清韩起草。此人是临济宗僧，伊势国安艺郡人，出家后绍慈云大忍之法，先住该国无量寿寺，号“不放子”。后来受加藤清正皈依，朝鲜战争时曾经充任从军僧侣；庆长五年成为京都东福寺二百二十七世住持，庆长九年升住南禅寺，以汉诗文为长，号称“洛阳无双之智者”。其所撰钟铭全文云：

钦惟丰国神君，昔年掌普天之下，位亿兆之上，外施仁政，内归佛乘。是故天正十六戊子夏之孟，相攸于平安城东，创建大梵刹，安立卢舍那大像矣。盖夫慕蔺圣武帝南京之大像，晞颜赖朝公东大之再建者也。虽然庆长七年腊月初四，不幸罹郁攸之变，已为乌有矣。凡戴发含齿之类，无不叹息乎。粤前正一位征夷大将军右仆射朝臣家康公，谓正二位右丞相丰臣朝臣秀赖公曰，舍那梵刹者，丰国之创建也，不幸而有变也，不能无遗憾焉。右丞相何不继先志乎。右丞相曰，盛哉此言，凭兹丕发宏愿，輙命片桐东市正丰臣且元，再建舍那宝殿，大树钧命无盐，右丞相志愿不浅也。童子聚沙之戏，尤不可测，矧又过长者布金之制乎。

其佛身也，万德圆满之受用身，华严芳上教主也，台上卢舍那，叶上大释迦，叶中小释迦，一叶百亿国，一国一释迦，三重相关，互为主伴，音声无边，

⊙ 方广寺大佛殿前的大钟

色相无边之相好，不移寸步，可立而见矣，寔变忍界成报土者乎。其宝殿也，公输削墨，郢工运斤，嵯峨栋宇，高秀青云之上，璀璨玉泻，深彻黄泉之底，千楹万柱，峥嵘其内，大梁小椽，络绎其上，绣楣焜耀，雕栱玲珑，阶墀叠石，铃驿鸣风，壁门前耸，玉廊四回，讶都史夜摩忽现下界，蓬屿瀛洲已在人间，人天鬼神所共瞻，寔天下之壮观也。缅怀菴没那烂陀大刹，甲于西域，嘉州阿逸多大像，冠于东震，亦风犹在下矣。

加旃欲铸梵钟，以备晨昏，金银铜铁铅锡白腊积如岳，火官冶工差肩而云如集，橐籥时奋，镕范已设，万钧洪钟一时新成矣。周礼所谓干鼓钲舞，甬衡旋篆，无一不备焉，昔在佛世，梵王下镕铸祇桓金钟，狗留孙造石钟，诸佛出兴，亦不多让乎。夫钟者禅诵之起止，斋粥之早晚，送迎缓急之节，必鸣之。然又摧折魑魅，屈服魔外，三宝为之证明，诸天为之拥护。罽宾吒王，剑轮顿空，南唐李主，累械忽脱，云门七条，德山下堂，其妙用不可胜计矣。蒲牢一发，上彻天宫，下震地府，雷鼓霆击，普及微尘刹土，使人间幽明异类，耳根清净，以证入圆通三昧，其施亦不博乎。金锁簨虡，以挂着宝楼，祝曰：

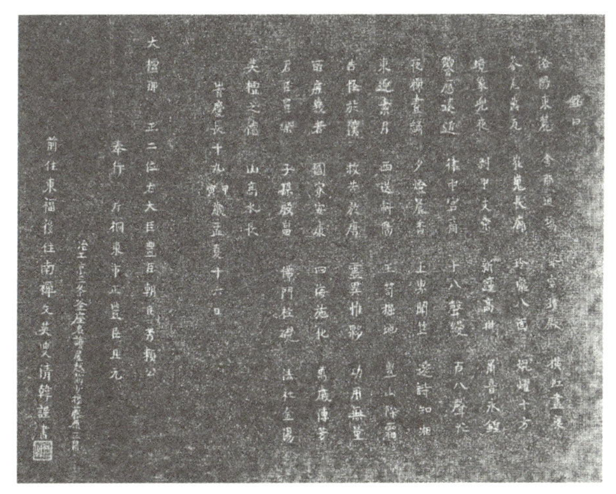

⊙ 方广寺钟铭文的问题部分的拓本

仰冀天子万岁，台

龄千秋。

洛阳东麓，舍那道场。耸空琼殿，贯虹画梁。参差万瓦，崔嵬长廊。
玲珑八面，焜耀十方。院像兜夜，利甲支桑。新钟高挂，尔音于鍠。
响应远近，律中宫商。十八声鳗，百八声忙。夜禅昼诵，夕灯晨香。
上界闻竺，远寺出湘。东迎素月，西送斜阳。玉筍掘地，丰山降霜。
告怪于汉，救苦于唐，灵异惟夥，功德无量。阴阳燮理，国家安康。
四海施化，万岁传芳。君臣丰乐，子孙殷昌。庆云甘露，呈瑞呈祥。
佛门柱础，法社金汤。英檀之德，水远山长。

大钟落成后，六月二十八日，片桐且元等大坂方的重臣主持了该钟的初启仪式。七月三日，朝廷更下达诏敕，决定在庆长十九年八月三日召开大佛开眼供养会，而以仁和寺的门迹觉深法亲王为导师。对此，片桐且元立即对大御所做了报告。七月六日，他更将整个法会的初步安排和出席人等向德川家做了通报，想尽力协调，但这一工作从开始以来就抵牾不断。首先，深受家康信赖的天台宗高僧南光坊天海强烈要求在当天的法会上，天台宗的僧人须越过真言宗的僧人，位列左班（上位），并且顽固排斥属于真言宗御室派的仁和寺门迹出席，不然就拒绝出席。给负责法会总体安排的片桐且元大出难题。这一纠纷以片桐且元同意天台宗僧位列左班而勉强收尾之后，家康的政治顾问以心崇传又传来了家康的意思，要求将开眼供养及原定在当天午后举行的堂供养分开举行，将后者拖到八月十八日，和丰臣秀吉的十七回祭一起举办。关东方面的反复干涉弄得片桐且元大为紧张，但恐怕这正是大御所想要的效果，他已捏住了更大的把柄，正准备在最好的时机抛出来。

七月二十一日，一直在幕后闷声不响的家康突然召来政治顾问以心崇传和近臣板仓重昌。对他们指出，钟铭中有对关东不吉之语，而且上栋之日并非吉日，自己对此十分不悦，要求大坂方全予改正。但是，由于此时家康尚未明说钟铭何处有不吉之语，片桐且元可能没有意识到事态的严重性，他还是重新向家康提出了按原计划执行的请求，理由是十八日要在丰国神社召开丰国临时祭，希望仍旧在八月三日一天内完成开眼供养和堂供养。家康当然不依不饶，他在坚持对上栋日和钟铭的意见之外，还是坚持将大佛开眼供养和堂供养放在别一日进行。崇传将家康的意见向片桐且元传达，并指出大佛殿上栋仪式、大佛开眼供养、堂供养都应延期，应另择良辰吉日举行。时间到了八月二日，当幕府的大工头中井正清把钟铭的抄本正式呈给家康之际，问题的本质开始浮现出来了。《骏府记》当日记载曰：

大佛殿钟铭到来，中井大和守捧之，此铭东福寺韩长老书之，国家安康之语（令大御所）御不悦，其外文章各处令人不悦之仪使抄一份，送向江户，道春（林罗山）奉之。

⊙ 天海僧正像。他是天台宗僧，其出身一说是会津芦名氏的一族，一说是足利将军落胤。他很受家康崇信，江户城的风水设计和家康死后的神格化这些宗教方面的事务都是此人担当，但他并不干涉世俗政治

在钟铭中，让家康最为感到愤慨的就是“国家安康”四字，这明显有犯讳之嫌。喜读前四史、《吾妻镜》等中日两国史书典籍的家康对此当然有着充分的敏感。八月五日，家康就下令让京都五山的禅僧提出意见书，讨论钟铭问题。在当时的日本，学习汉典并能通汉家典故的五山禅僧从室町时代起，一直充任最高权力者的顾问之职，家康也需要这些“专家组”的权威表态。家康还让本多正纯和以心崇传向片桐且元致信，传达了家康的正式意见：

此次之钟铭，令不知规矩的乡下人起草，累赘无用之言连篇累牍，尤其书入御名讳，甚不合法度。栋札（指房屋上栋之时嵌刻在栋木上的木牌，记载工程缘起、年月、建筑者和工匠姓名）据古法应在合适地方记有落款，亦未书栋梁（工匠头目）之名。

八月六日，五山僧人的意见书纷纷呈上。除掉一些人指摘文章过长不合体，有如游方僧化缘修寺的“劝进帐”之类属于细枝末节的意见之外，众人攻击的矛头也集中在了犯讳一点上。东福寺的月溪圣澄指出：“国家安康一语，于御名讳中插入安字，为第一不妥之事。”同寺的集云守藤则称：“倭汉共避天子之讳，古法也……天下名钟之铭，潦草了事，十分无礼，是因不懂规矩所致。”南禅寺的悦叔宗最认为：“将相公御名用字分开书写，古今无其例。”建仁寺大统菴的慈誓眼光最毒，他不仅看出文章涉嫌犯家康讳，序文里“外

以心崇传画像。以心崇传出身足利幕臣一色氏，绍南禅寺玄圃灵三之法，庆长十三年被西笑承兑推荐给家康做政治顾问，之后一直参与其军机大事。一般都认为有名的他和天海僧正是“黑衣宰相”，意为政僧。其实天海倒只负责宗教层面之事，真正的黑衣宰相只是以心崇传

施仁政”一句更犯了当朝天子后水尾天皇（名政仁）的讳，但这是文英无心犯过，还是像他自己招认的那样是有意为之（后述），那就只有天知道了。《庆长年录》认为，因为文英清韩素有文誉，在诸寺中颇有嫉妒者，他们就抓住这个机会，附和幕府的说法，对文英落井下石。这种说法固然不是毫无根据，但比较稳重的意见也对文英的做法提出了异议，相国寺的有节瑞保便在意见书中指出：

> 铭中书入大御所名讳，愚意甚为不佳。愚固不晓武家御法度之规范，但五山确有如书其人之事，将讳字避去而不书之法度。

可见清韩涉嫌使用讳字，确实有违当时五山作文的通行做法。

后世论者对方广寺钟铭事件中德川氏的态度大有恶感，认为是无中生有的吹毛求疵。这大概是因为德川家的御用儒者林罗山在此时为给文英清韩的行为罗织罪名，在指责大坂方犯讳上大搞无限上纲，不仅抓住“国家安康”是将“家康”名讳断开这一点，说这是有诅咒之意，还将“君臣丰乐”硬是解释成丰臣家将作为“君主”繁荣昌盛。并且完全丢掉了学者风度，炮制出铭文中称呼家康为“右仆射朝臣”（右仆射是右大臣的中国式称呼），有欲“射”家康之意，是对最高领袖的恶意诅咒之类这种过于大胆的曲学阿世之说。林罗山固然是在昧着良心胡说八道，但是文英清韩触犯家康名讳本身冤枉不冤枉呢？一点儿也不冤枉。后来文英清韩自己就对其为何如此行文做了如下解释

日本的禅林五山仿效的是南宋的禅林制度，成型于足利三代将军义满的治世。京都和镰仓各有五山，而京都南禅寺又在五山之上。五山的僧人因为精通汉典，经常为权力者担任外交和政治顾问。图为京都五山的天龙寺大方丈和曹源池，以及南禅寺金地院内的东照宫（家康）拜殿

⊙ 林罗山画像。他是藤原惺窝的徒弟，德川幕府的初代“林大学头”。家康政权儒教意识形态构建的顶梁柱

(《摄战实录》)：

> 所谓钟者，诚乃奇特不可思议之器，依其功德，可致四海太平，万岁长久。国家安康，乃是将御名所用之字隐题（原文作かくし题）入铭文，采为缘语……触犯忌讳乃不才之罪，若赐芳免，诚为生前死后之大幸也。

这里所谓的隐题（かくし题），是日本人在和歌、俳谐等文艺创作上常用的一种修辞手法，就是将要表达的事物主题用谐音更词的方式不露痕迹地咏入诗句之中。以《古今和歌集》所收一首由小野滋荫（？—896年）所作的咏橘歌为例：

> “あしひきの山たちはなれ行ゆく雲の宿りさだめぬ世にこそ有りけれ”
> （杨烈译：试望山头橘，行云出岫游。世间无定宿，到处任漂流。）

上文中画线的“たちはな”，就是橘的日语“たちばな”的隐题。文英这位“洛阳无双的智者”，正是聪明反被聪明误的典型。汉字的表意性非常明确，并无假名拼音文字那种暧昧朦胧的效果，在汉文体上胡乱运用这种修辞，只会弄巧成拙，让作者本意上想要隐藏表达的主题变得一目了然。

需要指出的是，在中世日本，将人名写入佛寺神社境内进行诅咒，是当时通行的一种社会习惯。例如宽正三年（1462年），当时奈良兴福寺一乘院和大和国人领主十市氏围绕山林用益的知行权问题发生争端，十市氏在当年四月十四日就带了手下到一乘院领大田庄的过子乡放火烧抢。兴福寺方闻讯，召开集会，决定对十市氏进行诅咒，手段则见于《大乘院寺社杂事记》当年五月二日条：

十市名字书之，而两堂修正御手水釜（香客进香前洗手的水缸）入之，咒诅之。

除了将怨敌名字写入法器外，更通行的做法是在全寺五社七堂佛前将怨敌姓名供起来。文明十八年（1474 年）三月六日，因不肯缴纳唯识讲费用米的武士箸尾为国就由兴福寺给予此一隆重待遇，结果一个月后，“据闻箸尾乡发恶病，一乡死一百三十人，代官泷、妻女得病，尚发生其他恶事”（《大乘院寺社杂事记》当年四月二十一条），世间都认为这是诅咒的效果。在中国，犯讳只是在失礼不敬的层面，而相信姓名和人身连为一体，对姓名动手脚就会危及其身的日本，犯讳和动刀子杀人没有任何区别，何况又把它放在佛前一口万年流传的大钟上？

所以说，方广寺钟铭事件并非德川家刻意捏造的事件。文英清韩在文案的起草时，确实是故意地使用了“丰臣”“家康”等涉讳字样。而将家康姓名写入寺内器物，置于佛前，已经构成了室町战国时代以来日本社会认同的诅咒要件。文英有无诅咒之意虽当别论，但故意使用讳字本身则不可不谓是大坂方一个极大的疏漏。文英清韩在局势如此微妙紧张的时刻于公式场合上轻浮地卖弄文辞，就是白送德川家一个挑起事端的绝好口实。冥冥之中或许真有天意。个人也好，组织也好，国家社稷也好，一旦到了要灭亡的时刻，往往就会在关键的节点上偶然犯下致命的错误！

事已至此，大佛开眼仪式当然是进行不下去了。被搞得焦头烂额的片桐且元只得前往骏府辨明心迹。他在八月十三日出发，八月十七日到达骏府城前的丸子宿，且元在丸子的誓愿寺逗留了两天，八月十九日才进了骏府城。他没有立即求见家康，而是先会见了骏府方面前来应对的本多正纯，然后由正纯带到了以心崇传的住处。根据《庆长年录》的记载，本多正纯等人首先对片桐且元表示家康非常不悦，且元便辩解道：“秀赖他全然不知就里，韩长老（文英清韩）所为很是不当，

⊙ 歌川广重《东海道五十三次》中描绘的丸子宿，这是个相当小的宿驿，在十九世纪的天保年间也只有二百多户人家，旅馆二十余间

⊙ 家康侧室阿茶局画像。她是甲斐武田同族一条信龙的家臣神尾忠重的遗孀，其夫死后成为家康的侧室。她是一位很有才智的女性，冬之阵时曾参与和大坂方的讲和交涉

详细若有下问我都会回答。如今秀赖年岁已长，正应和将军大人一样向大御所尽孝，说什么有调伏（大御所）的意思，完全不合情理。我方谨守秀吉遗命，大坂方圆七十万石皆是秀赖所应得封之地。即便秀赖违背秀吉遗命虽多，念在这都是他年幼无知时之事，御意（大御所）也应给他一块可堪生活的地方，除此，我等并无他意。”

并且他还想向将军秀忠上告此事，但本多正纯赶忙阻止，说如这样，不知将军会作何打算。且元只得作罢。第二天，本多正纯和以心崇传前去家康处汇报了且元的辩词。家康做出的反应意外地大度，他认为且元是个文盲，此事不关他事。用以心崇传的话是：“上意云市殿（片桐）未有不周之仪，亦定然未察文意之善恶。”至于方广寺事件的善后，家康指出：首先把钟铭凿去，接下来的供养事宜一切听从德川方面的安排。本多正纯也借机

⊙ 歌川广重《东海道五十三次》中描绘的土山宿

为片桐说了很多好话，家康的气也缓了过来。这样，方广寺钟铭事件貌似解决了（以上经过，见《本光国师日记》所录崇传在二十二日写给京都所司代板仓胜重的信），但是家康并没有下达会见片桐的指示（前揭书信：“御对面之仪，尚未有命”）。

根据《骏府记》八月二十日条载，当时骏府这边听到了秀赖正在召集浪人进行军备的传言，家康开始见疑大坂方。这传言并非没有来由，参征《当代记》十月二日的记载看，从钟铭事件逐渐发酵的八月开始，大坂方就有调集金银收购兵粮的军备动作。虽然因为史料有限，具体情况不明，但这有可能是大坂城中大野治长等少壮强硬派的妄动。由于这些不稳迹象，且元受到了以心崇传和本多正纯的盘诘，他们声称：“近来秀赖殿多召用浪人，此似背反之企，方广寺钟铭也好，此一风传也好，实在不成体统，秀赖殿若真有亲和德川家之心，请与我等做个见证。”关于且元的应对，据其家臣山本丰久的笔记《山本日记》称：“市正并非寡谋者，不触犯上意地与之应酬，二方各施出妖怪变化面目，互坑互蒙。”说两者辩争旗鼓相当，固然可能是他的回护主君之言，但片桐且元遭到了德川方面的激烈盘诘，疲于应付，应在合理推测范围之内。很显然的是，他到结束骏府之行为止，也未能见到家康一面。

在大坂城中的淀姬见片桐且元的交涉迟迟未有结果，焦急异常，便派出自己的乳母大藏卿局、正荣尼（大坂旗本七手组之一的渡边紏之母）、二位局这三名女房前赴骏府，探听口风。八月二十九日，她们一行人抵达骏府。她们先通过家康侧室阿茶局向家康表示对钟铭事件的歉意，然后通过阿茶局求见家康，家康倒是亲自接待了这些来客。关于接待内容，《本光国师日录》只是淡淡提到三名女房获得家康接见，而片桐且元不曾有与此会。按照《庆长年录》的记载，家康未与之谈大事，只是温言询问淀姬、秀赖身体是否安好；三名女房表示，钟铭之事是文英清韩行事不当，给秀赖也带来很多麻烦；家康对之未置一词，表示此事已无所谓。至于成书时间比较晚的《武德编年集成》，

⊙ 大坂城天守阁藏秋草文彩画团扇，这是淀姬的遗物

则记称在三名女房表示歉意后，家康对三名女房表示："秀赖为大树（大树即将军之谓，指秀忠）之女婿，等同我孙，我常爱慕，期待其成人。秀赖自不必言，母堂是为大树帘中姐妹，安得有恶意，只是家臣心狭之辈，召集浪人、修炼军旅，应早逐此等佞臣阿党之族，显其真情。汝等熟谋归报，尚有余意，会让片桐东市正带回。"

根据一般俗说，家康分别对待这两股来人，对片桐且元采取严厉的态度，而对淀姬的私使则予以亲切接待，这是一种两面派手法。但实际上，一手资料语焉不详。从两种比较后出的资料参酌来看，则显示家康此时已对方广寺钟铭事件既往不咎，而问题转移到了眼下有各种不稳的流言风传，丰臣家今后要如何理清两边的关系，表示对关东没有二心。尽管他对女房众比较委婉地表达了这一观点，但宗旨和之前他派人应接片桐且元的口风是一致的——丰臣家必须做出让关东放心的明确表态。另外，这一次遣使，无论在淀姬看来如何，终究是以自家私人问公事。在"公"与"私"的界限模糊不清的中世日本宫廷贵族风气里，确有以内廷女官担任私使传递上位意旨的习惯做法。但德川家康自掌握权力以来，召集学者讲学，大力收集和汉典籍，力图树立儒教为新政权的意识形态，在儒经的正闰之判中，此类公私混同之举自然不成体统。此次方广寺钟铭事件既然并非闺中儿女私事，片桐且元又是大坂方面的正式交涉使节，家康不以大藏卿局一行为政治问题的交涉对象反而是理所应当。至于淀姬和她们能不能理解这种高度的政治内容？笔者只能说，如果淀姬真的有这样的警觉性，就根本不该派几个婆婆妈妈前来骏府打听消息。

⊙ 片桐且元所用惣植黑毛胴具足

九月七日，以心崇传和本多正纯二人在骏府城内，向片桐且元和大藏卿局转达了家康对秀赖的处理意见。根据《骏府记》的记载，二人对片桐且元说："给予你市正的知行，乃大御所吩咐秀赖封给你的，你弟弟主膳（贞隆）也是一样，这都是大御所的御恩，若有玩忽，是为不义。"另外还跟他谈及风传秀赖有修法调伏大御所父子的风闻，将军家的看法如何。同样的内容也转达给了大藏卿局。据一手资料《本光国师日记》中九月八日以心崇传写给板仓胜重的信，他们还转达了秀忠对秀赖从今往后“别无疏意”的意思。另外在九月十四日以心崇传在写给板仓的一件信稿中，透露了他们还向二人传达了家康的以下意见：在你们回到大坂后，应好生商量妥当，然后派人下赴江户，向德川家提交今后不致再度发生误会的证明（原文：“大坂にて各談合候、江戸へ被罷下、以後々々御不審も無之様ニ、可被相堅との御諚ニ候”）。所以说，家康这时倒没有玩弄什么阴一套阳一套的两面派手段，无论对大藏卿局还是片桐且元，他都没有主动开价，而是要大坂方自己熟谋之，拟一个处理意见报给关东。

顺便一提，司马辽太郎在写《丰臣家的人们》中最后一节淀姬的故事时，就引用了武德编年集成的这一描述，但他有意剪裁史料，把“安得有恶意”一节下面的内容全部隐掉了，就是为了刻意营造“家康对大藏卿局什么都没说，而只是恐吓片桐且元”的两面阴谋论。

这样，片桐在苦恼之中和大藏卿局一道在九月十二日离开了骏府。他在途中苦思冥想，拟了一个三选一解决方案。但因为这个方案在他看来也是一种推测，很难明白了当地说，所以途中大藏卿局等人几次碰到他时，向他询问家康什么意思，他都支吾不答。九月十六日夜，他到达近江土山宿，同时抵达此地的大藏卿局等三人又前来询问大御所对他说了什么。片桐且元回答道：“什么都没说，关于这个，大御所只是让我向熟人为使向他报说，虽然我朝本多上野（正纯），金地院（崇传）述说过了，但因还有解释不清的地方，还是先回去吧。”大藏卿局等人追问片桐对此怎么看。片桐且元回答：“不管怎么样，还是维持住了亲睦关系，秀吉公的遗言也守得住了。不过好好想想，（大坂）乃三国（指日本、震旦、天竺）首屈一指的名城，御所大人很担心这点，故作这样姿态。我们不过三条，要么让秀赖和诸国大名一样到江户去参勤，要么让淀殿作为保证人住到江户去，再不成，就交出大坂，在别国领得一块大小差不多的地方，别的我看就没什么意思了。”（以上对话见《谱牒余录》片桐又七郎条。）

一般认为，这三条完全是片桐且元自己拍脑袋的结果。日本学者福田千鹤对此提出不同意见，她不认为这都是片桐的独自判断。反观大坂冬之阵的讲和经过，德川方面也提出将丰臣氏转封大和国的条件，问题只是秀赖不肯答应，而其他条件也是德川方在那时反复提出的。有鉴于此，片桐且元的解决策略，在表面上是“私案”，但这是家康真实的内意也非全无可能（福田千鹤《淀姬》）。笔者也认同这一说法，片桐毕竟在骏府待了一个多月，和以心崇传等人多番交涉，难道这些家康侧近就没有提出一点暗示？但是，问题在于大藏卿局明明知道家康要大坂方自己提出解决方案，却对片桐且元死缠烂打。这只有两种可能：一是她的智商不高，缺乏语言理解能力；二是她在出行之前恐怕早和淀姬、秀赖保持了某种默契，根本不认同任何向关东低头的举动。后一种的可能性明显较大，这样的话，片桐且元的悲剧便不可避免了。

九月十八日，且元回到大坂城，立即将三条对策用书信报知秀赖和淀姬。但是谁知道大藏卿局在十六日晚上就兼程赶到大坂，把她在土山和片桐的谈话添油加醋地对淀殿演说了一番，把这三条也预先通报上去了。淀殿当然是哪一条也不同意，甚至气得说出了片桐且元已经投靠家康之类的话。这样一来，大坂城中的少壮派如大野治长、木村重成、渡边糺等人有如得了尚方宝剑，一蹦三尺高，恨不能把“欺君之贼”片桐且元碎尸万段。九月二十三日，片桐且元本来要按照淀姬命令登大坂城，但是前天夜晚，大野、木村、渡边等人就在大冈雅乐家中秘密谋计，要借这个机会对片桐动杀手。大野等人的密议被当时身在大坂的淀姬表兄织田信雄的家臣生驹长兵卫、用人梅心等探得，得知消息的信雄急忙向片桐且元告变。片桐得报，急忙称病不出，并将情况急报家康。二十五日，片桐急使抵达骏府，面见本多正纯。家康得知情况，大为愤慨。

九月二十六日，淀姬派人送来一封假名信和对片桐且元绝无恶意的誓文，催促且元出仕。信中大意如下：

虽说我觉得你身子缓过来以后就会过来，每天都在待你出仕，但你却迟迟不出。在这样的节骨眼上得了病，实在可笑，大概是有什么风言风语吧。就你所知，我们母子对你一点也没有疏远之意，你怎么能忘我们长年以来的温情，万事只能依仗于你。但是也许你已认为我们别存疏心，眼下虽非要件，还是向你提交一份发誓别无疏意的誓文。即便有这样的事，能见面谈一谈就好了，因你不出，故以信传之。请你好生养病，即便是明天也好，前来参见一下如何。等你佳音传来，幸甚。

另外，虽然见面时有很多话想和你说，但今天日头不好，日期还是定在明日。

片桐且元接信不语，尽管他可能有些动心，但他在前些天已经探查过形势，结果发现，在织田有乐斋的宅邸、淀姬的住处，以及各个橹中都已经配置了甲士，其中充斥着弓箭、火枪和各类武器。他断定入城还是非常危险，定有不测。于是，照旧吩咐家臣武装起来，据守家中，防患于未然。尽管且元避免大坂方误会他是真有心要和秀赖敌对，对家臣们强调：“即便有人打来，也不可对之放箭。不过如有人在院墙上，用枪柄赶走就是。”但是被权力者娇宠惯久了的淀大小姐可不管这么多，她觉得自己已经很给片桐且元面子了，见且元左呼右唤不出头，她索性撤回了以上誓文，对片桐家送去了绝交信。其文大意曰：

（一）此次将兵员遣入住宅之事，实在是骇人听闻之举止。即便对你并无别意，但事已至此，我亦难以保持此感。

（二）命市正出家入寺，把房屋交给出云守（且元子片桐孝利），撤走守门人员。

事情发展到了这个地步，片桐且元和淀姬算是撕破了脸皮。九月二十七日，感觉到紧张气氛的织田信雄先离开了大坂城回京避祸，大野治长等强硬派的兵马把片桐邸围得水泄不通。双方的态势一触即发。这时秀赖表态，饶且元性命，让他赶快滚出大坂，不然就算“逆心”，然后向骏府通报此事，弹劾片桐“不忠”。这样，庆长十九年十月一日，且元和其弟片桐贞隆一道退出大坂。且元在这天身穿白色的小袖，坐着小舆，周围有五十名全副武装的甲士保护，领着兄弟二人使唤的家臣和杂兵三四千，前呼后拥地出了大坂的玉造门。前往其弟片桐贞隆的封地摄津茨木城，闭城不出。同时被疑而出亡的还有秀赖老臣石川贞政。

据《时庆记》此日条，这一天，隐居在京都的高台院急忙赶往大坂，可能是来谏阻淀姬、秀赖的不稳举动的。但大坂城竟然闭门不纳，高台院只得悻悻地返回鸟羽。丰臣家的社稷要亡了，但是自己却无力挽回，不知道宁宁此时心中做何感想。京都所司代板仓胜重的急使也在此日同步到达骏府，向家康报说强硬派大野治长等人包围片桐邸宅并受秀赖之命要诛杀片桐且元的情况。家康当即决定出兵，并将

⊙ 长圆寺藏板仓胜重木像

情况报知江户。

丰臣方与德川方的导火索就在这里点燃了。

片桐且元究竟是忠还是不忠，本书在此不做评价，而委诸读者诸君的价值观。这类观念论在科学的历史评价上也没有意义。但在他死去近两百年以后，却有一位遭遇了和他非常类似境遇的德川要人，在当变局之际回溯旧事，对他的处境表示了无限的理解和同情。这人不是别人，正是在 1868 年维新内乱之际的胜海舟，他夹在新政府的东征军和激进派幕臣之间，受末代将军德川庆喜之托料理后事，实现了德川家名延续。他在日记中写道：

> 忆昔大坂丰臣灭亡之时，片桐氏居其中间，百出千化，辅弼幼主，其苦虑非凡人所及。然时诸臣不从其忠谏，千虑万苦终化为水泡，丰臣社稷因之而灭，我辈今日处事，方知其苦。

在片桐事件发生后，秀赖试图对德川方辨明自己的举动。他在九月二十八日派遣家臣桑山市右卫门到板仓胜重处，将一封辩解书呈上。其中写道：

> 此方情况正如桑山市右卫门所述，此次市正自骏府归坂，在自家宅邸聚集兵力，欲为不逞，情况难以书面说明，详细由来使口头报说。因该使受命派往骏府及江户，此事请询问使者。

显然，秀赖是把责任单方面地推到片桐头上。十月九日，秀赖还将一张黑印状遍传天下诸侯，向世人辩解自己的无辜。美浓高须城主德永昌重在十月十九日将该书呈给当时已经朝京坂地方进发的家康。其信云：

> 此次东市正对秀赖提出种种无理要求，正欲处分彼人时，大御所分外愤怒。近日闻将出马，此诚有思量不周之处。秀赖对两御所（家康、秀忠父子），未有丝毫野心，此旨敬请好生报知（家康）。

家康看到这封信后，只是冷冷一笑，说道：“秀赖毕竟太年轻。定是织田有乐斋、大野修理搞了很多阴谋诡计，伪造了秀赖的意思。去年三月，大野修理给加贺肥前守（前田利长）那里去了信。意思说：‘秀赖公英明神武，现在年岁日增月长，时候已到。现在请你就立即上京，好好辅佐秀赖，大坂所有的兵粮，福岛左卫门大夫那里有三万石，秀赖库里七万石，另外还买得不少，这都是御一人（秀赖）的意思。’那封信在肥前守死去以后，其子筑前守（前田利常）将信呈交本多上野。大坂定有异心，有何可疑？”然后照旧指示诸国大名朝大坂进军（《骏府记》庆长十九年十月十九日条）。此时的家康不仅坚定了军事解决大坂问题的决心，并且早已掌握了大坂方在二条城会见以后偷偷结交强藩，意图和关东对抗的情况，他们再怎么强辩自己绝无敌对关东之意，也已是枉然了。

不管怎么说，大坂方强行驱逐两属背景十分明显的片桐，无疑是主动斩断了丰臣方和德方川之间的沟通纽带，也是对德川家康的一种主动挑战。不管秀赖口头上怎样表示，在十月一日片桐退城之后，德川方面对大坂宣战。大坂城也开始招募浪人，准备抵抗关东的讨伐军。德川方和丰臣方的最后决战，终于就此拉开帷幕。

五　七将星汇聚大坂城

——大坂方的招兵买马

德川方和丰臣方最终摊牌，不得不上演一出全武行，这早在家康的预料之中。而在庆长十九年后，不仅对大坂战略包围圈早已构建完毕，德川方的武器准备工作也开始加紧。在庆长十八年英国和德川政权就已建立通商关系，而庆长十九年六月，家康就向他们购买了欧洲新式火炮。根据在日英国商馆馆员威廉•伊顿在当年十一月的一封书信："皇帝（家康）以一千四百两（白银）购买了长管炮 (culverin) 四门和隼炮 (Saker) 一门，又以一斤六分（十分当六便士）的比例价，用（白银）六百九十两购买了一万一千五百一十斤的五百条铅。"家康购买这些欧式先进火器的意图，可能就是为了防范大坂方。

在九月七日家康让本多正纯等人在骏府城向片桐且元和大藏卿局传达了德川方要求丰臣家表明今后去向的最后通牒的同时，家康就要求毛利秀就、岛津家久、锅岛胜茂等西国大名向自己写誓书效忠。其内容是：

（一）对两御所（家康、秀忠），不许面从腹背，怀有别心。

（二）对违背上意之人，一切不许接洽。

（三）丝毫不许违背已经发布的法令。

这誓文内容不长，但不啻要求诸大名对德川家绝对效忠不二。这无疑是家康预料交涉破局十中八九，故而未雨绸缪预先进行最后的战前精神动员。结果，五十余家主要的外样大名都响应了德川家的要求，向德川家宣誓效忠不二。这意味着丰臣家已经处于被孤立的局面。所以在十月一日片桐且元退出大坂的消息一传到家康那里，家康就立即决心用军事解决大坂问题。他派出急使向江户的将军秀忠转达了出兵决定，还通过本多正纯和安藤直

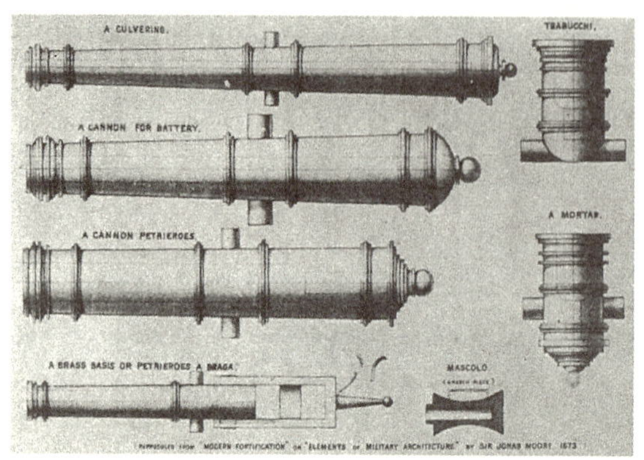

⊙ 1675年英国的火炮分类图，最上端者即长管炮（culverin）

⊙ 将军德川秀忠画像

次向诸大名发布了动员命令，并划定了各部队的集结地域，其中东海地方远江到伊势的大名向大坂附近的淀、濑田一线前出，北国三越加贺地方的大名则在近江的交通要道大津、坂本、坚田一带待命，山阴山阳地方的诸大名向摄津池田集结，九州方面的大名向摄津西宫、兵库一带集结，四国诸大名进占和泉沿海。德川父子面临决定江山谁主的最后一战，都打起了十二分的精神。在十月二日本多正纯写给藤堂高虎的信中，就提到："大御所大人听闻此次事件始末，顿有青春重返之气象（大かたもなく御わかやき御成候間），故而应是十分满意。"将军秀忠则是"昨日尚似精神不佳，听闻大坂所作所为，容态就变得神清气爽了（すきすきとよく御なり被成候），诚奇事也"。对于家康来说，武人老后，以终其一生于病榻之上为耻，这次开战定是一场动员天下兵马的大决战，将给他所剩无几的烈士暮年饰以有终之美，更将带给德川江山以百年之安，怎么不能令他兴奋？对于将军秀忠而言，他已经在关原之战中有失武名，这次大战对于他树立自己作为新将军的权威，是千载难逢的好机会，他恐怕在心里比其父更加渴望着这一战的发生。

大坂城已经陷入了绝望的孤立境地，但他们依然在拼命寻求外援，他们写信求助一些大名，可考的主要是以下诸位：浅野长晟、池田利隆、池田忠雄、小出吉英、加藤忠广、蒲生忠乡、黑田长政、佐竹义宣、岛津家久、伊达政宗、藤堂高虎、锅岛胜茂、蜂须贺家政、福岛正则、细川忠兴、前田利常、松平忠直等人。但是回音如何呢？萨摩岛津家久对

⊙ 福岛正则画像（岩松院藏）和丰臣秀吉画像，可见两人眉宇之间颇有几分相似之处

大野治长的求救信的回复，堪称一个标准式的回答：

不料秀赖大人直赐御书，首先不胜惶恐。就贵方之意，所颁旨意应尽早上京，虽说似应遵奉钧旨，然前年石田治部少辅起事之时，固是老父兵库入道（岛津义弘）偶在上方，事出无奈，终是一心效力太阁大人，于关原粉身碎骨一战，然则一战而北，天下终由御所大人治平。我一家惶惑不安至极之际，御所搁置旧怨，提拔我等，即使是兵库入道其身，也安堵无误。然此时于太阁大人尽忠出力上，我家已是仁至义尽。御所大人提拔我家，数年来蒙受种种厚恩，“天下人”所尽知，故决不可背离当今御代之人，敬请体察。另外，正宗长铭之胁差（短刀），固所拜领，感

⊙ 大坂城天守阁藏古田织部重然画像。古田织部美浓出身，历仕信长与秀吉，也是千利休的七名高足之一。他在利休死后，成长为庆长年间茶道界最前端的弄潮儿，也做上了将军秀忠的茶道师傅。但他的怪诞审美风格，恐怕和家康简朴井然的秩序观格格不入。他选择这样的自绝之道，是不是和其师父一样，是为了坚持自己的美学而不惜玉碎于权力者之手，我们就不得而知了

激不尽，但因以上道理，仍原封送回。请好生转致敝意，恐恐谨言。

岛津的意思很明显，我们和贵家的情分已经在关原之战时还清了，如今咱们已经是泾渭分明，你们以后不必来找我啦。当然，岛津这样的旧族外样大名当初也被丰臣秀吉整得很惨，如今不肯为大坂出力是明白人都应该看得出的。那么所谓的“丰家谱代”又如何呢？在这个时候，秀吉生母大政所阿仲妹妹的儿子、“贱岳七本枪”笔头、雄镇安艺备后两国的福岛左卫门大夫正则的动静，可谓是众人瞩目了。翻检此公在秀吉政权里的经历，除掉贱岳之战时的打头阵以外，他几乎都在混资历，什么大仗都插了一脚，但都没有立下特别值得一说的军功。当时在秀吉麾下这样的人可谓不少，独正则能在秀次事件之后，遽领大国尾张，这除了“我表哥是太阁”以外，没有别的合理解释。可以说，即便依照当时的义理，别人尽可对丰臣家翻脸不认人，但你福岛正则身为丰家亲族连枝，又累受太阁殊恩，如今不来扶助秀赖，是很说不过去的一件事。但福岛又如何呢？他被家康命令留守江户，动弹不得。身不由己尚且可谅，但他却为了保身，向淀姬写了一封规劝信。其大意如下：

此次秀赖的想法，正可谓天魔所为。应速为反省不臣之心，陈谢至今为止之不义，让淀殿前往江户、骏府居住。我之全族早已安置于江户，对关东全无丝毫异心，秀赖御母子如今若仍不改其野心，我将先天下之诸军杀至大坂，立时攻陷城池。敬请淀殿、秀赖母子诚心悔过顺正，以谋国家长久之远图。

连那个最该扶助秀赖的福岛正则都已经公开表态向江户绝对效忠，不惜对秀赖引弓放箭，其他所谓“丰臣恩顾大名”的态度就更是可想而知，他们纷纷交出秀赖写给他们的求救信，对家康表示不二忠诚。当然福岛也不是没有偏袒大坂的举动，他默认丰臣家搬空了他屯集在大坂仓库里的军粮米，熊本加藤家的家老加藤正次等人也偷偷地将一些

⊙ 秀吉所铸，作为军事储备的砝码金

武器、粮草搬入大坂城（这个事件后来被正次的反对派上报，酿成熊本藩的所谓“牛方马方骚动”）。长州的御隐居毛利辉元秘命家臣内藤元盛化名佐野道可，进大坂城助战。另外，以茶人知名的古田织部不知吃错了什么药，居然内应大坂，给丰臣家通风报信，还打算火烧京都二条城，事泄而自尽，算是大名响应大坂号召的唯一例子。对丰臣家抱有同情的大名，能为大坂所做的也就这么多了。秀赖母子只能靠自己的力量来应战不久即将从全日本漫卷而来如云似霞的一片大军。

但是，他们还有一笔本钱可以用来负隅顽抗，这就是所谓的“太阁遗金”，即秀吉遗留下来的真

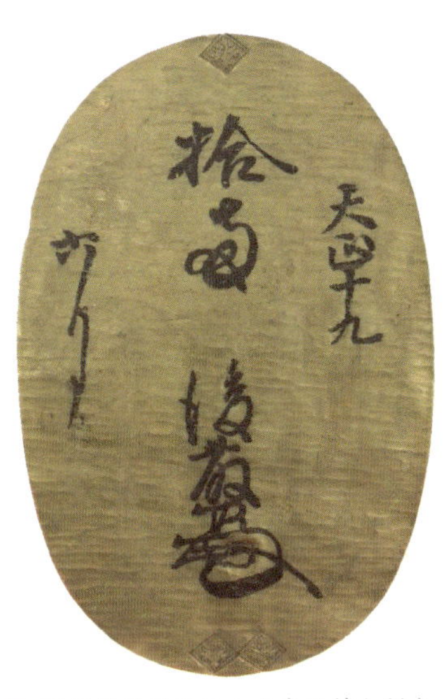

现存最早的天正十九年所铸大判金

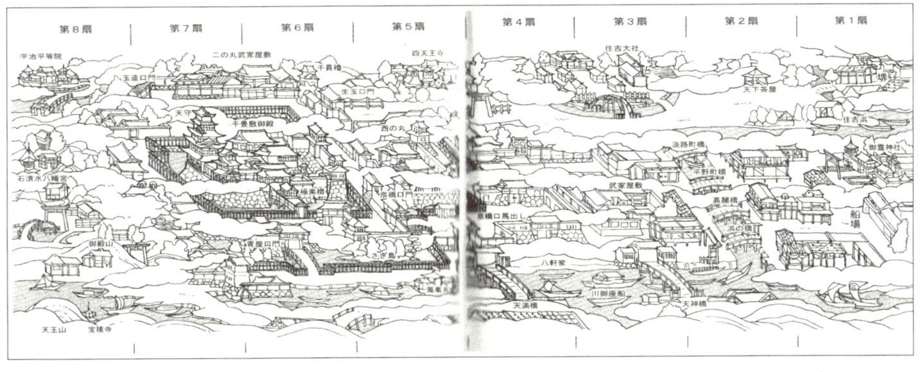

装饰在奥地利格拉茨郊外的埃根贝格古堡中“日本之间”的大坂城屏风图，它反映了丰臣时期大坂城下的样貌。近年被发现后，引起了学者的重视

金现银。在大坂的仓库里，残留着大量秀吉当年命令京中的金座后藤家铸造的大块砝码金。它分为两种，一种可以改铸出十两大判两千枚，另一种则可改铸出一千枚同额大判。我们虽然不知道这笔金额的总数，但是根据庆长三年的藏入目录，我们可以知道秀吉一年从日本全国的金银矿收上来的现金合计金三千三百九十七枚（合三万三千九百七十两）、银七万九千四百一十五枚。从关原之战结束以来，秀赖一共两次取出砝码储备金，将它改铸成大判和竹流金等适于流通的货币，方便使用。

第一次改铸的时间在庆长十三年到十七年。这一次的改铸，基本是为了进行包括方广寺再建工程在内的一系列寺社改建工程。改铸分成四个批次：第一批在庆长十三年十月到十四年十二月，其间熔掉了当二千砝码九个，当千金砝码五个，合计得金两万三千枚（二十三万两）；第二批在庆长十五年二月到三月，熔掉当二千砝码三个，当千砝码一个，得金七千枚（七万两）；同年八月的第三批又熔当二千砝码五个，得金一万零七十枚（十万七百两），至此花掉了十七个当二千砝码，六个当千砝码，得金四万零七十枚（四十万七百两）；庆长十七年最末一个批次则用掉了当千砝码五个，得金五千枚（五万两）。这些钱全部用在了共计八十五次的寺社改建、修桥造路等土木工程上。

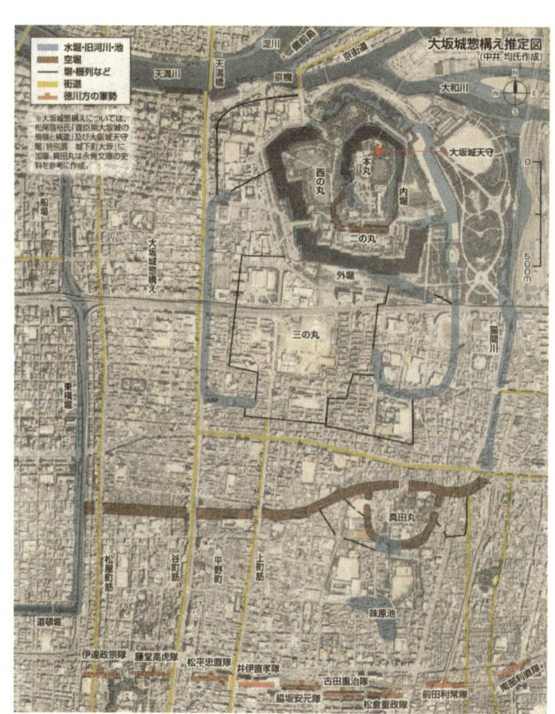

⊙ 大坂城惣构推定图

即便如此，大坂城的储备金也并没有像一些俗说宣传的那样已经消耗殆尽。我们虽然不知道为了应付这场战争的第二次改铸花掉了多少金银，但是据说当时大坂方急召京都后藤家的金座工匠来大坂，在山里曲轮熔掉了近一千个金砝码，包括秀吉当年引以为傲的黄金茶室。大坂城招兵买马毫不吝惜钱财，对所来之人皆厚给金银，因之诸浪人驰参前来不计其数（《骏府记》庆长十九年十月十四日条）。后文我们会看到，光真田信繁一人的定金就有金大判二百枚（两千两）、银子三十贯目，而守城的浪人中正规武士约有三万，即便不可能人人给到真田这个价位，肯定也不会少给，更不必说还有十万余计的杂兵。要满足这些为自己卖命的人，大坂城中尚留有一笔天文数字一般的储备金，是殆无疑问的。即便是战争结束后，德川方还从大坂的废墟里缴获了大判和竹流金二万八千零六十枚（以一个十两毛估，也有近二十八万两）、银二万四千枚。可见秀吉所留遗产之巨。

这笔钱除了用来募集兵员外，丰臣家的强硬派在方广寺钟铭事件开始发酵的八月前后，就已经开始屯集军粮了。这首先并非难事，大坂是一大流通港市，诸国大名都要把年贡米运到这里来卖掉换钱。而对于米商来说，这次关东和大坂的战争可以说是粮食生意的一大商机。京都所司代板仓胜重听到这个消息，急忙禁止诸国大名对大坂的大米输入。还不惜命令大野治长把从关东输来现存大坂库房里的两万石米运回去。当然这个命令有没有实效就是另外一码事了。另外，他们也收买了不少大名在大坂库房里的储米，最后总计收集了十六到十八万石的军粮。根据当时的消耗计算，一个男子一天给米五合，而整个冬之阵八十余日，单人共消耗四斗米，十万余人也不过消耗四万余石，丰臣家收集的军粮足支十万兵马近一年之久，一时半会也是不用为军粮发愁了。

另外，丰臣方也开始切实改建大坂城的总外郭（惣构）。外郭周围约十四至十六公里范围内，他们用坚实的厚木板建造了一圈板墙，并备好了弓箭、火枪、大小抱筒，以待来敌。大坂城的本丸和二之丸都进行了改修，并且安置了太郎筒、次郎筒等当时有名的火器。防御工事化的范围不止在城垣以内，还延及了上福岛、下福岛、新家等地域（《见闻集》）。另外，大坂方也没有要求城下的工匠和商人疏散避难，还让他们继续营业，为大坂提供各种军需物资。丰臣方也向英国商人购买火药。英国人也是极其大胆，他们一手卖给德川方枪炮，另一手面也给大坂提供火药，尽显军火贩子的真本领。他们也预见到由于此役火药需求增大，故让商馆下面不要急着出货，要等到价格涨上去再出手。对于当时日本的内外商人而言，这场“大烟火”都着实让他们赚了一票。

⊙ 真田信繁画像

大坂方钱粮俱备，接下来就是招兵买马。要抵抗德川家的关东大军，光依靠秀吉遗留的马回众亲卫队“七手组”几条人枪当然是远远不够的。既然天下大名不能指望，对于丰臣家而言，可以期待的就是在十四年前的关原战后依然在世间游荡的战争幽灵——浪人。虽然没有明确史料记载，但是我们可以想见，丰臣家开始招募浪人，肯定和囤积粮草是同步进行的。十月一日在片桐且元退出大坂以后，浪人们就开始堂而皇之地向大坂聚集。

根据以心崇传的记录，向大坂集结的人群中，有不少“日用”。所谓的“日用”也写作“日雇”，他们不侍奉特定的主人，只是在出战、行军需要人手的时候按日领工钱干活的一种雇佣人员。在和平年月，由于各家大名腰包都紧张，不想花钱养人，平时空着编制，有事出钱雇临时工成了常态，大家手里的使唤人全是日雇。但这回还是战国余韵未消的时候，各家诸侯不管大名本人还是底下的重臣，都蓄养着其谱代相传的家臣仆从，所以“日用”绝非正兵，只是手头人数不够的时候用来凑数的辅助人员。而吉川广家在一封书信里就更直接明了地提到：“大坂城中，身份较高的浪人底下也雇用了浪人。另外，还和百姓做出来年某时某刻的约定，让他们翻山过来守城。”可见聚集到大坂城的人员，基本上就是三种：良莠不齐的雇佣兵，以往具有正规武士身份的浪人，临时召集的百姓。这

九度山町内的佛寺善名称院，虽然建于十八世纪，但院内有当年真田父子住处的遗迹，故此院也名真田庵

些鱼龙混杂的人员跑来大坂，很大的一个原因就是有大坂方早已准备下的真金白银现拿。根据京都所司代板仓胜重对骏府所做的报告，在十月十六、十七日，当时滞留在京都的诸浪人中，以长宗我部盛亲、后藤又兵卫基次、仙石秀范，明石扫部、松浦重政为首，另外还有无名之辈千余众开向大坂。这是因为大坂方厚赂金银所致。(《骏府记》) 在德川方看来，他们的目的就是为了钱，运气好一点儿还可以捞一个编制待遇。以心崇传听到大量浪人进入大坂后，便在写给本多正纯的信中表达了自己的观感："心にて、むさとしたる体と相聞申候。"当时传教士陆若汉编纂的《日葡辞书》中对むさと这个词的释义就是"轻率，乱来，不足取"，所以这句话最恰妙当的翻译就是："我打心眼儿里觉得，听到了一件螳臂当车的无谓之事。"

即便如此，大坂还是拉出了一支差不多有十万人的乌合之众。虽然这支队伍鱼龙混杂，但其中作战经验丰富的老资格浪人也不少，他们单论战斗力的话，恐怕还在十数年都未经历过实战的东军新手之上。并且其中也有不少原大名、重臣级别的重量级人物，这些人为何要投入大坂方呢?

首先，让我们来看一位主角级别的人物，他就是原信浓上田城主真田安房守昌幸的次子真田左卫门佐信繁，后世稗官谓其名"幸村"。关原战败后，他和其父蛰居九度山的缘由，前文已经提过，此处不赘。从一手资料来看，在这十几年时间里，他们父子全然没有像某些小说传奇描写的那样野心勃勃地要打倒德川家来报仇，而是就如同废人一样闭居在那里，靠着本家和浅野氏的微薄救济苟且度日。昌幸没能实现住回信浓老家的愿望，庆长十六年一把老骨头空朽在了九度山，身边伺候的十六个家臣只剩下三个继续留在信繁身边。据说，此时他唯一的乐趣就是学连歌。他在另外一封写给某个友人的信里提到："有人劝我吟咏连歌排遣无聊，因为上了年纪才开始弄学问，很是学不好，希望能见您一面，表演一节连歌。"信繁的青壮年岁月就这样虚耗在了九度山沟里，当时还是"人间五十年"的时代，他既然上了四十岁，也算是一只脚踏进人生最后一程了。

尽管当年的青年骁将已经被磨成了一个意气消沉的糟老头，但是他们父子当年在上田城让现将军德川秀忠吃了大苦头的事情毕竟天下尽知。秀赖既然要举兵，当然会首先想到他们父子俩。据说，片桐且元早就想物色他前去侍奉大坂，但当时信繁认为时期尚早，还有些犹豫。庆长十九年十月，两边正式闹翻后，大野治长的使者来到九度山蛰居处，当场抛出两百枚黄金、三十贯银子的现款作为定金，请求信繁加盟大坂方，这次信繁当即应允。纪伊国主浅野长晟的屁股既然已经牢牢坐在了德川这边，当然不会轻放信繁进入大坂城，他让当地百姓加强监视，还对高野山的僧徒下达了同样的指示。据说，信繁玩了一个花招，他大摆一桌酒席，请周围的住民前来吃酒，有意将他们灌得烂醉，然后抽身走脱。这种逸话真假且不去管，总之，他在十月九日这天摆脱了监视的眼线，成功赶赴大坂城。秀赖给他开出价码，只要能够替他打赢这一场，就提拔他做五十万石的大名。(《大坂御阵山口休庵咄》)从哪里得封五十万石？秀赖没明说，但反正待到打下那江户城，全日本的大名都得因为党附德川而受罚，到时候人有多大胆，地有多大产。不过，对于信繁来说，大坂一战将给他一个再展雄才的盛大舞台。他困坐在九度山，哪怕是活到一百岁也是虚度岁月。这次能够摆脱那个受诅咒的地方，得到一个以日本全国而来的大军为对手一展本领的机会，对于当下的他已经足够满意了，至于之后能有什么好处，他看得并不重。

⊙ 长宗我部盛亲画像

⊙ 宽文年间出版的《大坂物语》插图，描绘了真田信繁父子拜见秀赖的场景

另外，因为格外地恩赏前赴大坂的关原战败组成员，就是序文里已经提到的长宗我部盛亲，丰臣家给他开出的价码是复其故地土佐一国。他和只是一个小大名等级的真田不一样，本就有一大批衣食无着的浪人旧臣徘徊各地，所以他进城之际就能拉出五千余众，进了城以后又有两三千人前来依附。对于那些生活不得意的长宗我部旧臣而言，盛亲的召唤无疑是改变他们生活现状，得以重返故乡的最好良机。《大坂御阵山口休庵咄》中记载：“其外能够带兵进城的诸浪人，各自对他们做了给予五十余万石，三十余万石的承诺。”大坂方为了能够多招人马，空头支票是不惜漫天乱开的。前文提到的仙石秀范和明石全登听到这个待遇，分别率领五千和四千余众的浪人团进了大坂城。

这些希望翻身的浪人也不都是

苦大仇深的关原失败者，也有和关原毫无纠葛的政治失意者，其代表就是石川康胜，他是家康原重臣石川数正的次子。石川数正虽然是号称家康左膀右臂的股肱之臣，但在小牧长久手会战后投靠了秀吉，从而脱离了德川家臣团。数正死后，其遗领由两个儿子康长和康胜分别继承，其中康胜得封信浓仁科一万五千石。他们兄弟在关原战时都在东军麾下作战，从而领地依旧安堵如故。但是庆长十八年（1613 年），大久保长安贪腐案件事发。石川康长是长安长子的外舅，被曝和长安勾结，谎报了石高数字，于是遭到改易。康胜也因为连坐而丢了封地，于是在第二年率五千余人进了大坂城。至于织田有乐斋的儿子织田赖长更是这一类型浪人中的“奇行种”，他本和其父一样是秀赖家臣，但卷入了朝廷宫闱中的不祥事件。庆长十二年二月，朝臣左少将猪熊教利私通宫女一事曝光，遭到天皇的敕勘谴责。但这事没完，在两年后的庆长十四年七月，参议乌丸光广等七位年轻公家和典侍广桥氏私通的事件又曝了光，审问中抖落出猪熊为这些人乱搞关系拉皮条的新案情。后阳成天皇为之龙颜震怒，想要把包括猪熊在内，胆敢给他这个万乘之君戴绿帽子的男女涉案人员统统处死。关东方面发布对猪熊的逮捕令，猪熊大惧，逃亡九州。为猪熊逃亡提供方便的人，就是和此人一样也同为好色之徒的织田赖长。猪熊最后被捕回京都杀了头（其他人则被流放），而织田赖长也因此被丰臣家开除。他和长宗我部盛亲一样借住在京都五条，等着东山再起的机会。这次大坂起事，他便啸聚了三万之众，堂堂正正地回到大坂，算是正式回归了组织。这三万之众都是“杂兵”，估计就是用秀赖分发的金银雇佣的。

除了以上这种政治斗争牺牲品之外，还有一类就是和主君发生冲突为了武士的面子舍弃原有地位的重臣级浪人，他们的代表者就是后藤基次和塙直之。后藤基次通称又兵卫，播磨生人，其父后藤新左卫门尉曾是别所氏和小寺氏的家臣。又兵卫在天正十四年九州之役时成为黑田家臣栗山利安的与力（下级武士），参加了九州、朝鲜的多次激战，因功成为黑田家的重镇。但是后来他和黑田长政关系恶化，在庆长十一年背主出走。虽然有很多大名有意起用这位实战经验丰富的战斗专家，但是都遭到了黑田家的干扰，此谓之“奉公构”，即开罪当主而被逐之人，原主不许全国大名聘用。关于他的记录，不准确的地方很多。根据《播磨鉴》的说法，他貌似一度通过池田辉政的介绍，在冈山的池田忠继处出仕了一段时间，但在庆长十六年以后他又不得不过起了放浪生活。大坂起兵时，他前去投奔秀赖，但因他是个“小身者”（低身份者），所以基本没有什么部下可领，其请受之六千余众，估计也都是乌合之众。塙直之则是尾张叶栗人，初名长八，后称团右卫门。他初在织田军中效力，被秀吉家臣加藤嘉明招揽为部下，之后崭露头角，不久被提拔为铁炮大将，封千石之禄，在朝鲜之役中指挥水军亦有功。但是在关原之战中，他却因急于抢功而违犯了加藤嘉明的将令，于是和嘉明发生争执。直之大愤，于是写了“遂不留江南野水，高飞天地一闲鸥”十四字。挂冠而去。之后历仕小早川秀秋和松平忠吉，但两家皆中途而绝，后又出仕福岛正则，却因加藤嘉明从中作梗，好事告吹。他一时万念俱灰，进京都妙心寺出家为僧，法号“铁牛”。但他这般莽汉，能剃得了头又安能剃得了心？闻得大坂方面重金招兵买马，延揽天下豪杰，这样一位仁兄还能咬得下菜根？当然是在那大坂城里大秤分金银来得快活。

后藤和塙都是从战时向平时转型之际必定会出现的落伍者。战争年代，能打硬仗是第一大的本领，权力者是会容忍一些难以管束但军事素质过硬的刺儿头。但在和平年月武士团不能通过对外战争的战利恩赏来团结人心，领主必然要靠固化家臣团的上下秩序，强调家臣对主君的绝对效忠，进而实现向官僚化的转型。不能融入这套秩序的问题分子，即便能力再强，也一定是要被扫地出门的。

⊙ 江户时代版画中的塙直之像

那么，有人会问，难道说这些浪人都是为了飞黄腾达，或是苟延一时之生计而来大坂讨生活的吗？事实也并非如此，不顾个人利害的忠义之士总是有那么几位，毛利胜永（原名吉政）是这些人中的典型。胜永之父毛利吉成（胜信，原姓森）系尾张出身，是秀吉的黄母衣众[①]之一，在九州平定中立功，成为丰前小仓六万石的大名。在文禄年第一次侵朝之时，曾充任第四路军的总指挥。毛利胜永本人有随父在朝鲜转战的军事经验，关原之时，他代父指挥所部，在伏见城攻略战中更是表现踊跃，西军总大将毛利辉元和宇喜多秀家连署赐他三千石封地。关原战败后，毛利父子

① 母衣：用竹制骨架把布撑成一个大球，战斗时披在背后，既能装饰，又可以起到防御作用。黄母衣众，为丰臣秀吉仿效织田信长的赤母衣众与黑母衣众成立的，在军中负责传令。

被土佐山内家看管起来，山内一丰对他们不错，给了他们一千石实封，还准毛利胜永取山内姓，他在土佐有妻有地，生了两男一女，比起真田和长宗我部两个苦瓜来说是不知道要逍遥到哪里去了。但是这样的优渥生活，也挡不住他在听到秀赖举兵的消息后带着儿子进大坂为秀赖奉公，这是一种什么样的精神呢？只能说他确实忠于丰臣家。和他情况相近的还有氏家行广，他是斋藤道三麾下“美浓三人众”之一氏家卜全之子，历仕信长和秀吉，小田原之战后成为伊势桑名二万二千石的大名。因关原战时参加西军失封，他不像长宗我部盛亲那样因复兴无望加入大坂方，家康惜其才，给他开了十万石的条件请他出仕，他也不受，还是进了大坂城。这两位属于本来不和秀赖一起自爆也能混得不错，却毅然加盟丰臣阵营，可以说确是立在一个“义”字上面了。

⊙ 后藤又兵卫画像

以上举出的这些人，都是从社会金字塔高层跌落下来的，但即便他们都成了失去主君无法实现再就业的浪人，同其他浪人之间的上下区别也是很明显的。以上这些人有社会声望、人脉资源，他们依赖于此，可以一下子拉起数以千计的队伍进入大坂，立即恢复一军之将的身份。但他们若没有无数籍籍无名的普通浮浪之辈的默默支撑，显然也不能风光一时。然则，这些人又是为何不能安身立命，非要游走江湖，虎视眈眈盯着世上再次大乱的机会呢？

在镰仓时代，武士团之间战争的规模并没有像《平家物语》《太平记》等军记物语的夸张描写那样大，战争的参加者只有武士本人和其家子、郎

⊙ 大坂夏之阵屏风中的毛利胜永（骑黑马者）

党[①]。但是随着南北朝、室町之后领主权力和战争规模的扩大，受到军事动员的阶层也越来越广。到了战国动乱的中晚期，一般民众参与战争已是司空见惯，他们有“被官”“奉公人”等种种称呼。战国大名能够拉出以万为规模的阵容，就要依靠大量动员这些下层兵士。他们大抵处在以下三种身份：

（一）作为“寄子”“被官”，向正规武士奉公而得到免役待遇，获得称姓的“侍”；

（二）没有姓名的“中间”“小者”“足轻”，他们大多是低级步兵和辅助人员；

（三）作为家内奴隶的“下人”。

⊙ 土佐国仁井田乡的“地侍”（非任职于幕府的武士，而是在乡土著，并拥有势士的武士）遗留下来的铠甲，此即长宗我部氏所谓的“一领具足”

实际上，可以称为“奉公人”的阶层，就是和武士领主结成恩给—奉公关系的“若党”“足轻”，以及“中间”。武士领主为了应对战争，或和他们结成一定的封建关系，或者临时雇用，将他们当作军事力量。观其出身，可谓多种多样，有的属于土豪、地侍等中间阶层，有的则是不能或不愿继承家业而脱离了生产生活从村落游离出来的一般农民，他们或是被领主权力征召，或是自身希望通过战争来谋求地位上升。在战争中，他们或者近侍于主人左右，为其准备武具，或被编制组织起来，替其杠抬辎重。有时在战力不足的情况下，也会临时雇用这些人。这样，和原属的村落游离开来，哪里需要人手就到哪里报到，整日靠刀口舔血过日子的浮浪雇佣兵——“流动奉公人”也就应运而生。这些人只是靠战争吃饭，以自己的一身蛮力安身立命，他们有的憧憬着成为正式武士，有的只是靠战场掠夺糊口，今朝有酒今朝醉。虽然想法各异，但也成了战国之世延绵不断的一股原动力。

但是，对于大名领主来说，他们只是在战时需要这些人手，而这些人弃家废耕，到处跑动，在平时反而破坏生产，影响大名的税收。流动奉公人的大量产生，成为大名们头痛的一大问题。天正元年（1573 年），小田原北条氏的代官安藤良整就劝告伊豆国田方郡一

---

① 在武士团中，与主君有血缘关系的称为家子，无血缘关系的称为郎党。

个叫重须的从渔村里的逃走百姓说："无论跑到哪里，你们都难以做得人上主，等到世上太平，今天的骑马武士也立马要降格成提草鞋的，还是忍一忍做百姓为好。"（《战国遗文 后北条氏篇》1666号文书）这一预言在十几年之后竟成现实。随着秀吉的天下统一，日本国内一时再无大战，无数浮浪世间的"日用"和"奉公人"顿时成了无用之物，这些人已经过惯了兵匪生活，哪里愿意重新操回繁重无聊的农活。他们中的不少人回到村子和城镇里，就因其游手好闲，成为严重的治安不稳要素。在小田原北条氏灭亡后的天正十八年（1590年）十二月，丰臣秀吉便发布三条法令，命令各村将没有主君、不从事生产的"侍""小者"从村中驱逐出去。原本有经商、工匠经历的"侍"，一时不从事耕作固然不必立即追放，但在法令发布后突然宣布经商和做工匠的浪人则要坚决驱逐。另外除有其主人的奉公人外，一律没收其武器。秀吉的身份统制意图在天正十九年八月有名的《浪人取缔令》中更加彻底，他规定：在天正十八年七月的奥州平定之后，禁止现有的奉公人、侍、浪人、小者、荒子（民夫）重新做回城镇居民和农民；原为农民而废耕外出寻生活的也要严厉惩处，还要连坐乡里，各地的代官和给人也必须严厉取缔在乡在镇之不奉公而废耕者；禁止侍、小者擅自跳槽更主，主人也不许留用此类来路不正之人。

⊙《杂兵物语》中的铁炮足轻插图

不管秀吉的意图在于重建封建秩序，还是为了维持社会安定，或是兼而有之，他既不准一般农民和豪农凭借"武家奉公"来调换身份，也不许这些底层人员来回游动。这个和千百万浪人一样出身游民，靠着时运一口气完成了日本历史上最大的"下克上"事业的枭雄，居然想要重建身份制度，固化社会秩序，并想根治"浪人"充斥的社会现象。但是战国动乱的扩大化，从永禄年间以来已经三四十年，当时日本一两代人口中的相当部分，都成了不从事生产劳动只能靠杀人放火过日子的凶徒。要把这些人牢笼起来，当然不能单靠两张行政法令。秀吉的对策除了大兴土木、建造巨城吸引他们做劳动力外，就是发动海外侵略，把这股淤积已久的张力对外发散出去，为秀吉的中华皇帝梦充当炮灰马前卒。笔者固不认为秀吉发动对外战争单是为了祸水外引，但这也明显是他做出这个决策的一个充分条件。

不过，事态的现实发展往往超出人们的心理预期，以幅员辽阔的明王朝为最终对手的战争，对于当时的日本三岛而言不啻是一个无底黑洞，侵略战争的兵员整补需要和后勤压力带来了普遍动员的进一步扩大化，更加激烈地破坏了日本社会的原有结构，使社会流沙化进一步加剧。加藤清正在朝鲜侵略战争的战备动员中就对肥后本国的家老下达了这样的指示："不管侍、下人，只留下体弱者，不管国中还是邻国之人，只要有意奉公就予以取用，操铁炮者不管是本国之人还是萨摩人。将这般人一千也好，两千也好，都送朝鲜阵中听用。"朝鲜战争进行了七年，日本国内田地四处抛荒，连秀吉的生国尾张也变得荒芜一片，而游走世间以战争为业的浪人又被一批批地制造出来。秀吉的身份统制政策完全成了自相矛盾的代名词。

朝鲜战争结束后，这批浮浪奉公人透过关原之役又可得以摆脱一时之饥。比如宇喜多秀家，他因为所谓的"宇喜多骚动"流失了大量家臣，他在关原之战拉出的兵马，一大半就是这类临时雇用的浪人（后来以剑客成名的宫本武藏，在当时也是这类无名小卒中的一员）。但是关原之战在一天之内分出了胜负，没能旷日持久地打下去，这些人又要面临"失业"了，对他们中不肯重择人生道路依然徘徊世间想要寻求功名的人来说，丰臣与德川两巨头之间大兴干戈，是他们梦寐以求的好时机。

秀吉的"和平"并没有带来真正的和平，反而变本加厉地制造了更多的战争游魂。如今这些常年徘徊于世间的幽灵，因为秀赖母子的怨念和野心而被唤进了大坂城，使得即将要发生的这一次决战，颇有成为对自永禄天正以来围绕"天下统一"和"朝鲜侵略"两个主题的动乱进行一次最后总清算的意味。秀赖母子为着一己之私欲，固然不惜开下巨额空头支票，找来这些散兵游勇为自己壮胆，但是请神容易送神难，他们很快会知道自己的骑虎难下之境。在某种意义上说，这是秀吉种下的业因，而现在要秀赖承担果报了。

六　冬之阵交锋始末

大坂冬之阵爆发之时，秀赖已是一个二十二岁的青年，据说是个一米九二的大个子，相貌堂堂。然而，他并无任何军事指挥经验，自然需要侧近帮他参赞军务。而驱逐了片桐且元的大野治长，就担当了这个重任。他是淀姬奶妈大藏卿局的儿子，因其裙带关系被秀吉提拔成马回近卫之士，天正十七年当上了和泉佐野和丹后大野二地合计一万石的大名。他很受淀姬的宠爱，秀赖是他和淀姬私通所产的传闻在当时的民间传得漫天遍野，连朝鲜人隔着对马海峡都略知一二。关原战前的庆长四年，他曾经参与由前田利长和浅野长政谋划的所谓家康暗杀计划，和土方雄久一道担任杀手。事情败露后，他被流放到下野的结城，但是关原之战的时候他在家康军前效力，得免其罪，照旧发回大坂担任秀赖近臣。此人还有两个兄弟在城中供事，分别是通称主马的大野治房和号道犬的大野治胤。和这个一直受吃软饭之讥的哥哥不同，他两个弟弟都是血气方刚的武斗派人物，另外他还有一个弟弟大野治纯以前在德川家做人质，后来直接成了德川家臣。大坂之战时，他和织田有乐斋二人算是秀赖之下权力最大的两个人物。此人是不是一个草包呢？客观地讲，至少他是个完全靠裙带上去的人，缺乏实绩，也没有太多军事经验，基于他的立场，又很难违拗淀姬的指示，所以不管有能或无能，他的领导威信都很成问题。据说，他的两个弟弟也不服这个大哥，那些富有实战经验的浪人就更不会乖乖听从他的指示了。统帅部的领导力不足以及浪人们各自为政欠缺配合，一直是大坂方摆脱不了的弊病。

据说，十月十五日前后在大野等人的主持之下，大坂方举行了军议，真田信繁、长宗我部盛亲、后藤基次等浪人大将也出席了会议，筹划作战计划。关于这次军议的内容，权威史料没有任何记载。这一件记事出自成书于宽文十二年（1672 年）的军记物语——《难波战记》，后来由松代真田家编纂的信繁传《左卫门佐君传记稿》、江户中叶汤浅常山的《常山纪谈》（卷二十一），乃至成书于幕末明初的冈谷繁实《名将言行录》（卷四十），无非是沿袭了该书内容。根据此书的说法，在当天的会议上，大野治长首先提出了如下主张："像前些年的关原之战表现出来的一样，大御所家康天生是个谨小慎微的大将，因此听说我们大坂起兵的话，肯定大吃一惊，不会轻易动兵。我们应该乘这个机会打下茨木城，并且派兵到京都，在洛中放火。如果能捉住板仓伊贺守，打下近国的小城，诸大名肯定会驰往秀赖公幕下。"

织田有乐斋长益画像。他是信长的末弟，也是千利休的高足。他在关原之战后一直在大坂辅佐淀姬和秀赖，是大坂城中自片桐且元被斥后仅剩的融合派

对此，真田信繁表示："家康虽然谨慎，那只不过因为关原之战天下诸将分为东西两方，东边也有很多丰家恩顾之众，家康不得不有所顾忌。且看今日，大名小名都归附了两将军一边，他们是没什么可以害怕的。所以，不可有轻易发兵而急挫对手的想法。尽管这样，但如果我方松松垮垮，被对方越过了宇治和势多的话，我军必然为之夺气。今后作战将难以继续，这点应善加计量。"

然后，后藤基次接过信繁的话柄说道："请授某与真田殿一两万兵马，赶赴宇治、势多，且将石部宿前一带全部烧光，使东军无处下住。还要烧桥毁舟，派遣细作到各军阵营散布各种流言，敌人必不能安枕。急性子的东军大概会为之气馁吧。"

后藤接下来便主张派木村重成或大野本人领一支兵到京都和板仓胜重对阵；大和方面交给明石全登和长宗我部盛亲，并派秀赖旗本七手组在大津一线排阵，构建板墙土垒等野战工事；余下的兵力则作为预备队运用，以支援不利的方面。但是大野治长不同意二人的意见，反问道："在宇治、势多交战，可有胜算？"真田信繁答曰："如果在宇治、势多交战，关东方面难于急渡，必会拖延数日。近国且不必说，若朝中国、镇西方面派遣细作，报说关东方的难处，定有变心之人。以寡势防大敌，应隔河设险而战。"

信繁此议，得到了大多数在场者的赞同，但是这时混在浪人堆里由德川方打到大坂城

中做间谍的小幡勘兵卫景宪出来搅局，他称自源平时代起，在宇治、势多设防就没有取胜的先例，列举过去的种种战例，对信繁提出质疑。大野治长、渡边糺也逐渐倾向于小幡的分析，于是城外出击论遂罢。

⊙ 丰臣家侧近穿用的色色威二枚胴具足，这领铠甲由尾张德川家传来

这一段绘声绘色描写的真实性我们且搁置不论，真田和后藤的作战能不能成立呢？结论是，家康这个身经百战的长者早就看到了这种可能性。数年前布置的大坂包围圈以及对大坂周围的一系列大名转封和城郭改建，就是为着防备大坂方的此类鱼死网破之举。就当时的形势而言，宇治、势多且不论，大坂方连突破到京都也是极其困难的事。要到达宇治、势多一线，势必要通过伏见、二条、膳所三处城郭，而这些地方都是家康在构筑大坂包围圈时进行重点改筑的据点，城防本来就十分坚固。其中，膳所是德川谱代将领户田氏铁（户田一西子）的封地，十月四日该地又有三河西尾二万石的本多康俊所部进驻镇守，并不是跺一跺脚就能打得下来的薄弱环节。而最大的难点就是位于京都南方挡在进京要道上的伏见城，该城系晚期丰臣政权的象征性政厅，更不可能是易与之所，该地早有家康异父弟松平定胜作为城代坐镇。十月十四日，定胜之子、远江挂川城主松平定行前来增援，彦根的井伊直孝也作为其兄的阵代进城守备，另外还从伊势方面调来了四百人的火枪队。十六日，还有伊势桑名十万石的城主本多忠政率领伊势国内的大小部队进入伏见城。这样，该城中的兵力在十五、十六日已经聚集过万了，伏见城在关原战役之际以鸟居元忠数千之众，就抵住了宇喜多、小早川、毛利、岛津等数万西军的十余天围攻。大坂方若不是倾力出动，只以两万人封顶的一支偏师，想必是无法撼动这座坚城的。

大坂方要避开伏见城，抵达近江势多一线的另外一个办法就是从大和进兵。途中将撞上筒井定庆的大和郡山城和中坊秀政的奈良奉行所，这里东军防守兵力薄弱，倒不是不能突破。但是，问题在于之后要如何越过大和山城国界，因为藤堂高虎的五千余众已经在十月十六日抵达了南山城的木津，守住了木津川渡口。为此大坂方的进攻必然要有所停顿，若此时伏见等地的援兵赶到，大坂方面的获胜希望肯定更为渺茫。总而言之，无论是取道京都或者大和，他们必然在途中会被东军的据点拖住后腿，难以顺利进军，等到家康主力一到，则万事皆休。即便真田和后藤二人真是三头六臂，能够摆平以伏见城为核心的封锁线，抵达近江一线，挺进兵团也注定十损七八。大坂军别说在那里设置防御，甚至有被后续优势东军主力在野战中歼灭的危险。

更大的问题是，对于现在的丰臣家而言，全日本的诸侯都是敌人。首先片桐且元依然盘踞在茨木城中；在山阳方面，播磨、备前一带有着池田利隆（姬路三十二万石）、池田忠继（冈山四十四万五千石）兄弟；美作津山有森忠政（十八万六千石）；而大坂南面则有和泉岸和田城主小出吉英以及纪伊国主浅野长晟（三十九万五千石）。这些人的亲德川态度非常明确，大坂方面若把精锐的力量轻易派出到山城近江一线，对大坂周边的防御则会变得空虚，这些人完全可以出兵骚扰和截断大坂挺进兵团的交通线。这一点是明眼人都看得出来的，但是军议居然没有言及这些内容。

由上可见，所谓真田和后藤的出击战略根本是纸上谈兵，可行性相当低。《难波战记》编上这样一大段，也无非是为了有意彰显真田信繁等浪人的果决气概，贬低大野治长毫无主见。事实上有没有这样的议论，当然也是非常可疑的。反观大坂城在十月一日前后的军事动作，却是相当谨慎。他们只是在十月十二日派遣槙岛重利和赤座直规二将带领一支三百人的小部队，前去堺町征发武器粮草，还逮捕了和家康关系亲近的纳屋老板今井宗薰（宗久子），把他绑到大坂关押。德川方的堺奉行芝山正亲无力抵抗，向岸和田方面逃去，并向摄津茨木的片桐且元求援。片桐派家臣多罗尾半左卫门带了一支小股部队前往堺支援，反被槙岛击溃，多罗尾本人亦战死。且元在失手之后，在十五日向京都所司代板仓胜重求援。当天晚上，驻扎伏见的村上吉正就率援军赶到了茨木。之后，伏见方面户川达安、长谷川守知、川胜广纲、藤挂永胜四部也进入茨木城支援。对此，大坂城方却没有任何举动，槙岛的这支小部队固然在堺逗留了一段时间，在东军先锋抵近大坂之后就立即退入了城内。可见大坂方面这一行动的目的也仅是优先搜集兵粮武器，如果真有长期占领堺，乃至攻占茨木等地的意图，怎么会不派后继兵力前来增援？日本学者曾根勇二氏在其《大坂之阵与丰臣秀赖》一书中把丰臣方的这一举动抬高成“围绕堺和尼崎的争夺战”，还以当时有人在宇治、槙岛等地放火并风传茨木城陷落、片桐兄弟已死之类的谣言为依据，

⊙ 宇治川固然河面不阔，但水流非常湍急，涉渡不易，古来是京都防御关东来敌的必守之险

“建构”了出大坂方所谓“借着掌握港湾都市堺”之势，有“强化从伏见到大坂的淀川水运及大坂湾的海上支配”的意图，并且说这是为了实现伏见攻略进而迎击德川方的战略。这个推论显然属于臆想过度，根本不合逻辑。

事实上，大坂城自十月一日以来，一直忙于招兵买马和调集粮草弹药，发生在堺的小规模冲突也无非是他们调集战备物资中的一个插曲。大坂方面知道自己守有余，攻不足，很可能一开始就选择了深挖沟、广积粮、坚守不出的方针。而和这个坚守方针配套的动作，则是溃决淀川大堤，将大坂城东面涵盖今天寝屋川、门真、大东、守口、东大阪各市域的水网低湿地带化为无法屯兵进军的泽国。这是元亀元年（1570年）信长和阿波三好氏势力在大坂一带对阵之际，

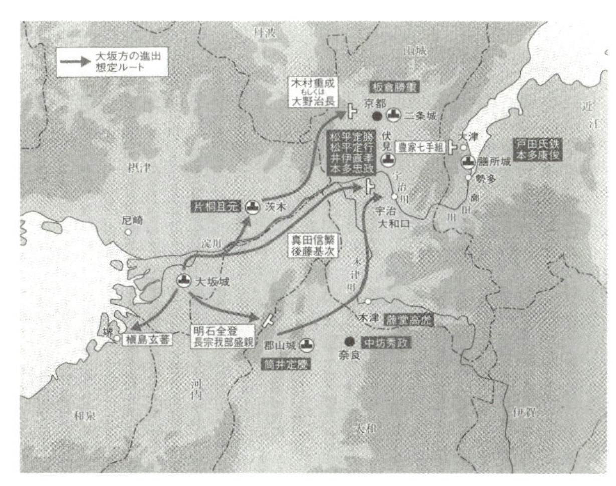

⊙《难波战记》提及的真田信繁出击案示意图

三好三人众对信长方使用过的战术。这么一来，德川军便无法沿淀川进军，而必须改道大和方面，而大坂方也可以在南面集中兵力进行守备和应战。为此，大坂方在十月二十五日前后，曾经数次袭击河内的出口、狭田宫等地，计划执行决堤，但是先后被根来众正德寺，以及德川方本多忠政、稻叶正成、松平（大给）乘寿诸将所阻，其意图未能成功。

大坂方面既然采取固守的方针，德川方面又是如何调动兵马进行应对的呢？

十月十一日，家康率领五百人左右的卫队从骏府出发，路上一边放鹰打猎，一边朝京都行进。十月十四日，家康还让片桐且元提交有关城池护城河深度和各口方面情况的绘图，并命大工头中井正清制作精密的图面。最后，家康在十月二十三日进驻二条城。相比家康的悠然笃定，将军秀忠可是急红了眼，关原之战的迟到给德川政权的发展带来了多大麻烦，他心里是最清楚了，所以他是恨不得立即从江户飞到大坂去。但是他的立场和家

庆长十九年畿内周边的大名配置

织田信长围攻大坂石山本愿寺的阵图，在秀吉未重新规划大坂城下町之前，大坂周边是一片水网低湿之地

康不同，虽然说家康这个大御所掌握着实权，但也只是在战略大方向上把舵，具体的事务安排则全是将军的活儿。他先做好了对福岛正则、加藤嘉明、黑田长政等留守江户的旧丰臣大名的安置和监视工作，然后还得制定和发布军事纪律，安排各要冲的守备人员，一直忙到了家康到达京都的这一天，才率领包括东北大名在内的五万大军从江户出发。其军容声势浩大，伊达政宗、上杉景胜、佐竹义宣三个东北外样重镇充任先锋，头阵首席酒井家次，二阵首席本多忠朝，三阵首席榊原康胜，四阵首席则是土井利胜，五阵首席为酒井忠世，殿军为安藤重信和本多正信。《森家先代实录》形容其状云：

> 十月十一日，家康公骏府御出马，秀忠公于同月二十三日自江户御出马。日本国中诸大名虽说事先已赶赴大坂附近集结，但御旗本、殿后诸部尚充满于江户品川河畔。一百二十余里路程，各个驿宿港口充满人马，或在山边扎寨，或者野营露宿。自神武以来，未见武士如此云集。

这次动兵，秀忠唯恐又要迟到，又要丢面子了。他一方面几次派急使到家康那里，请求等他到了再动手，另一方面更是加急催队伍赶路。但整个东海道既然都被行军和辎重队伍填满了，行军速度也自然快不了，先发的伊达、上杉诸部更被赶得焦头烂额。当队伍开到远江挂川、见付一带时，前锋的伊达政宗部队已经给累得筋疲力尽了。秀忠这样有身份的将领反正有人伺候，可以骑马，确实也累不着他，但骑不了马的徒士和足轻，以及需要抬辎重武器的人夫们就可倒了霉。以丰前小仓的细川忠兴为例，他在这次战役中出兵一千一百二十七人，但有资格骑马的武士只有五十三个，彦根井伊家的步骑比例则差不多是十比一。虽然因为远在敌后，他们不必着甲，但是最小限度也要插把刀在身上，有些人为了多带干粮，还会往刀鞘里灌米。另外，旗手、长枪手、火枪手的家伙也不能离身。每天晚上虽然也休息，但基本就只能在野地里一躺，运气好点的能碰到村子，也就是往百姓家里倒头一睡。幕府对

⊙《东海道五十三次》中的挂川宿

此有军令，行军借宿，每人要付宿主恶钱（劣币）三文，军马一匹六文钱，但如果将士自己有柴火可以自己烧水煮饭的话，则可以不付住宿费。要照顾这帮气喘吁吁全没好气的兵大爷的住宿，对沿途的老百姓来说也是很重的一笔负担。从骏河的江尻到近江的柏原，秀忠花了六天就跑完了，他向身边的二百四十名徒士保证，只要你们能跟得上，肯定大大有赏。即便如此，始终能跟在秀忠身边不掉队的也只有三十四个。江户出马以来的十二天，秀忠的本阵抵达了近江的永原，他在这里休整二日，收容各种掉队者，然后继续出发，总算在十一月十日抵达了京都二条。但在家康看来，在之前关原之战时，形势风云变幻，行军当然得分秒必争，然则眼下秀赖麾下十万浪人只是瓮中之鳖，秀忠稳当赶路就可，何必无谓地劳苦士卒？所以家康反而很不高兴，认为这非大将所为。

十一月十五日，集结在京都的东军主力朝大坂开进。家康取道大和口进入奈良，然后经过法隆寺方面，从大和口进入大坂南面，而秀忠沿着淀川左岸南下，经过枚方，从河内口进入大坂附近。十一月十八日，家康率百余精骑，在上午六时许到达大坂南方的天王寺。秀忠这次不敢怠慢，早就到达此地，两御所在大坂南面的茶臼山会合，进行军议。家康指出，即便眼下攻破外郭惣构很容易，但是大坂内城难以一时攻下，所以要采取持久包围的战术，在各处修筑“对城”（也称为“付城”，是当时在攻城之时，为封锁目标而构筑的临时性据点），以封锁大坂的交通。家康在当日暂以住吉为阵所。十九日，将军秀忠再至家康所在的住吉，和本多正信父子、成濑正成、安藤直次、藤堂高虎等人一道召开军议，会上商议决定将鸟饲附近的淀川堤挖开，在新庄村一带填塞北中岛一带的淀川支流，使淀川北流，从而排空大坂城北面天满川的水，这样大坂城北的河川屏障就失去了作用。至此，为减轻强攻带来的无谓损伤，德川方面正式决定采取围困战术，然后就是看这座孤城能硬挺到几时了。

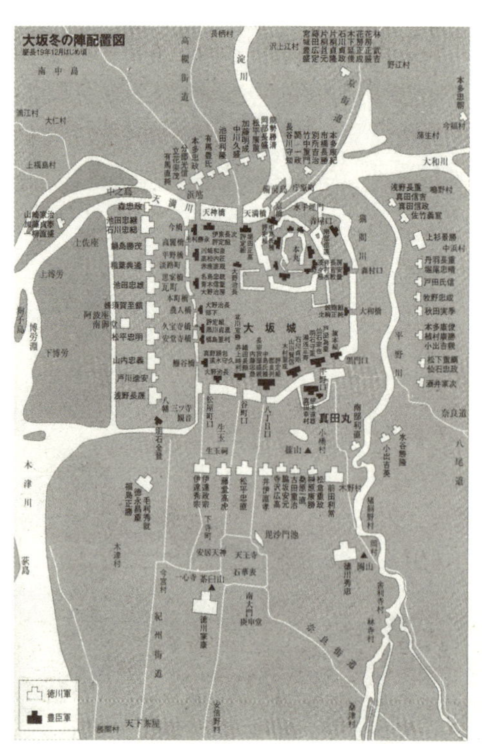

⊙ 大坂冬之阵布阵图，反映了十二月初包围圈形成的情况

至此，大坂冬之阵正式打响，双方的攻防分为两个阶段。到十一月底为止的战斗在大坂北面展开，主要是围绕城外丰臣军据点进行争夺，在大坂城东、北、西三面的丰臣军前出据点被扫清以后，德川方面全面包围了大坂城。十二月上旬的攻防重点遂转为城南的“真田丸”。下面将分节叙述此战前后经过。

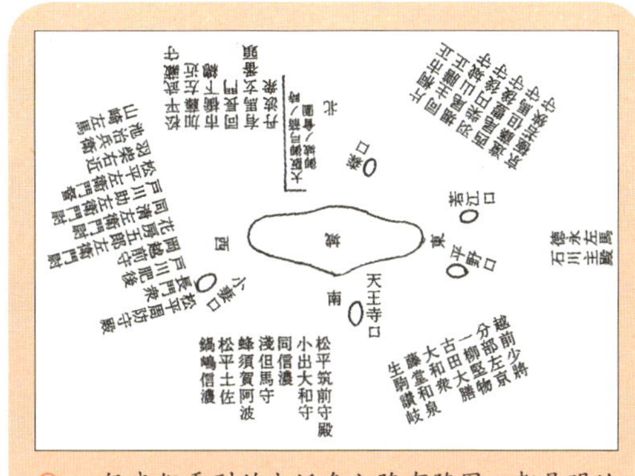

⊙ 一般我们看到的大坂冬之阵布阵图，都是明治时代旧日本陆军参谋本部在编纂《日本战史》丛书时根据江户时代流传的二次资料和阵图所描绘的。这张由岛津家收藏的简易阵图是家康在十一月进行军事布置时下达的，乃所谓的“原始资料”

（一）蜂须贺至镇的奋战——木津川口、博劳渊战斗

大坂冬之阵的序幕，围绕丰臣方在大坂湾岸以及内河周围设置的防御据点展开，第一仗便在木津川口打响。曾根勇二先生在《大坂之阵和丰臣秀赖》一书中认为：“对德川方而言……想要通过确保该地，来掌握和大坂城与大坂湾连接的水上补给线。”这看上去好像很有道理，毕竟木津川口是外来船只进入大坂的必经航道，在天正年间织田信长的石山本愿寺攻略战中，信长的封锁船队和毛利辉元麾下的濑户内水军在此便展开过两次激烈较量。但是，大坂之阵此时的情况和石山合战之时完全不同。

理由很简单，当时并不存在任何会从外部海路向大坂补给粮食和军需的外部势力。不必多说，西国的旧丰臣恩顾大名早就和大坂方面划清了界限，而家康对此又上了釜底抽薪的双保险。首先，在庆长十四年，淡路州本城主胁坂安治被转封到了伊豫的大津，而洲本城一时由家康信任的藤堂高虎担任城代，这很明显是为了将纪淡海峡的制海权掌握在德川方手中。这年九月，家康还命令九鬼守隆作为检使到淡路，没收了西国大名所有五百石以

⊙ 大坂冬之阵屏风（右支），反映了城南的包围网和真田丸之战

⊙ 大坂冬之阵屏风（左支），反映了城北的包围圈，以及本町桥夜袭战

上的安宅船。这样，加藤、福岛之流即便有心想要支援大坂，也是无船使用，徒呼奈何。大野治长即便真是个草包，也不会蠢到为了等着子虚乌有的补给和援兵，去木津川口置寨设守。相反，大野却预想到德川方面的水军将会从河口进入内河，所以必须设置防御工事把守河口，他在此地布置了明石扫部部下的八百人，在寨中安置了大铁炮和佛郎机，以图封锁木津川口，阻止德川水军进入大坂周围水道。

而盯上了这个砦子的大名，是阿波国主蜂须贺至镇。众所周知，至镇的祖父蜂须贺小六政胜是秀吉起家时候就与之相熟的丰臣老部属。但朝鲜之役中，就像他们这样的老部属也不免和石田三成等奉行众发生冲突而坐上冷板凳。关原之役中，小六之子蜂须贺家政虽让嫡子至镇跟着家康征伐会津，以表示亲德川的态度，但本国则完全超然于两军之间。他谢绝西军的入伙邀请，却听任毛利辉元的军队进占整个阿波。家政就是通过这样的太极拳手段，保证了战后阿波十八万石安然无恙。但是毕竟他们和丰臣家关系深重，家康对蜂须贺家还是有所猜忌，播磨备前的池田氏以及纪州的浅野氏也在警惕范围内，实际上当时浅野家要倒戈的流言就被大坂的细作到处传扬，搞得东军阵中人心惶惶，而池田利隆因为

⊙ 名护屋城屏风中描绘的丰臣水军大安宅船，这是日本当时最大等级的战船。

支援片桐且元慢了一拍，也一度被家康疑为有二心。这些情况，蜂须贺至镇看在眼里，心中不安，自想只有靠武功来表明态度，便在十一月十八日向家康自请攻打木津川口砦。家康许之，命他为正面攻击部队，浅野长晟部攻击侧面，而至镇女婿池田忠雄部作为游军策应。让他们三家人马善加计议，再行举动。但是，蜂须贺至镇不愿意让浅野家插手此役，就去暗中委托本多正信，正信应允他可以自己行动，出了岔子由他负责。

作战方案决定后，三方答应在十九日早晨六时前后一起行动，但浅野长晟不知道蜂须贺的肚肠，派出斥候侦察以后便觉得这个砦颇小，不需要大动干戈，没当回事。另外一个方面，蜂须贺至镇一回阵营就召集重臣，决定丢掉浅野，在四时就动手抢功。而老臣中村重胜认为浅野也肯定不会遵守约定，所以要更早动手，二时和三时就应该发动进攻。商议停当，蜂须贺家政从所部八千九百余众中抽出三千人作为攻击队，在十九日早上三时分成水陆二路并进。砦子的守将明石扫部全登在大坂城中伺候，并不在寨中，留守者是其弟明石全延。他急忙催督部下防战，但是蜂须贺家臣山田宗登带领三百余人偷偷绕到寨子背面，放火点燃民宅，发动突袭，砦中大乱。水路部队也临近砦下，用大铁钩扒倒板墙，同陆路部队一起发动夹攻。这时北风劲吹，火借风势，砦子四方都烧了个火赤通红。明石全延见大势已去，率领残兵逃往博劳渊方面。

这样，在战前掉以轻心的浅野长晟最为倒霉，他老老实实地按照约定，在六时从今宫出兵，半路上接到蜂须贺背约和木津川砦已经杀成一片的报告，赶忙下令急进，结果在渡河的时候淹死了不少人。等他赶到木津川砦时，已经没仗可打了，实实在在地做了吃力不讨好的冤大头。

设置在木津川口的丰臣方火力点既然被德川方拿下，从纪州方面驶来的德川方水军便畅通无阻地在大坂湾岸大逞其威。丰臣家的水军力量固然已非秀吉时代所比，但是至少尚拥有数只大安宅船。大坂方将船仓建在木津川和天满川的合流点南中岛的南端，集中了丰臣军拥有的军船。大坂方还在五分一修建了堡砦，设八百人守卫，又命小仓行春、宫岛兼与率二千五百人在福岛修砦，各设火器，以保护南

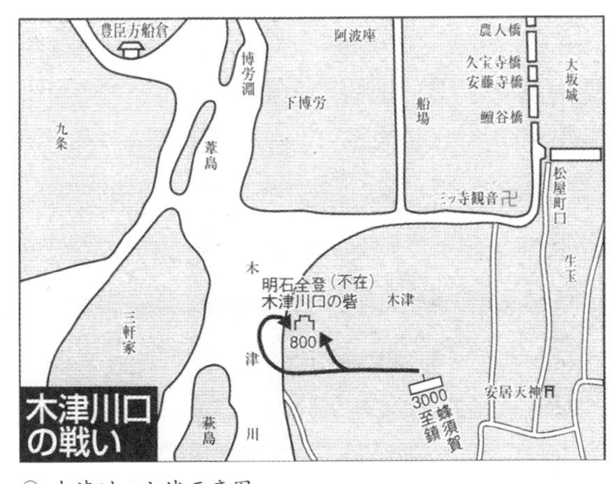

⊙ 木津川口之战示意图

中岛船仓，并派出包括六十挺橹的“福岛丸”、三十七挺橹的“传法丸”在内的大安宅船前去封锁航道。十一月十六日，德川方的九鬼水军大将、志摩鸟羽城主九鬼守隆率大安宅船六艘、轻船五十艘停泊在传法河口。丰臣方的水军不敢对敌，只得缩回寨内。此后，德川本家的船手众小浜光隆、千贺信亲、向井忠胜，以及尾张德川家、池田、蜂须贺的水军力量也逐渐到位。九鬼守隆也从志摩本国调来了当时号称战斗力第一的大安宅船“三国丸”，丰臣方没有能和该船对敌的船只，只能吃哑巴亏。在十八日、十九日、二十五日的战斗中，东军水军诸部连续袭击大坂在河岸边上的堡寨，岸边的丰臣军固然用石火矢等火器顽强抵抗，击退了登陆的东军水军众，但是一艘大安宅船被九鬼守隆部下夺取，另外也折损了不少船只。二十八日，九鬼守隆会同德川、池田、蜂须贺的水军力量，对五分一砦发动集中攻击，首先击败了河上的水军。各砦守兵见水军败退，就向天满方面遁逃。岸上池田忠继不知野田、福岛已经成了空砦，还想搞个引蛇出洞，骗出守军一股尽歼。他先让同行的户川达安、花房职之二将到野田的新家，在小堤上朝城中放了一通枪权为搦战，发现砦中毫无响动，才知道这些据点都成了空砦，便一把火把这些堡砦烧成灰烬。丰臣方的水军力量就这样简单轻易地被瓦解了。

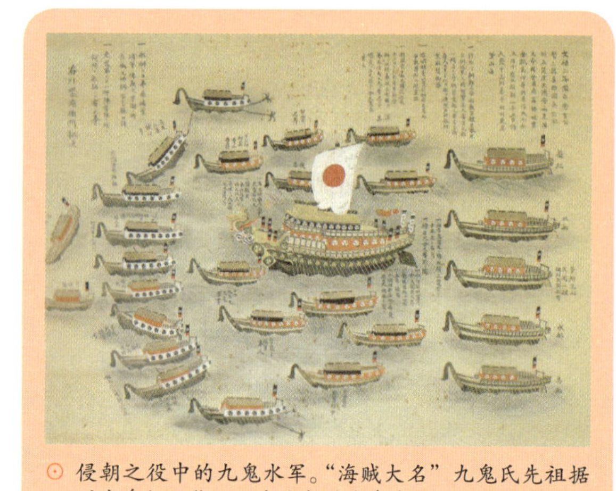

侵朝之役中的九鬼水军。“海贼大名”九鬼氏先祖据说出身纪伊熊野，南北朝时代在今天三重县南角的志摩国落户扎根。战国后期，其当主九鬼嘉隆投靠织田信长，逐渐成长为统一政权的海上栋梁。关原之战中，嘉隆之子守隆跟随家康，得以保住九鬼氏家名

九鬼氏当主着用的绯罗纱马褂，上面绘有九鬼氏的三巴家徽

在野田、福岛的扫荡战结束第二天后，博劳渊方面又起战火。博劳渊指的是木津川的河

中沙洲狗子岛以东的一带地域，在这里立砦，可以和东南方面的木津川口砦、西南的苇岛、三轩家、萩岛等地联系呼应，也是一个水路要冲。丰臣方在这里设砦，派薄田兼相、米村六兵卫、平子主膳三将率七百人守卫。在它东面的土佐座、阿波座也分别设置了据点，以控制连接木津川和天满川的西横堀。打掉这个据点，东军在城西方面的展开就能免却后顾之忧。先前在木津川口战斗中大展身手的蜂须贺至镇一心想要抢功，他得到该砦防守薄弱的情报，就向家康提出一个请求，说他阵地前秋草太茂，挡住了博劳渊方面的视野，要求派人去割草，想要以此为口实，打下博劳渊来独占功劳。蜂须贺家既然有了木津川口擅自行动的前例，家康对此也多了个心眼，先后派藤田信吉和水野胜成前去博劳渊附近侦查，在研判情况之后决定用德川自家人马攻略此地。家康命水野胜成在狗子岛上修筑土山坑道，在上面放置火器，进行火力掩护，让谱代部将石川忠总进驻苇岛，在浅野长晟的配合下发起攻击。这个消息给蜂须贺至镇探得，他决心再抢一次大功，便暗中做好进攻准备。十一月二十九日，石川忠总所部开始涉水进攻，但是不巧碰上满潮涨水，一时困在半渡动弹不得，结果遭到砦中的射击，死伤甚多，石川部除了一撮人靠河里漂来的两条破舟得以渡过河去，大部主力得等到九鬼守隆调来船只以后方得渡河。他们只算是打了形式上的头阵，主攻还是给准备已久的蜂须贺至镇抢走了。

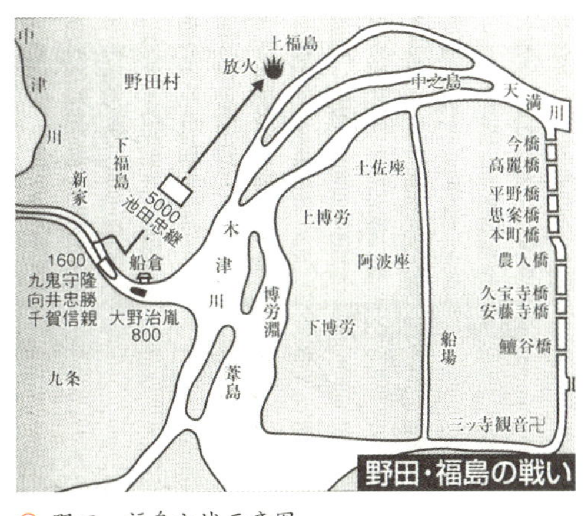

⊙ 野田、福岛之战示意图

⊙ 城北天满方面的包围阵。围城部队在城壕边建筑土山，设置掩体，与城内守军用火器对射

这一天，刚巧博劳渊的守将薄田隼人正兼相带头开小差，自顾自

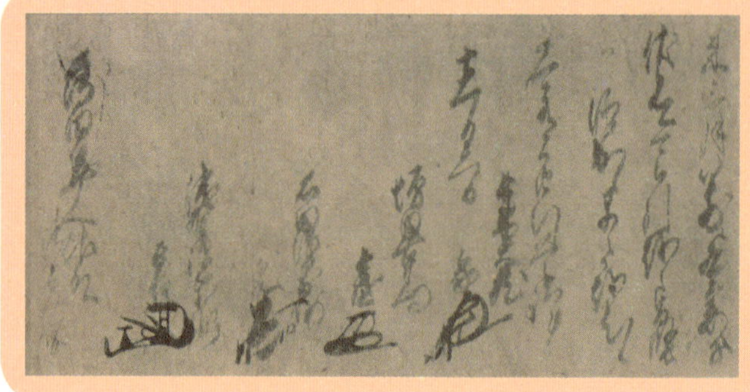

石田三成、增田长盛等“五奉行”在文禄四年十二月二日下发给薄田兼相的连署状，命令他在第二年三月之前将妻子典质在伏见城。薄田兼相之前的经历不明点很多，民间常把他和传说中退治怪物狒狒的勇士岩见重太郎视为一人。但从此史料看，他应是丰臣氏的谱代家臣无疑

上杉景胜画像

地跑到大坂神崎的窑子里鬼混去了。留下的小卒子个个士气不振，一看蜂须贺部队打来就四散奔走。副将平子主膳藏在芦苇丛中，被偶过此地打水的池田忠雄家臣横川重栋逮个正着而丢了性命。东军乘胜追击，连续拿下了阿波座和土佐堀两个砦。薄田兼相在此役中大出洋相，得了个“橙武者”的绰号。橙子在当时因为味道偏酸，人们不喜欢吃，只在正月过年的时候摆出来做装饰品，这个绰号的潜台词自然是嘲笑他是个中看不中用的架子货。

这样，作为原丰臣氏谱代重镇的蜂须贺氏便在木津川口、博劳渊两次战斗中立下殊勋。家康父子不仅亲自接见了蜂须贺家在这次作战中立下大功的七位部将（稻田示植、稻田植次、山田宗登、樋口正长、森村重、森氏纯、岩田政长），发予表彰状，还在战后将要地淡路岛全部加封给了蜂须贺氏。鉴于大坂之阵的出阵大名的领地新恩给予非常罕见，可见家康十分重视这几次战斗，也显示了他对蜂须贺氏所立大功的谢意之深。

大坂湾口的防御据点既然全部丢失，大坂城中便开始商议对策。七手组的组头们认为防线本来就拉得过宽，事到如今应该彻底放弃天满和船场一线。但是大野治房觉得自己开战后未立寸功，硬要留守当地，擅自带了人马出城去迎战。诸人派了三次使者，才把他从前沿喊回来。然后大野治房借机在船场一带放火，到了十一月底则烧掉了天满桥，算是彻

底放弃了天满地域。因此，城北完全被德川方面控制。

这一系列围绕大坂湾入海口的争夺战的结果是，丰臣方面的岸防据点和水军力量遭到全歼，大坂湾和内河的控制权落入德川方之手。东军不必担心丰臣方的军船威胁到自己的背面和侧翼，大大方便了他们在城北和城西的安全展开。另外，家康则可在此继续投入人力，设法填塞淀川各支流。由于此前在鸟饲附近进行的破堤改道工作基本没有发挥什么作用，天满川水面还是不减，家康又命在泽上江筑堤。十二月六日，家康让毛利秀就和福岛正胜（正则嗣子）准备一万五千人夫修筑这个工事，又命京都豪商角仓与一动员数百条河船运输土石方，泽上川堤在九日筑成。这样，大量的水流朝中津川流去，天满川的水流有所减少。但是因大和川也和天满川合流，所以天满川的水量还是维持在一定的程度上，难以实现涉渡，家康只能继续在大和川筑堰。这样，东军一时半会还是无法在城北展开大规模攻势。城北方面和大坂本丸的直线距离可以说是最近的，在当下，东军控制城北的意义尚未完全凸显，到冬之阵讲和陷入瓶颈，家康决定以炮击本丸迫使秀赖讲和时，这一地的得失就具备了转动全局的意义。

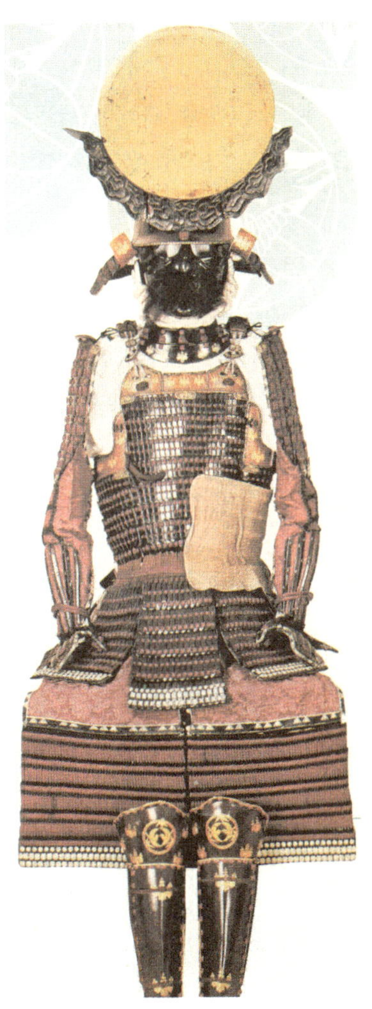

上杉景胜所用紫丝威伊予札五枚胴具足，米泽上杉神社藏。巨大的太阳盔饰上写着“摩利支尊天”“日天大胜金刚”“毗沙门天王”等字样，体现了物主的密教信仰

（二）鴫野今福之战——冬之阵中最激烈的野战

在蜂须贺、浅野、九鬼守隆诸部扫荡大坂西面的河防和岸防据点之际，在大坂城东的激战则发生在城东北的鴫野和今福。大和川纵贯二地之间，鴫野在左岸，而今福在右岸，两地相隔约四公里。今福西接蒲生村（在今大阪市城东区），所以此地的堤防也分今福堤和蒲生堤，两地左右都是水田，并非是适合人马交通展开之地。丰臣军将今福堤切断成三处，设栅四重而守，距离东军最近一线的地方谓之第一栅，距今福三町左右，以大野治长的家臣矢野正伦、饭田家贞各率三百人守之。鴫野也设三

重栅，以丰臣军的铁炮队将井上赖次及大野家臣山本公雄、小早川左兵卫、冈村椿之助、竹田兵库、竹田大助等率二千余众守之。而朝这个方面迫近的东军，正是秀忠麾下的东北大名上杉景胜、佐竹义宣二部。景胜麾下有五千余人，以须田长义为先锋，安田能元为二阵，本阵前备为白井长尾景广，本阵左备为本庄充长，右备为水原亲宪，而以直江兼续、景明父子押后。佐竹义宣所部则有一千五百余人，以涩江政光、梅津宪忠二将为先锋，分为三队。上杉景胜在十一月十一日从大坂出阵，经过山科、淀，在二十五日抵达鴫野。随后布下阵势，堀尾忠晴和丹羽长重二将分别居于上杉军的南面和后方。佐竹则在十七日抵达大坂，在二十五日朝京桥口方面进军，在接近丰臣方面阵地后，也筑起一栅与之对阵。

同一天，家康派遣军使到达两军阵中，要求他们在第二天早上发起攻击，击破当面敌军。于是，二十六日拂晓，佐竹先锋涩江政光、梅津宪忠率队杀到今福第一栅之前，守兵出栅防战，梅津宪忠挥军应之，并命火枪队援护射击。佐竹家臣户村义国带了五六十人潜到堤下，发起突袭，把守兵追退到栅口。矢野正伦的部下见状，渡过浮桥前来支援，但是抵挡不住，一半战死，余下的人只能退入栅中。慌乱之中，守兵未及切断浮桥与关闭栅门，佐竹军便一口气杀将进来。矢野正伦力战不敌，在退却途中战死，守兵六百几乎尽殁，副将饭田也丢了性命。只有几个侥幸活下来的残兵跑到片原町的第四栅。佐竹义宣亲自上阵指挥，将第三、第四栅全部攻破占领。另外，鴫野口上杉景胜的进展也十分顺利。

⊙ 佐竹义宣画像

这天早上，德川的军监安藤正次、屋代秀正、伊东政世抢在了上杉景胜的前头发动进攻，栅中守军慌忙开枪应战，但距离已经过近，抵挡不得，于是缩进栅中。这时，上杉军安田能元和须田长义二部赶到，一拥直入，守兵抵挡不住，连连后退，主将井上赖次被击毙。安田能元急起追之，阵斩百余级，一直掩杀到大和川而止。上杉景胜把本营的将旗插在鴫野堤上，命直江兼续截断大和川西堤，立起栅栏，堆起土山，将三百火枪手伏在堤底的芦苇丛中，以防备丰臣军发动反击。

秀赖麾下的骁将木村重成在城中听

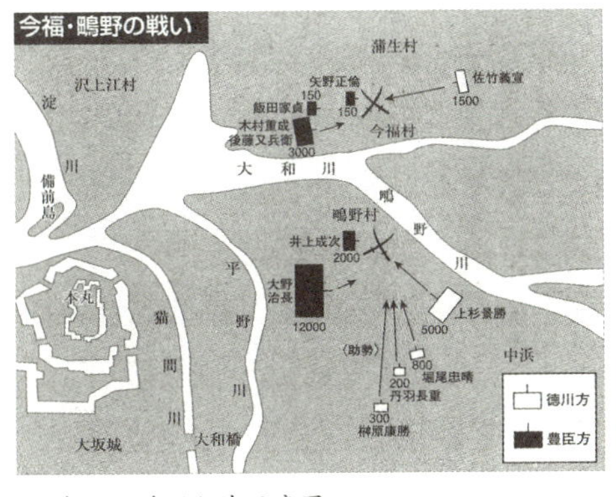

今福、鸭野之战示意图

闻今福口有失，按捺不住性子，便挺枪跃马，单骑冲出城去，边跑边招呼部下集中。重成的部将大井何右卫门及平塚左助闻音急忙向京桥口赶去，总算在片原町赶上了重成，后续部队也陆续集中。重成在集结兵力之后，就对佐竹发动反击，佐竹方面见丰臣援军气势甚猛，连连后撤。这时，上杉军预先埋伏的火枪手从侧面进行援护射击，木村的部卒纷纷缩到堤防下面躲子弹，进攻势头一时减弱。

这时，丰臣秀赖和后藤基次正在天守阁上眺望战况，后藤基次见战机成熟，便对秀赖说道：“今福这边正有败象了。”秀赖便当场命他前去支援，后藤基次奉命和木村合兵一处，约得三千人马。基次见木村部都伏在堤下不敢动，便冒着弹药站到今福堤上，激励众兵：“打仗就得这么干！”木村的士兵经此一激，便拿出火枪上堤，放了几排枪，压住了东军的援护射击。基次建议木村重成交替下去休整。木村重成答说：“如今接战方急，轻易换将易乱阵脚，为敌所乘。您虽久经战场，但在下系初次上阵，求你许我一战。”基次便说：“敌兵势力越来越大，你在堤上应战，我在堤下设防，打退敌人，夺下第二阵看看。”说完，便让麾下的火枪手乘小舟从东军的侧面进行射击，重成也命一个姓柳的家臣从堤北

使用十匁弹的大铁炮，是丰后佐伯藩初代藩主毛利高政在朝鲜出兵和大坂之役中所用的火器

这杆大铁炮（火绳铳），是德川军的炮术师田付景澄在大坂之阵中使用之物

大坂冬之阵屏风中的今福鸭野之战的场景，佐竹军正和来敌激烈交战

沿着水田而进，狙击佐竹部队。佐竹方面的户村义国出第一栅五十余米开外，排上竹楯，用大铁炮不断应射。但木村和后藤抓住佐竹军进行轮番替换的刹那时机，发动突击。佐竹军不能当，于是退入栅内，木村、后藤则驱兵大进。混战之中，后藤基次右腕被直江兼续部下的火枪手打中，但豪杰又兵卫全不把它当回事，依然如鬼神一般地奋战，佐竹兵为之大溃。下午三时许，丰臣方收复了今福第一栅。

在今福方面激战的同时，丰臣方大野治长、渡边糺、木村宗明、竹田永翁等人率七手组在内的援军一万两千余人从天满方向赶往鴫野口，对上杉景胜发动猛烈反攻。上杉军以须田长义率火枪手百人守第一栅，两边用铁炮交火，对射了一个钟头。这时今福方面后藤基次部所属的火枪手前来支援，从侧面射击上杉阵地，须田部有些支持不住，渡边糺等乘势冲锋，夺回了两道栅栏。上杉军第二阵安田能元前来援救，又被兵力占优势的七手组打退。眼看丰臣军要冲到景胜本阵了，右备的水原亲宪带上部下五百火枪队，分成三组从右翼朝丰臣军猛烈施放排枪，总算挡住了丰臣军的反扑势头。从前方败退的安田能元见机也转头来接战，须田长义也率第一部从侧翼予以配合，将丰臣方的反攻打退。安田督兵追击，又取首数百级。上杉方能够以少胜多，捍拒丰臣七手组，其一是因为该地都是河川水田，丰臣军的优势兵力施展不开，二来依靠的是猛烈的火力和坚实的土工作业。直江兼续在关原战后，即便财力上大大缩水，依然勒紧裤腰带加强火器战力。庆长九年

⊙ 长谷堂合战屏风中描绘的上杉军火枪队

⊙ 位于大坂八尾的木村重成石像。他是丰臣秀次的家老木村常陆介重兹之子，据说是个容貌端丽、威风凛凛的年轻武士。他以今福之初战告捷，证明了自己并非是个花架子

他就从近江国友召集了铁炮工匠，密造了大量铁炮，还拿出俸禄，用两百石的高禄聘用从国友、堺地方的工匠。庆长九年十一月制定了上杉家中一体遵守的操典《铁炮稽古定》，将火器运用规范化，大大加强了上杉军的铁炮战力。这次大坂之阵，上杉等东北大名按照幕府的规定动员兵力，所带兵力并不多，但这样反而可以做到武器装备的集中配置，使部队精锐化。这自然不是大坂方的乌合之众可以轻易对敌的。

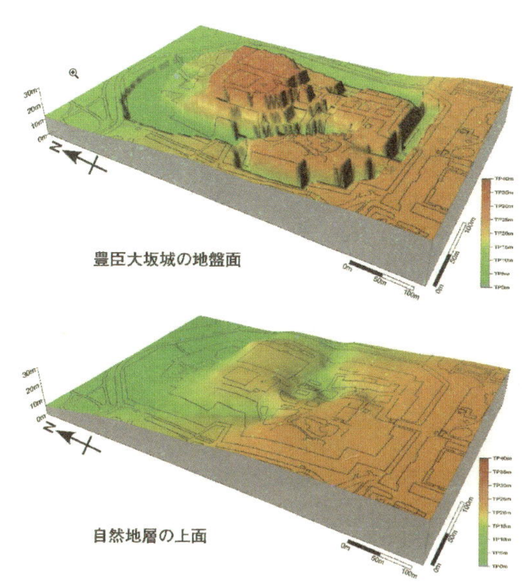

⊙ 丰臣期大坂城的地盘面（上）和大坂自然地层面（下）的三维模型

东军在鴫野方面算是顶住了丰臣方的反攻，但是今福方面的佐竹军就难以应付木村、后藤的猛攻势头。佐竹的先锋大将涩江政光听闻前敌支撑不住，带着两百人亲自上火线来督战。两方对峙了差不多一个钟头，后藤基次部署木村所部三百人发起冲锋，其势甚猛，一下击溃了涩江的阵势。佐竹士兵纷纷后退，木村追击了两百米左右，后藤派人让他们终止追击。这个时候，两边的弓手和火枪手都退在阵后，只有木村部下一个姓井上的士兵拿着杆大铁炮，重成命他狙击正在佐竹一线指挥作战的涩江政光。井上一枪将涩江政光射下马来，佐竹军为此溃败。一线阵地上佐竹武士二十余骑几乎全被后藤基次所部击毙，副将梅津宪忠身负重伤，此外还有一百五十余人杂兵战死。

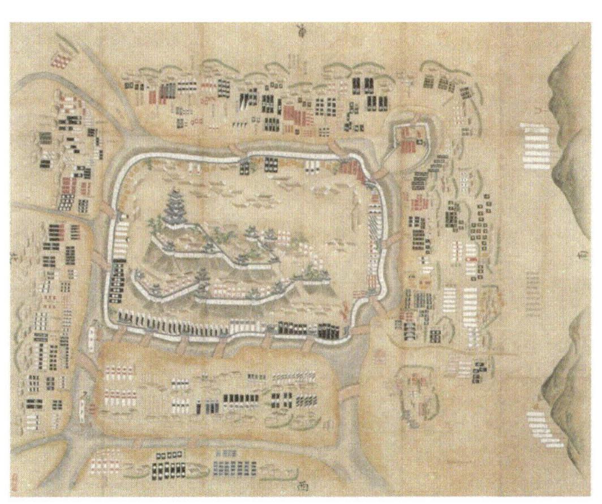

⊙ 尾张德川家蓬左文库所藏的《大坂冬阵图》，我们可以在其左上角看见凸出的真田丸，但此图缺乏细节，可能只是基于传闻，并非实历者所绘

这个阵亡的涩江政光，并非无名之辈，他是原下野旧族小山氏家臣荒川秀景之子，才

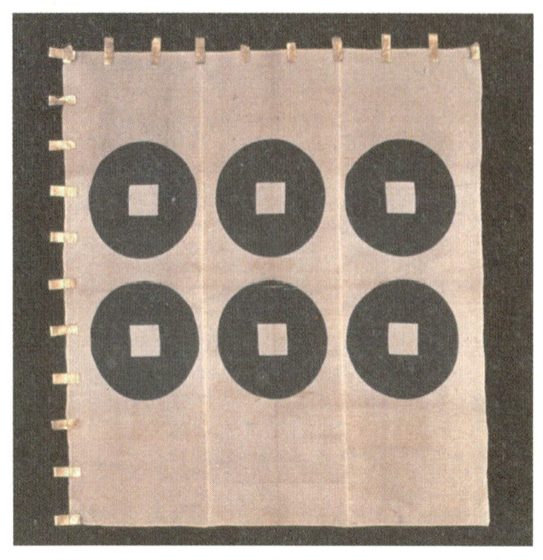

⊙ 真田信繁的军旗，由其次子的家系，仙台藩士真田家代代相传

干过人，佐竹在关原之战后被转封秋田僻远之地。在秋田能够站稳脚跟，全靠涩江的苦心经营，堪称佐竹义宣的左膀右臂。所以，在今福村西端的佐竹义宣听说先锋溃败，涩江战死，一时是想死的心也有了。他拔刀出鞘，亲到一线，督催败兵重整旗鼓前去反击。但是败下来的部队的士气已经垮了，实在无力再战。佐竹义宣无奈之下，想到和自家交谊不浅的上杉家就在附近，急忙派遣军使前去求救。水原亲宪受命率七百余人前来增援，但一过大和川的中洲，便因水深而不能跋涉，只能在侧面对丰臣方面猛烈射击，挡住了后藤基次的前进势头。这时候，榊原康胜的先锋部队看到佐竹方面危急，不顾本阵的阻止前去支援，堀尾忠晴的部

⊙ 公园中的真田信繁铜像。一旁的坑道口相传是真田信繁当时挖掘的逃生地道口，但现在认为可能是德川方面挖掘的坑道，意图实施爆破所遗留的痕迹

队也越河前来援助。木村、后藤见东军已有反扑之势，见好就收，在修理了防御工事之后撤回城去。

之后，在鴫野方面，受家康之命取代上杉景胜守鴫野的堀尾忠晴和丰臣方有少许冲突。堀尾军一度陷入苦战，但在上杉和丹羽长重的协助下击退了丰臣方的攻击。十一月二十七日，家康命本多忠朝前来今福换防，另外还加强了浅野长重、真田信吉、真田信政（二人是真田信之之子，代替因病不能前来的信之）、仙石忠政、秋田实季诸部。后藤基次见东军势大，决定放弃此二地，在数日后烧掉了今福栅，城东的交战就此告一段落。

今福与鴫野之战被誉为冬之阵最激烈的野战，木村重成更因此战声名鹊起，连家康也不得不承认他的骁勇果决。不少偏袒丰臣方的作者以此断定此战的胜利属于丰臣方。事实上，这种观点和以太平洋战争中日本海军在第一次所罗门海战中暴打了一次美国人就断定日军是整个瓜岛争夺战的胜利者一样荒谬。同时在鴫野战场，大野治长等丰臣直属部队以两倍于敌的优势兵力，居然

大坂冬之阵屏风中的真田出丸。它被描绘成了一个四方形的角马出。所谓的“马出”，指的是防卫城门（被称为“虎口”）的小规模突出外郭

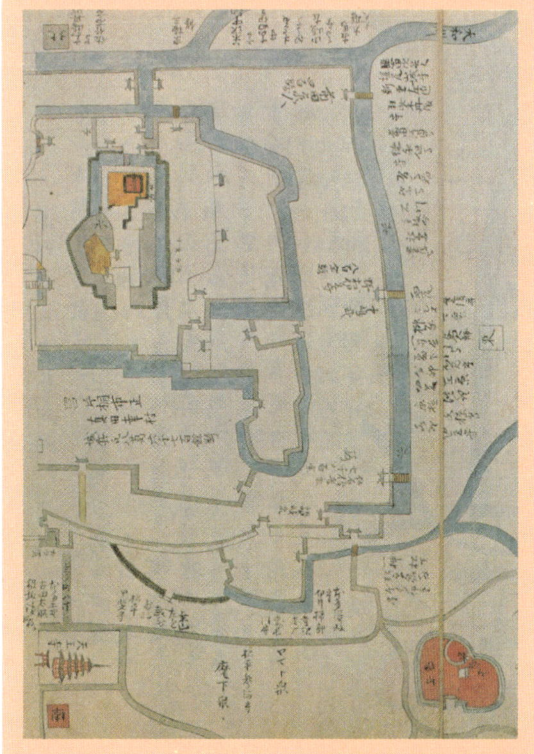

仙台武鉴中真田丸的插图。在这张绘图中，真田丸分为半月形的西郭和台形的东郭，西郭只有栅栏，而东郭南面和东面掘有水堀，水堀的内侧绕着一圈土墙

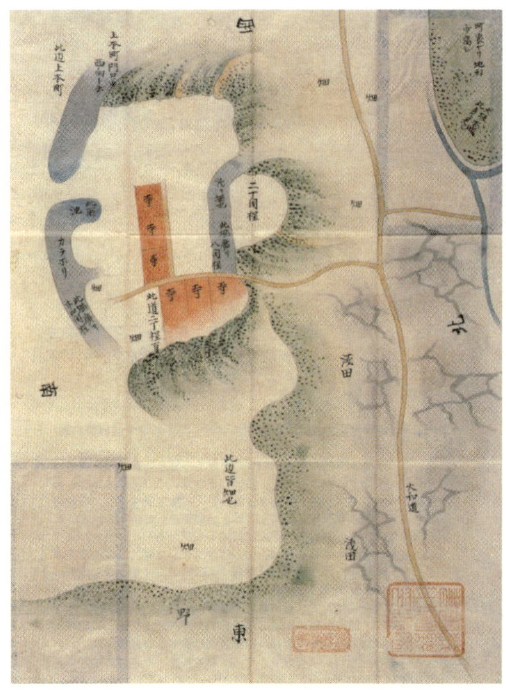

⊙ 浅野文库所藏《诸国古城之图》中之《真田丸图》

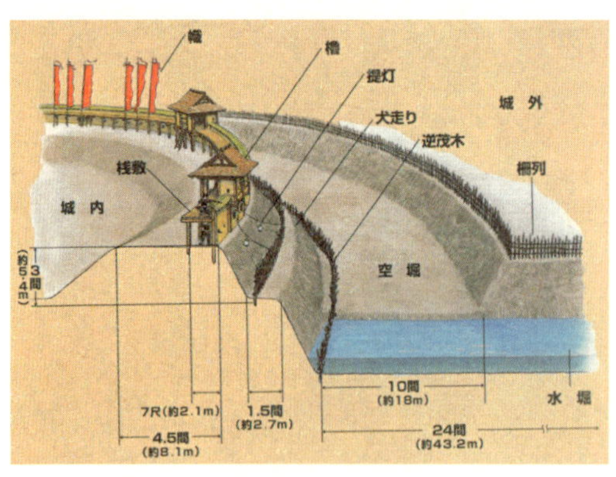

⊙ 根据山口休庵的描述复原的真田丸防御工事构造图

无法攻破上杉景胜在鴫野的阵地，这一点倒经常为偏袒大坂方的作家所无视。木村和后藤顶多是以人数优势，在局部战场上获得了一次战术胜利，但他们既然不能迫退当面东军，这一战果最终也未能保住今福和鴫野两地的据点。但是，他们的斩将搴旗，至少算是在一片坏消息里振作了城中守军的士气，使得十二月的战斗中丰臣军还能打足精神，在城南顽强抵抗东军的进攻。

（三）咆哮吧！真田丸！

大坂城建筑在大坂东北方面的上町高地上，西临大坂湾，北有天满川，东面是平野川及其周围的湿地，本就不是能够展开兵力的地方，只有南面地势平缓，没有太大的起伏。丰臣方本来就想将城北和城东化为泽国，这样就可以节省兵力，将主力投入到南面，应对德川的重点进攻。尽管丰臣方面的淀川决堤作战失败，但是东军的排水也不顺利，天满川的水位还是下不去，一时无法在城北发动大规模攻势，所以在十二月以后，战场自然而然地转移到了城南的平原上。

大坂南面既然无险可守，只是围着一圈空堀，自然在防卫上构成了弱点。大坂城南面有三个门户，西端曰松屋町口，中央曰谷町口，东端曰八町目口。传说真田信繁考虑到南面防御力量不足，在八町目口东大坂城惣构的东南端主持建造了一个长一百八十米到两百米的出丸（前哨基地），起到一个突出棱堡的作用，以抵挡德川军可以预料到的重点进攻。这就是所谓的“真田丸”。

事实上是怎么样呢？其实关于这个真田丸的建造时期和经过，并没有一手资料流传下来，我们只能依照后世留传的回忆录和二次编纂物。但各书记录每每抵牾，大致可以导出真田修筑说和后藤基次修筑说两种说法。下面笔者先列举三种史料：

史料一《大坂御阵山口休庵咄》：

“真田左卫门佐不知有何想法，在玉造口门之南，东八丁目门东的一段小高丘旱田上，在三面挖掘空壕，设置一重板墙。在板墙外头，空壕内和壕边设立三重栅栏，到处设立矢仓井楼。在板墙的腕木（桁架）上铺木板，架成幅长七尺（两米多）的武者走（一般是指石垣和土垒基座与城墙之间预留的一段空间，也称犬走。这里指的是架在墙内侧供士兵攀墙露头和朝下射击的脚手架），父子（信繁及其子大助）麾下六千余人屯守之，此谓之真田的出城。”

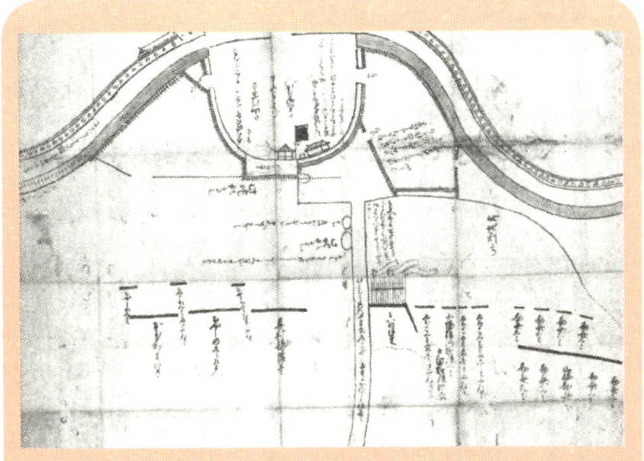

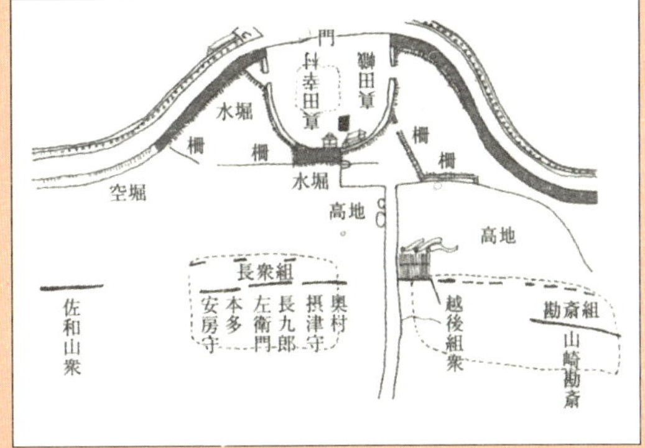

永青文库藏《大坂真田丸加贺众插之图》中所见之真田丸。这是一个半圆形的“丸马出”。比较有趣的是，在图中我们可以看到相传曾经混入大坂城中进行谍报工作的甲州流军学者小幡景宪的名字。在司马辽太郎的小说《城塞》中，这位老兄被着力描写，成了一个准主角

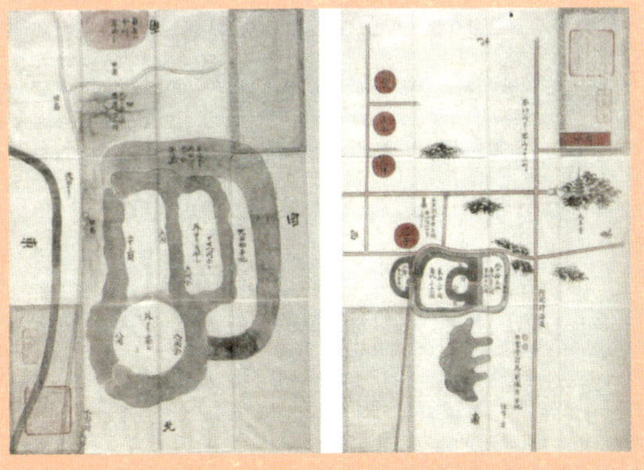

浅野文库所藏《诸国古城之图》中的家康茶臼山本阵阵城平面图（左）和秀忠的冈山本阵阵城平面图（右）

史料二《落穗集》：

“其时大野修理（治长）虽想将后藤又兵卫及明石扫部准入三人众（指在关原战前便有大名及大名之子身份的毛利胜永、长宗我部盛亲、真田信繁三人）之间，做诸事的商议对象。但以上二人本是陪臣，在三人众前有所忌惮，不能发声。当时城中有所物议说，此三人众虽然都是在关原一战中同关东敌对之人，但真田殿只是随父参战，受两将军的怨恨不深。再者，其兄伊豆守（真田信之）、叔父隐岐守（真田信尹）都为将军效力，真田殿真心如何实在难测。幸村听言，甚感意外，心思此事时，偶遇一处，此地沿着城边，连着一座山包，不知何人已经围上了绳（‘绳张’，用来规划建筑用地），摆着少许竹木。便心想要把此地改成一个出丸，以自己的部队守备，迎击关东诸军，打个漂亮仗，一洗他人污言秽语。他和同席两人谈到此事，便和大野修理打过招呼，正在张绳布局，进行筑造之时，碰到后藤基次和薄田隼人（兼相）。后藤说：‘我早有想法，此地可造个出丸，绳张规划都做好了，竹木材料也少许搬了些来，不知是谁搞的把戏，绳张也给去除了，放下的材料木头也给搬到外头去了，想不成是要自己修个什么？即便是上面的御用地，也得预先打个招呼，更别说是外人所为，不讲道理，胡搞八搞，实在不能忍，到了明天，我便点起本部兵马，不夺回此地决不罢休。’薄田便和后藤讲：‘我晓得你有道理要生气，我会把事情和上面报告，善加处置，即便明天你要过来，若我没有向你报个回音，你也不要轻举妄动。’薄田之后就登了城，立即召开评议，集合诸人，并喊来了明石扫部，以有乐斋、云生寺（织田赖长）为首，毛利、长宗我部、大野、薄田等人众口一词，说：‘非明石你老不能说服后藤，请您不管怎样都要稳便解决这个事情。’明石就去了后藤的长屋，虽然说了种种好话，但后藤

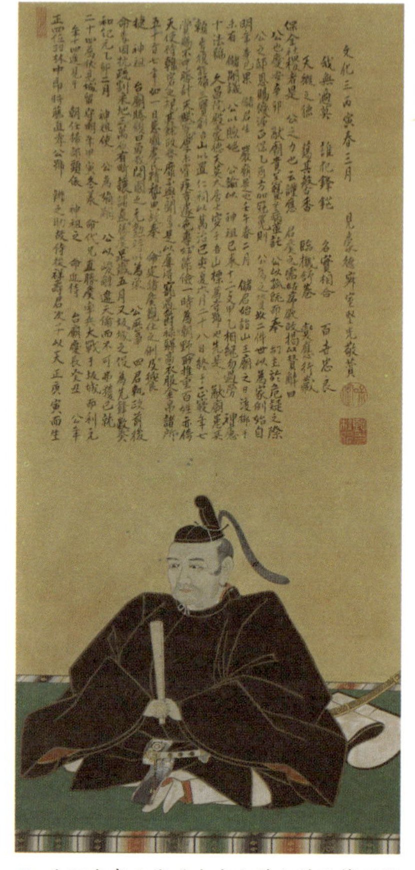

⊙ 井伊直孝画像（东京大学史料编纂所模写本）

把话说绝，既然知道是真田殿搞的名堂就更不能轻饶，不肯同意。因此山川带刀（贤信）、北川次郎兵卫（宣胜）也赶到明石处，说根据秀赖卿的内意，以后后藤可以准三人众一列。当下说通了后藤，明石也和后藤同时加入，之后称为五人众，事情既然如此，毛利、长宗我部、真田等人对右两人的加入也没有什么不满，便如大野早先所愿。此事诸旧记不载，而米村权右卫门说起此事，姑记之。”

史料三《大坂御阵觉书》：

“因后藤被命为诸路之游军，此丸由真田左卫门尉（原文如此）守之，敌我方皆云真田丸。”

井伊直孝用朱漆涂薰韦威二枚胴具足。彦根井伊军仿效甲州武田氏的“赤备”，全军红旗红甲，号称“赤鬼”

关于以上三条记录，一般来说，后人都引用第一条《山口休庵咄》的说法，认为是真田信繁的单独立案。盖因山口休庵是当时守城的幸存者，他的回忆最有真实感。但这些迟暮老人的回忆，肯定也有记忆错误，比如说他在描写大坂夏之阵时，就记录了当时已经不在城中的织田赖长在天王寺口奋战，所以《山口休庵咄》的说法也是需要验证的。

对此，根据史料二和史料三的记叙，在玉造口的出丸本不是真田信繁独立建造的。从史料二更可以看到，这个出丸的建设和后藤又兵卫基次有很深的关系。《落穗集》虽然是后出的二次编纂物，但是这段叙述并不是作者大道寺友山的捏造，告诉他这个情况的米村权右卫门是大野治长的家臣，曾经在大坂役时担任过给德川方面传话的军使。此人的姓名在《当代记》《骏府记》中都见记载，并非虚构人物，他和处在外围行伍间的山口休庵不同，应该知道中枢部的内情。这样，如果综合史料二和史料三来考量的话，真田丸的最初建造计划就不是出自真田信繁之手，或是大坂方自己本有这个计划，后藤基次参与了设计，或是后藤基次自己提出的方案而被大坂采纳。这个推论是否可以成立？作为参考的

⊙“加贺百万石”的第三代继承者前田利常画像

标准，我们可以考虑一下真田丸落成于何时，但当时记录皆未见记载，具体日期亦只见于《落穗集》，称是庆长十九年十一月十五日。如果这个记录确实，考虑到信繁本人大概也就是在十日前后进城的（德川的京都所司代板仓胜重接到他的进城消息是在十二日），短短数日之间，这样一个重大工事就能落成？这点值得怀疑。合理的解释是在信繁进城以前，该出丸就应该已经修筑了一部分。鉴于像真田丸这样的突出据点在大坂并不只有一处，大坂方战前在博劳渊、木津川口等地设置的堡砦在控制水路交通的同时，也有保护惣构的作用，可以认为大坂方早就有在此地设置防御设施的想法。

综合以上考虑，该出丸的建设应该是大坂方早就计划好的，后藤又兵卫可能参与了初期设计和施工，但是后来因故将建设者和守将换成了真田信繁，信繁在接手后，按照自己的想法予以完成。这一推论，似为合理。

那么，真田丸在哪里呢？一般认为它位于现在JR玉造站西面的真田山三光神社，那里现在还残留的所谓“真田的逃离隧道”（有一种意见认为它是德川方挖掘的坑道），它位于大坂城本丸南面一公里左右，在大坂城惣构玉造口出发点的原奈良街道（今玉造日出通的商店街）一侧，但是考古遗迹十分缺乏。关于其外形和防御设施的形制，最为多引的文献史料就是前面引述的《大坂御阵山口休庵咄》的描述：“在三面挖掘空壕，设置一重板墙。在板墙外头、空壕内和壕边设立三重栅栏，到处设立矢仓井楼。在板墙的腕木上铺木板，架成幅长七尺的武者走。”一个射击孔（矢狭间）还备有三支火枪，“铁炮密布到了没有缝隙的地步”。在《大坂冬之阵图屏风》中，真田丸被描绘成一个方形的角马出状。而在仙台伊达家编纂的《仙台武鉴》中所收的《大坂冬之阵配阵图》中，真田丸分为半月形的西郭和台形的东郭，西郭只有栅栏，而东郭南面和东面掘有水堀，水堀的内侧绕着一圈土垒。现在由学习研究社《历史群像》系列杂志经常刊登，由中井均监制、香川元太郎描绘的复原图，则基本依据加贺前田氏参战人员描绘的《大坂真田丸加贺众插（责、攻击之意）之图》，这被认为是眼下可信度最高的真田丸绘图。根据该图，真田丸则是一个巨大的半圆形出丸，堀底绕着栅栏，土垒上有一道板墙，其土垒倾斜长度为六间（十二米，一间约一米八），垂直高度则有五间（十米），前方还有一道水堀。城郭研究家中井均指出，这种形制是甲斐武田氏在战国后期常用的“丸马出”，不仅在本国内使用，还多见于在前线防御据点的城郭建设上。典型例子就是如位于今天静冈县岛田市境内的远江国诹访原城，其外郭入口（虎口）前面全部设置了这种出丸，武田胜赖作为其最后根据地建造的甲斐新府城，在正面也采取了这种筑城手法，而织丰系城郭全不见这种构造模式。可见这一设计基于真田氏的东国背景。另外，浅野文库所藏《诸国古城之图》收有一张《真田丸图》，此图则基于江户后期的军学者的战场调查结果制作而成，其中记载在真田丸周围皆空堀，正面有一水堀，此所有池，此堀广二十四间许（四十三米）。而真田丸背面也有浅堀，此堀广约八间。这些描述，也和前田方的记述基本符合。

⊙ 前田家家老本多政重画像，他是家康的亲信本多正信的次子

总之，在真田信繁的督导改建之下，真田丸成了由一圈深壕沟和数重障碍物保护，配备了密集火力的突出要塞。攻击方在进攻这个阵地时，由于水堀的阻挡，无法从正面予以突破，只能从左右两翼进行攻击，这将会使来袭之敌陷入其攻击正面和从侧面总构[①]的交叉射击。德川方面若要硬攻该地，势必要付出极大的代价。另外，在真田丸南面有一个树木茂密的小山，名为篠山，信繁在这里也布置了一部足轻铁炮队，和真田丸互为犄角。

在另一方面，东军在城南集结了约十万兵力，家康把本阵从住吉前移到茶臼山，秀忠则把本阵从平野前移到冈山，在两地都构筑了作为将军本阵的阵城。家康和秀忠都在十二月四日抵达了新的本阵。东军以加贺的前田利常一万两千余大军为攻击真田丸的主力，彦根井伊直孝的四千人则位于前田部队的西面，井伊的西面则是越前松平忠直的一万余人，这三队构成东军对八町目口攻击的主力。另外，谷町口则布置下了藤堂高虎部下

① 总构，即城郭的外郭。

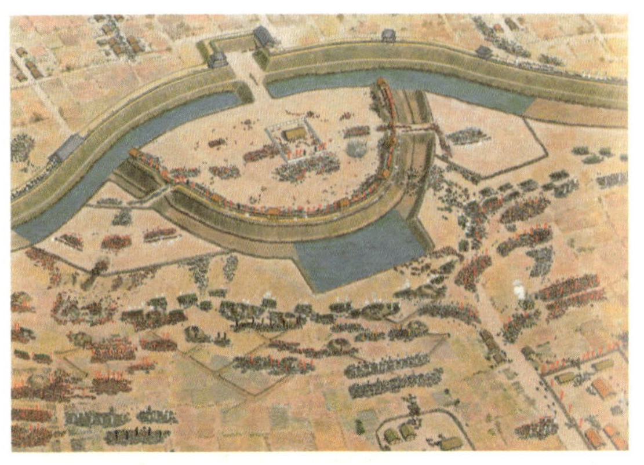

⊙ 香川荣太郎作真田丸攻防战复原图，真田丸根据前述《大坂真田丸加贺众插之图》绘制

四千余人，松屋町口则由伊达政宗的一万余人对应。对此，真田信繁部下直属的部队（《山口休庵咄》），主要由信繁在入城前从信浓老家招募的真田谱代旧臣、纪州当地跟随而来的地侍以及大坂方交托指挥的浪人众三部构成（有秀吉黄母衣众出身的伊木远雄，曾奉仕武田、北条乃至结城秀康的御宿政友，还有前面提到的石川康胜，以及属于信繁姻族的大谷吉继之子大谷大学吉胜），一共有六千余人（《山口休庵咄》）。

家康虽然在真田丸所在的大坂南面集结了重兵，但是他也知道强攻这一坚固的壁垒只会徒然损兵折将，所下达的指示是不许轻易进攻，便开始挖掘对壕，构筑土山，在攻城的工事齐备之后再图进取之策。但是各大名的家臣团从关原以后十余年未有实战经验，他们之中的初生牛犊血气正盛，不熟悉实战和不服从指挥的情况也很多见，这无疑将影响到家康军令的贯彻。而在真田丸正面的井伊和前田部队不只是家臣难以管制，当主都有为早立功名急火攻心的内情，井伊直孝是家康信赖的猛将加能吏——井伊直政的次子。直政因为关原之役身受重伤，在庆长七年（1602年）二月便伤情恶化去世，在十三岁上继承家督的长子井伊直继是个病弱之辈，无法表率多士，被德川公仪打发去管理上野国的井伊飞地安中领，彦根本国由其异母弟直孝代理。这次大坂之阵，直孝虽然是实质上的井伊家主将，但一来仅是一个代理人的身份，二来年纪尚轻，没有实战经验。对他来说，只有在这一场初阵中体现他的本事，才能在今后取代其兄坐稳井伊家之主的位置。而加贺百万石的新主前田利常因为之前受过丰臣秀赖的劝诱，也急于在这一战中表现自己对德川家的忠心。另外，他为向家康输诚，任命本多正信之子本多政重做首席家老，而这位仁兄初仕前田家，就做到了一人之下众人之上，诸人定然面服里不服，何况他也是一个没有作战经验的后辈。前田军中老资格的武将不在少数，如六十三岁的山崎长德（号闲斋），乃朝仓义景的重臣山崎吉家之甥，朝仓家灭亡后历仕明智光秀和柴田胜家，柴田亡后转仕前田。他在山崎、贱岳、关原诸役咸有出阵。这样的老兵油子，怎么会听从本多这个年龄上完全可以算他儿子的黄口小儿的指挥？而真田方面则频繁挑逗围城部队，目的就是吸引东军攻击真田丸，乘机予其以沉重打击。

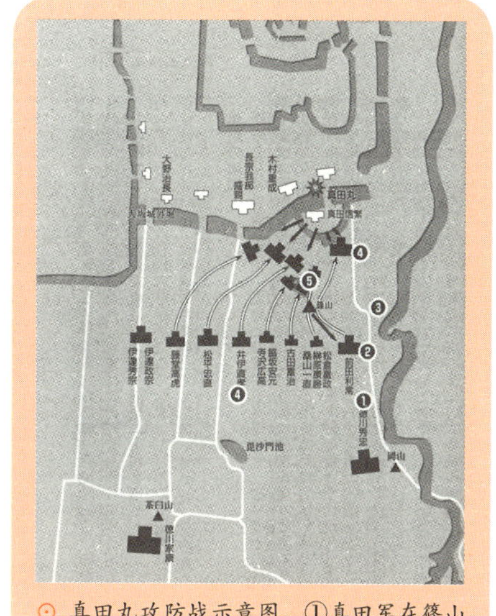

⊙ 真田丸攻防战示意图。①真田军在篠山对前田军开枪挑衅；②前田军进攻篠山但是扑空，在受到进一步的挑衅后开始向真田丸进军；③进攻真田丸的前田军陷入进退维谷的困境；④因为偶然的火药爆炸事故，误认为有人内应的东军转入全面进攻；⑤东军遭到来自真田丸和惣构的交叉火力打击，遭到了惨重打击

在十一月二十日之前，在真田丸周围构筑攻城工事的前田部队就时常冷不丁地遭到城上的冷枪，搞得他们藏在避弹的竹排下面不敢露头，大大影响工事的进展，而担任前田先锋的山崎长德和冈岛一直便按捺不住，也用铁炮应战。之后，前田利常连日来到一线视察，恐怕前方的铁炮互射一直都在继续。前田方被真田方面的骚扰射击搞得不得安生。一直想要硬攻城池的将军秀忠得知了这个情况，就授意前田利常打掉有真田火枪队驻扎的篠山。十二月四日凌晨深夜时分，前田军在本多政重和山崎长德的带领下偷偷接近篠山。对此真田丸方面早有察知，守军便以火枪痛击包围篠山的前田部队后，缩回城去。篠山虽然被前田军所占领，但是他们挨了一阵铁炮之后却未能消灭对方，火气未消。位于左先阵的山崎长德、横山长知二将在一片漆黑中争先前进，接近了真田丸。守军有所察觉，想要进行防战，信繁止之。等到快要天亮，他便让一个小兵到城墙边上叫骂道：“你们包围篠山想干什么？是要捉飞鸟走兽吗？那样动静太大，鸟儿都跑光啦，你们还有闲心的话，来打打我们的城池看看。”前田家家老奥村荣明听到这句话，不禁怒从心生，便欲夺取真田丸而后快，其部便开始擅自接近城垣，破坏堀边和堀内的篱笆墙。不只是奥村以及山崎长德等人，二阵本多政重和奥村内匠的部队也参与了这次进攻。藤堂高虎、松平忠直、井伊直孝诸部在得知前田的动作之后，也按捺不住，开始准备攻击。其中松平忠直和井伊直孝的前锋互争意气，你进一寸，我进一尺，争先靠近城郭，在拂晓前也抵达了外堀边。他们不等本阵的命令，就开始拆篱笆，越壕沟。攻城部队一心只想抢功，连避弹用的竹把和铁盾等防具也未及携带，并且在一片黑暗之中，也无暇去摸清守方的防御配置。在晨雾消散以后，布满了真田丸外堀的东军先头部队就成了大坂守军火器和弓箭的活靶子。

在晨雾散去之后，真田信繁下令全军射击，正在壕沟底下拼命拔篱笆的前田军士兵立即遭到了城上的铁炮集射，有如一战中冒着德国人的重机枪扫射和炮火蹒跚地翻越铁丝网和堑壕的英法士兵一样，第一批进入护城堀的前田军没有几个活着出来，而应援者也被来自真田丸和惣构的交叉火力封住，无法接应，只能眼睁睁地看着自己人被一个个打死。根据《越登贺三州志》的说法：“我兵蚁附于真田丸板墙之下时，真田左卫门朝我兵前后两端间施放鸟铳，如此后兵不得接应，先锋之兵不得退，皆伏地而避铳子。”前田家的足轻组头冈田助右卫门固然取得了头阵的荣誉，但须臾便毙于枪弹之下。另一个禄高七百石的足轻组头大河原助右卫门也当场中弹身死，其子四郎兵卫见之悲痛，跑到城边上指着胸口高呼：“这里被打死的是我的父亲，我欲在此与他同死，来，打我这里！”其声高而哀切，真田丸里的守军都听到了.但是铁炮足轻们可怜此人，没有瞄准他开枪，在场的铁炮头指示一个士兵将他打死。冈田助右卫门的部下为救这些人也几乎被射杀殆尽。前田军足轻头战死可考者还有大桥外记（食禄一千一百五十石）、稻垣扫部（俸禄不详）、川胜次左卫门（食禄一千一百五十石）等人。基层军官既然战死了一多半，前田的先阵可谓是陷入了无法指挥的瘫痪状态。比较有意思的是，之前潜入到城中的细作小幡景宪，这时早已混出城去，而在前田军的战斗序列中参加了攻防，的来他跟着前田军的侍大将才伊豆守打到真田丸堀边。铁炮子像爆豆子一样打来，士兵们纷纷找凹地躲子弹，紧紧地趴在地上不敢抬头，才伊豆守的队伍有三根大旗杆，瞬间就给枪弹打断一根，二十根长枪也有三根被打折，部下若党和小者[①]一下子就有二十几个受伤而后退。有些士兵好不容易打破堀边的栅栏，但堀底全布满了栅栏，他们进退维谷之间，相继被枪弹打倒，死伤累累。现场已经够乱了，但是井伊部队的士卒还不识相地跑来参战，搞乱了前田的阵容，前田军陷入了空前的苦战。前田军侍大将奥村易英、才伊豆守、加藤石见

⊙ 甲州德云山龙岸寺中的真田信尹夫妻之墓，其妻是武田家名将马场信春之女

① 若党和小者都是武士的随从和辅助人员的别称。

守、生驹内膳、上田六左卫门等人全部负伤，其中才伊贺守身负重伤不能动弹，是小幡景宪好不容易将他从一线拖回来的，杂兵损失更是不计其数。

这样，前田军的先阵奥村荣明全线溃败，后续部队也接连被打垮。当天拂晓前，真田丸守备序列内的石川康胜摆了一个乌龙，他部下一个士兵误将点燃的火绳落在一个放有二斗火药的弹药箱里，引发了大爆炸，一时带来了不小混乱。八丁目口的几座井楼也为此而震塌了，石川本人被烧伤，他的部下一哄而散。越前松平忠直部下有二百人潜入惣构的堀底，在东八丁目口东墙上开了一个二十间的口子，乘着真田丸方面大乱杀入城内。木村重成的部队正在此待机，突入城中的东军成了瓮中之鳖，几乎被全部击毙，剩下几个在沟底没进城的也是动弹不得，也成了活靶子，被弓箭和铁炮连连击中。石川康胜的这个乌龙带来了奇妙的蝴蝶效应。之前，东军买通当时投靠了大坂方的前伯耆羽衣石城主南条元忠（忠成）做内应（《长泽闻书》误作“伊达侍从”），结果风声走漏，南条和其家臣数十人都被丰臣方处决。但是城外东军不知道出了变故，听到城中爆炸，黑烟举起，还以为是内应成功的狼烟信号，于是井伊、藤堂、越前松平部队的主力也开始一起攻城。后藤基次对此有所预料，传檄守城诸部早做准备，于是做好迎击准备的丰臣军一时枪炮齐鸣，给予来袭东军以有力打击。根据耶稣会（1615年—1616年）年报的传闻：

> （东军）士兵都觉得一切会顺利进行，全军大胆地进入堀中，完全没有注意到城方的枪眼。敌方正候着这些士兵完全进入堀中的时机，火绳已经点燃，炮兵瞄准了目标，慕斯凯特（musket）枪和火绳枪像暴风雨一样一齐射去，大中口径火炮和步枪同时开火，展开了前所未有的大屠杀。其景象正如铅泪糊住眼睛一样令人难以置信。内府（家康）方面遭到突然袭击而溃不成军，散乱地想要爬出堀去，城方还朝那儿投掷长枪、长杆刀、带小枝的枪等武器。（东军）失去秩序，陷入混乱的敌兵大部分被杀害。

近一个小时的激战后，松平忠直、井伊直孝两部也因为损伤惨重而不得不后退。真田信繁不失时机地打开真田丸虎口，命长子真田大助幸昌为主将，伊木远雄佐之，率领五百精兵杀出城去，打退了在前田军侧翼的寺泽广高、松仓重政二队。这些败兵混入松平忠直阵中，冲乱了越前松平的阵势。七手组为首的丰臣旗本部队则不放过这个机会，猛烈开火，松平忠直部队损失惨重。

双方激战至正午，战况没有发生任何变化。东军对眼下的困境束手无策，只是在一线白白损耗兵力。德川本阵虽然命安藤正信等人为军使，督促前线部队撤回阵中，但是一线部队依然动弹不得，难以立时撤退。一来这关乎各人的面子问题，二来如果贸然后退，将后背露给对手，无疑将毫无防备地遭到弓矢以及火器的射击，加重损失，另外也有遭到守军出城追击的危险。一直拖到下午三点前后，井伊直孝所部才算退出战场，其他诸部陆续退却。为了节约弹药，丰臣方在下午四时左右也停止了射击。真田丸攻防战就此宣告收尾。但是东军的撤退并没有完全结束，还残留在堀底的一部分将士害怕吃“花生米”，在死人堆里一直装死不敢动，到天黑以后才敢逃回阵去。当天夜里，家康找来前田、井伊、越前松平三家的家老，予以切责。松平忠直的家老本多富正、本多成重表示因为自己指挥无方，使得年轻军士妄为，恳切谢罪，家康的怒火才略为平静。德川秀忠则拿井伊家臣木俣行安不待军令擅自攻击问罪，下令将此人关禁闭，家康予以劝解而方免。

这一仗，东军蒙受了巨大损失。根据《当代记》该日条记载，前田军“受伤死人不知数”，越前松平军的先锋本多富正、成重所部则是“或负伤，或讨死，溃不成军”，井伊则是“佐和山家中过半负伤讨死”，都没有记载明数。前田方面有名有姓的武士的伤亡情况，前文已有提及，而井伊军中足轻大将渥美与五左卫门以下三十五人战死，重臣木俣行安以下九十一人负伤。注意，这只是武士的伤亡情况，阵亡的杂兵和辅助人员的数字根本没法统计，只能依照一些风闻数字。日本国内当时风传的消息又怎么说呢？《东大寺杂事记》称：“十二月四日，大坂之城大战，至今日为止攻城众一万五千人左右战死。”朝廷的左大史壬生孝亮在其日记《孝亮宿祢日次记》中记称：“去四日，大坂方面有攻城，风传越前少将（松平忠直）势四百八十骑，松平筑前（前田利常）势三百骑战死，此外杂兵死者不知其数。”奈良的春日大社的记录里则说：“由于数日攻城，攻方人数损伤近万，听闻大坂御城更为坚固。”至于传到外国的数字就更大了，1615年–1616年耶稣会日本年报中称东军在此战中折了三万，这个三万之数并非胡说八道，因为根据朝鲜王朝实录《光海君日记》中万历四十五年（1617年）五月三十癸巳条，一个叫辛景鸾的朝鲜人（他在在朝鲜之役时被掳在“五沙浦主倭平秀罗”处做奴，后逃到九州，后由对马宗家送还）对本国官宪也报称：“俺在日本，听得平秀赖宠将名曰片桐市正，家康阴结本倭，谋毒秀赖。事觉，片桐市正与同兄弟三人，叛归家康，会合大兵，攻击秀赖。家康见败，精兵三万，歼尽无余。家康力屈自降，割断手指，誓佛

在堺生产的口径为51mm左右的大型抱筒，在当时算是用于攻击土木工事用的中口径火器

谢天，写出盟书，以表不叛。”虽然说此人听得的消息未必俱真。但是，综合种种传闻，东军在真田丸之役中的死伤有上万人，应是一个大概不差的数字。

这样，通过真田丸和大坂城惣构两方面守军的通力合作，真田丸攻防战以丰臣军的完胜告终。不过，东军损伤如此惨重的原因就如以上所见，主要是前田、井伊等人的功名心作祟，其部下骄兵悍将缺乏实战经验，又不听指挥，擅自出击，以及各大名为了面子亦不肯轻易收兵。某种意义上说，真田丸之捷并非是因为真田信繁的策略有多出神入化，指挥有多优秀，而是东军诸部的愚蠢举动坑了自己。

不管怎么样，真田丸之挫对德川政权来说实在太丢面子，甚至已经让外国人以为德川方面已经失败。情急之下，家康甚至想设法策反信繁为己用。在真田丸攻防之后，他就开始安排此事。在战斗过去十天后的十二月十四日，家康侧近本多正纯就给其亲弟、前田家家老本多政重写了一封亲笔信，其中谈道：“真田左卫门尉一件，应设计予以调略，为此遣真田隐岐大人到你处，详细可同隐岐好生相商。”本多政重这时尚布阵于真田丸对面，刚好便于展开计划。家康便通过本多正信，指示政重负责具体事宜的安排，而策反工作的施行者，则是信繁的叔父、原名加津野昌春的真田信尹。此人和真田昌幸一样，都是长于策反的狡智之士。由于这段时间两方也已经开始议和，正是乘机进行谋略工作的机会。正纯在信中最后提到：“因现在正是时机，应尽快实施策反。”可以想见，不久真田信尹就和他的侄子接上了头，但他们是在何时何地碰面的却没留下记录。只能通过《庆长见闻录》的一段逸话作为参考。在大坂夏之阵收尾之时，秀忠让真田信尹辨别信繁的首级，信尹称自己辨别不清，秀忠不高兴，说：“你去年和他见了两次，怎么会不认得？”信尹便辩解说，会面时都在半夜里，对方十分小心，距离隔着很远，所以没有印象。如果这个说法成立，那么会见应该是深夜中在真田丸之外秘密进行的。当时信尹传达了德川开出的条件，若信繁肯投效东军，则封他做十万石的大名。这自然是十分优厚，德川谱代大名中食邑多者不过如此，这已经够得上信繁的嫂子小松姬生家本多家的级别了。但信繁不是没有心眼的人，他知道自己和德川结怨不小，对方难道对自己一点儿看法也没有？现在情急之下是开出了破格待遇，战后就未必能够兑现，便回复他叔父说：“他当初沦为浪人，落魄高野山，秀赖大人将他破格提拔为守备一个曲轮的大将，实在感激不尽，因有此恩，现在不便立即出仕德川。但丰臣德川讲和以后，将军若要聘用他，即便是千石之禄，他也愿意为将军家效劳。”值得注意的是，信繁没有立刻拒绝德川的拉拢，而是抛出一个低姿态，试探德川方面的诚意。信尹将此话回报，本多正纯却以为信繁嫌价码不够，便让真田信尹转达说十万石不满意，封信浓一国如何？结果弄巧成拙，信繁接报后大为愤怒。盖因当初他们

⊙ 大坂冬之阵屏风中描绘的本町桥夜袭战

真田家不是没有上过德川的当，天正十年本能寺之变后，德川和北条争夺织田家的关东地盘时，德川曾经许诺真田昌幸若背反北条，便安堵其上野沼田领，但是德川和北条讲和之时，家康却无视他对真田的许诺，让真田把沼田交还给北条。众所周知，这个沼田领归属问题后来不断发酵，引发出德川和真田间的第一次上田之战，乃至之后秀吉的小田原征伐。信繁当时虽小，肯定对此事印象颇深。在信繁看来，十万石已经是很难兑现的天文数字，多半是赚他出城的诱饵，这次居然拿出了根本令人无法想象的信浓一国（当时表高四十一万石），只能说明德川全在玩弄骗局。他认定德川家又玩口惠而实不至的老把戏，便拒绝再见真田信尹。于是，德川方调略真田信繁的策略也便告吹。

真田丸一战后，家康严戒诸军轻举妄动，今福鴫野、真田丸这样的大规模战斗便不再发生。十二月五日傍晚，织田赖长负责守备的谷町口阵中发生了骚乱，藤堂高虎的前锋藤堂良胜和渡边了抓住这个机会，打破栅栏爬上城壁，居然成功突入城中。但是守兵居然抵抗十分激烈，长宗我部盛亲和山川贤信也从八丁目口赶来增援，藤堂先锋部队又陷入苦战。藤堂高虎闻讯，急忙从家康本阵赶回一线，才把部队拉回来。这一天晚上，大野治房和塙直之和长冈正近、御宿政友等人密商夜袭东军，大野治房主张动用一百五十名火枪手，而塙直之认为夜袭不需要这么多人手。当天议论未果，天已放亮。此时，蜂须贺直镇的家老中村重胜在淡路町本町桥南扎阵。塙直之相中了这个目标，便计划实施前日未果的夜袭。十六日夜晚，他让一百名火枪手埋伏在城外桥旁，而从部卒中挑出二十个勇锐者，以肩膀上的白布为记号，在十七日午夜二时前后偷偷摸到蜂须贺军的阵营旁，大野治房、长冈正近则带队接应。塙直之先摸掉了岗哨，率领敢死队混进大帐，突然发一声喊，杀将起来。中村重胜不及披甲，虽取枪搏斗，终于被夜袭者所杀。主将既死，其部大乱，被塙直之和其部下砍倒了一大片。同阵的稻田示植父子，以及岩田七郎左卫门闻乱赶来，至镇本阵也派出援军，塙直之便收兵而退，稻田率部追击到桥头方止。据《当代记》记载，蜂须贺军被杀死杀伤者大致有一百人，至镇为面子计，下令严密隐瞒实际情况，对外声称死伤三十余。而塙直之算是为之前薄田兼相等人报了一箭之仇。这是冬之阵中两军最后的直接交锋。

大坂城的守卫者表现确实出色，在进入守城阶段后，他们不仅没有让东军占到更多的便宜，还让他们连续损兵折将。有趣的是，当时以传教士为主的欧洲观察者们都认为秀赖是守城战的最终胜利者，家康是为掩饰自己的失败屈辱求和。比如《日本西教史》就认为：家康和秀忠以二十万人攻秀赖不利而损失甚大，德川方虽然取得了内应，但里通者全部暴露被捕，并且德川方大张旗鼓的夜袭也以失败告终。正因守城士兵都是熟练的精锐，秀赖得以高奏胜利的凯歌，德川方则吃了大败仗，寒冬腊月之下，士卒大多疲惫不堪，逃亡相继。家康害怕诸大名比起他这个“想要掠夺天下”的老奸巨猾，更愿意服从年轻的秀赖，便迅速对大坂方面提出讲和。而1615年——1616年的耶稣会日本年报也认为家康担心严冬天气寒冷，兵粮不足，于是和丰臣方提出讲和。而和平条约的缔结，使得家康蒙受了战败的耻辱。

事实真是这样吗？这些西方观察者指出严冬不利于战争继续，或是值得考虑的意见。但秀赖真是胜利者吗？他们即便打死打伤东军近万，但是大坂方所期待的诸大名的动摇和倒戈并没有发生，他们的孤立局面还是不见任何的改善，他们更不可能靠自力打破城外二十万东军的包围网。何况真田丸一役后，大坂城的抵抗已经遇到了瓶颈，盖因此战已经消耗掉了太多火药和铅弹。根据《当代记》的记载，城中兵粮倒还不是问题，唯缺弹药。从开战以来，城中已经耗费了八百石火药，使用三匁铅弹的一般火枪已经不予使用，只允许使用够得着东军阵地的十匁、二十匁、五十目、一百目的较大口径火器。这无疑将影响到丰臣方的持久作战能力。困守大坂既未能给丰臣家带来出路，那么城方答应讲和也只是个时间问题。至于传教士热捧秀赖，大概是因为德川政权这时已经禁教，而大坂城收容的浪人中有不少信教者，这让传教士对大坂方或抱有一些幻想。西欧传教士所留涉日记录的一大特点就是夸大溢美亲近天主教者和他们想要争取的对象，而极力诋毁不吃他们这一套的人。比如同样是织田信长的儿子，对教士们持亲近态度的织田信孝便是“前途有望的青年”“有心思的大勇之士”，而笃信爱宕权现的织田信忠就活该下地狱。所以对于传教士的此类“举之则使上天，按之则使入地”的春秋笔法，读者大可不必当真。

七　和战之间

前述传教士们认为家康是因为真田丸之败而被迫讲和，也只是不明内情者的猜测。让大坂方面认识到自己的孤立和劣势，逼其就范，是家康一贯对大坂的战略。冬之阵开战不久，德川军在大坂城外布署完毕后，家康就已经开始了和谈工作。十一月二十日前后，家康就让本多正纯给大坂城的执政之臣织田有乐斋、大野治长等人去信，劝大坂方讲和（《谱牒余录》）。十二月三日，织田有乐斋给京都的金座统辖者后藤庄三郎写了一封回信。这个后藤庄三郎本姓桥本，实名后藤光次，他是金匠后藤德乘的弟子，以其长技而为家康起用，受命统辖金座，负责监制黄金货币和鉴定黄金成色。在大坂之阵中和本多正纯一道负责对大坂的外交交涉。我们不知道先前德川方面提出了怎么样的条件，但就织田有乐斋的回信内容来看，他虽然秉承家康的意思，企图将城中的意见往主和方面带，但非常不顺利。根据《大坂阵日记》记载，秀赖坚决不接受讲和，有乐斋即便是费尽心机，也未能说动秀赖一分一毫。到了第二天，大约是有乐斋批阅了后藤就他三日来信的回书，又给后藤去了一封信，内容和前者一样，还是大叹和议工作困难的苦经。另外，有乐斋还请后藤向家康转致意见，提醒他必须考虑如何应对聚集于大坂城中的浪人。对有乐斋谈到的这一点，大野治长也表示同意。在之后在和议中，浪人的处置也成了一个核心问题。对于丰臣家来说，他们对浪人许下了种种

⊙ 大坂冬之阵屏风描绘的本丸场景。淀姬和总大将秀赖端坐于本丸御殿之中，商议战和事宜

天文数字一样的价码换取他们为自己卖命，而浪人们也是用鲜血和生命的代价保着秀赖母子到今天。事情到了这个地步，秀赖母子不给浪人一个过得去的交代，是没法过关的。

⊙ 大坂冬之阵屏风中的茶臼山家康本阵

另外，在十二月十四日，后阳成上皇告知当天到仙洞御所当值的参议西洞院时庆，他有心派遣一个武家传奏作为钦差，向家康表示朝廷有斡旋之意。时庆立即将上皇的意旨向武家传奏广桥兼胜传达。十二月十五日，广桥和另外一个传奏三条西实条作为钦差从京都出发，在十七日抵达家康茶臼山本阵，对家康传达了上皇的口谕："天气寒冷尚要指挥千军，大御所是否应先上京，且命（两军）和议如何？内意乃在敕定（讲和）。"家康对朝廷的干涉之举十分警惕，便回绝道："正因要指挥全军，方在此布阵，和议之事不妥，如事有不谐，似为轻天子之命，甚为不可。"近世武家政权的立国之本就是"御威光"和"武德"，任何事态只能由武家之间解决，家康即便正在摸索和议，也绝不会给朝廷发声的机会，恐留下后患。

十二月十五日，交涉内容基本明确下来。这时，丰臣方面提出两点：一是秀赖可以把其母淀姬作为人质交到江户；二是为了封赏城中的浪人，希望能加增秀赖的封地。其间虽然还进行了几轮交涉，丰臣方面的条件还是归结为三点：一是根据德川方面的要求，将淀姬送去江户；二是家康、秀忠父子须对秀赖进上一封别无他意的誓文；三是封给浪人以新领知。德川方面对于前两点没有意见，但对第三点则严词拒绝。在家康看来，对于这些浪人不加治罪已经是他宽宏大量，居然还要来谈封赏？但家康也体谅到秀赖母子的苦处，对其条件做了修改。根据《草加文书》所收当年十二月十七日的丰屿田元书状，德川方提出的修正条件是：其一，淀殿去江户这点不变；其二，因会在四国赐予秀赖新领，所以秀赖须让出大坂城；其三，入城浪人可以予以扶持。但是，这样一来，丰臣家就必须让出大坂城，这却是秀赖母子没法接受的条件。如果他们会同意这点，大坂之阵也就打不起来了；双方交涉自然进入了僵局。家康在这个节骨眼上，便拿出了早已准备的撒手锏——从英国购买的新式火炮，用它炮击秀赖和淀姬居住的大坂城本丸，以促其做出决断。

对于大炮的威力，家康有着很直观的认识，在庆长五年（1600年）八月十六日，后

⊙ 大分县臼杵城公园中的佛郎机模型，大友宗麟曾用从葡萄牙商人处输入的此炮击退岛津的围攻

来成为家康外交顾问的三浦按针所乘坐的荷兰船利夫迪号飘到日本时，船上就装有青铜火炮十九门、小型炮若干、步枪五百挺，铁炮弹五千发、锁链弹三百发。家康在当年实施会津征伐时，就调用过船上装载的火炮和炮手。而在关原之战之际，石田三成便在其本阵布置了佛郎机，给前来进攻的东军诸队带来很大麻烦。而西军在近江大津城攻城战中，也在城外的长等山上布置炮兵阵地，用石火矢轰击城内，迫使城主京极高次献城投降。以上都给家康留下了深刻印象。他在打赢了关原决战向京坂方面进军的途中，亲自检查了大津城的被破坏情况，当时他口中嘟哝了一句："没到长篠之战时奥平信昌城中被破坏的程度嘛。"确实，长篠城当时是给武田方的铁炮丸打得到处是弹痕，伤痕累累。只吃了几发大炮丸的大津城表观可能还算完整。但是，大炮一响声如百雷齐鸣，只消一发命中就可以破坏屋顶、井楼等城内设施，给守城方的心理压力远胜于铁炮射击，打上十来发，胆小的守方就已经承受不住了。家康恐怕是深刻体会到了大炮的这一功用，方出此语。

⊙ 相当于德川军冬之阵攻城使用火炮大小的半加农炮和长管炮

但是，大坂城本丸被复郭深堀所包围，还有面积广大的惣构，若使用一般的火炮，从城南阵地发炮射击，怕是轰上一百年也无法对天守阁造成威胁。但是大坂城防本有弱点，其城北外堀因为临近河川，并未能充分外张，如果从北面河川的沙洲设置阵地向城内射击的话，还是够得着本丸附近一带的。这时东军对城北天满川沿岸的全面控制，就成为决定胜负的要素。再者，德川氏又购买了西洋新型火炮，完全弥补了当时一般使用的旧式石火矢佛郎机射程

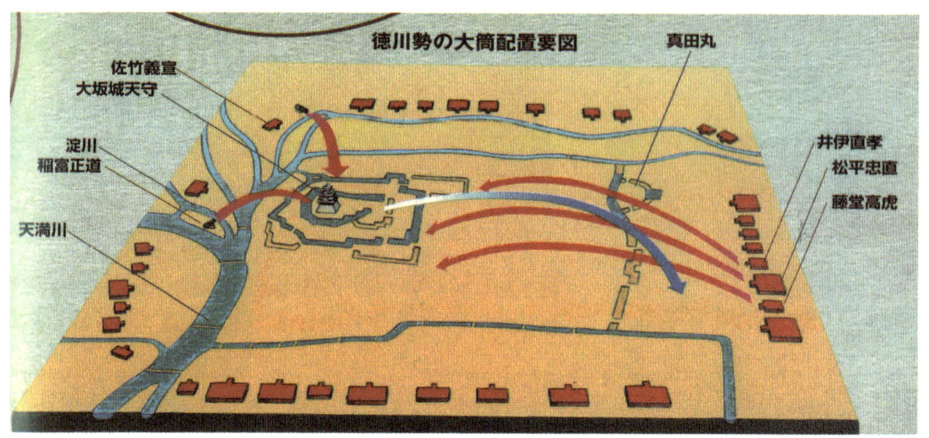

⊙ 德川军的炮兵阵地配置示意图

不足的问题。前面已经提到，德川氏在大坂之阵前就向英国商馆购买火炮，其中长管炮(culverin)是使用十八磅炮弹的重炮，而隼炮(Saker)则使用五磅弹，这些是轻量炮，都以射程长为其优点。另外，家康也向荷兰人购买了十几门青铜制的“阿兰陀大石飞矢”即半加农炮，这些火炮使用三十三磅和四十三磅的重磅炮弹，威力十分巨大。在当时，重型火炮的搬运受重量的制约很大，尤其日本地形多起伏不平的山岳和丘陵，这更加大了运输的不便。所以在日本，重型火炮因为机动问题，很少在野战中予以运用。在攻城战中，运用半加农炮已经是极限。这些火炮应该是在兵库处装上河船，用水路运送到炮击地点附近的。长崎奉行长谷川藤广和肥前唐津城主寺泽广高分别在十一月二十七日和十二月七日抵达大坂东军阵中，二人都报告荷兰人的“大石火矢”将在近期到位。而荷式的半加农炮在十二月五日已经在兵库运上了岸。七日，炮手也基本到位。根据宽永十六年六月荷兰东印度总督安德尼欧•范•迪梅因写给德川幕阁的书信，可知荷兰人不仅是在后面岛原之乱之时向日本派遣了炮手，在大坂之役的时候他们也在操炮人员方面支援了德川家。所以说冬之阵时，德川方面构建炮兵阵地和实施炮击，都是在西欧人的协助和指导下进行的。

相比德川方面，大坂城原有的太郎筒、次郎筒之类的大口径火器都是旧式佛郎机，或是秀吉时代铸造，或来自于朝鲜之役的虏获，无法与德川军相比。家康以稻富流炮术的创始者稻富正直、牧野清兵卫等炮术专家为总指挥，以熟悉城中情况的片桐且元为参谋，在距离本丸最短，位于淀川和天满川交汇口的中洲备前岛配置了三百挺包括上述洋式火炮在内的大炮，从十二月十六日到十七日对大坂城本丸进行了不间断的炮击。另外，藤堂高虎、松平忠直、井伊直孝、佐竹义宣诸部也从城外一起发炮。炮声撼天动地，连京都都有声闻。前文提及的醍醐寺的义演僧正，居然全无心肝地把隆隆的大炮声当作辞旧迎新的爆竹响，并以此为兴，邀集月卿云客大开茶会。此人一直担任秀赖的护持僧，秀赖用这样一位“高僧”替他作法续命，其效验如何也就必多言了。

⊙ 常高院浅井初的画像。她是浅井长政和阿市夫人的次女，京极高次的遗孀。她的中立立场和特殊身份成了大坂方讲和使节的不二人选

在这段时间里，炮弹雨点般地落在本丸里，搞得城中鸡飞狗跳，人心惶惶。炮弹中打得最巧的一发打中了淀姬所居橹楼的起居间，据说当场打死七八个侍女，把淀姬吓得魂不附体。这时候织田有乐斋乘机对秀赖进言说：“攻击距离这样近，怕是离落城不远了，应该听从两御所的劝告，答应讲和。”秀赖派人去问浪人们的建议：“我本打算与城同亡，新参之人有何意见？”后藤基次也指出继续守城是死路一条，要秀赖放弃这个念头。淀姬闻讯也表示：“为了秀赖好，我也须早去关东，不管怎么样，也要说服秀赖。”这样，大坂城首脑层总算有了一个比较一致的意见，织田有乐斋和大野治长向秀赖进言称：“家康年事已高，只要肯等，天下总归会回到大坂这里。”于是秀赖也算点了头，两边的和议算是正式启动。

德川方面的出面人物是本多正纯和家康的侧室阿茶局。这个阿茶局本是武田家的下级家臣神尾忠重的妻子，在原夫死后做了家康的侧室，很受家康信赖，据说是位才气横溢的女子。而丰臣方则请出了淀姬的二妹，京极高次的未亡人常高院阿初代表淀姬前去谈判。大野治长等城中决策者并没有直接出面，个中原因大概也在于城中存在反对讲和的强硬派，他们如果要直接出面，难免遭到这些人的非议。所以只能请一个立场比较持中的人全面总结德川方面提出的意见，带回城内再行商议。另外，两边各自让女性出面，也是为了减轻交涉的“正式性”，防止强硬分子横加干涉，方便转圜。

十一月十八日，和议在城下京极忠高的本阵中举行。当天的交涉内容不详，大抵是常

高院听取了德川方面的开价，将其转致于城中决策层。第二日的交涉则基本谈妥了两点：其一是可以留下本丸，但二之丸和三之丸的护城沟要填平；其二是织田有乐斋和大野治长对德川方提交人质。关于第一点，算是以大坂的“非军事化”来换取秀赖的居留，第二点则算是德川方面的让步。可以说，若非常高院兼有大坂女主淀姬之妹和将军家“御台所”阿江二姐的特殊身份，恐怕难以换取这样宽厚的讲和条件。二十日晚上，织田有乐斋和大野治长就分别将自己的儿子织田赖长和大野治德作为人质送交本多正纯，先履行了第二条。这个事实《本光国师日记》也有记载，以心崇传还写道：“由于‘惣构之堀，二之丸之堀都将填埋，只留本丸’，所以今明二日，和议大概就会正式决定。”二十一日，德川方就对参战诸大名下达军事纪律，在给土佐山内忠义的军令中，除转达了停战的指示外，还禁止士兵以“参观”为名进城胡作非为。二十一日，丰臣方以木村重成和郡宗保为正式使节，在茶臼山的家康本阵中交换了关于讲和的誓文。根据《大坂冬阵记》，主要内容是以下五条：

⊙ 浅井长政和阿市夫人所遗三女中的末女，将军秀忠的正妻崇源院浅井江，她是三代将军德川家光和骏河大纳言德川忠长的生母

（一）保证此次守城浪人的安全。

（二）秀赖领地和以前不变。

（三）淀姬不必居住江户。

（四）大坂如开城，无论秀赖欲往何国，都予应允。

（五）对秀赖之待遇，不可有出尔反尔。

另外一点，就是大坂城防必须拆毁，“城中二丸石垣、矢仓、堀以下，以秀赖派遣人手予以填埋”，而常高院的继子京极忠高，则被家康定为整体工程的监督者。

这样，在议和完成后，两边就开始按照议和条件拆毁大坂城防。整个作业量十分巨大，二之丸的废弃工事尤其耗费功夫。以心崇传在其《本光国师日记》庆长二十年正月十日的日记中写道："大坂惣构二之丸填堀之工事……极其花费功夫。"而《骏府记》同年正月十二日条则称："二之丸堀，极其深广，即便拆下地基之土，尚有三分之一不足，先拆掉了二之丸千贯橹，（织田）有乐宅邸，之外西之丸及大野修理宅邸都被拆毁，方填埋此堀。"总之，工事一直持续到第二年即庆长二十年（1615年，当年改元元和元年）一月中旬方才完毕。至此，大坂城成了一座没有城防的裸城。

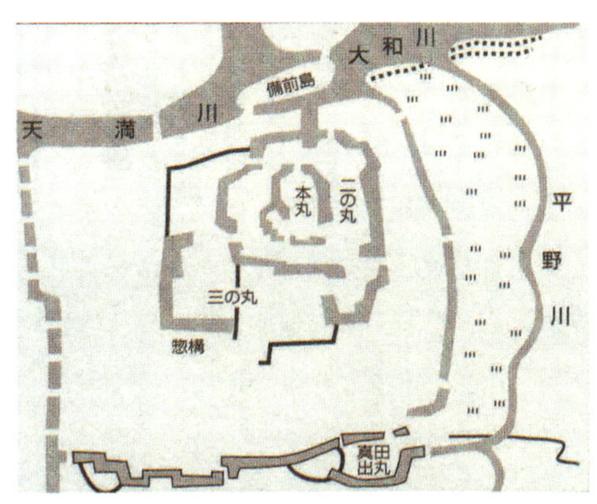

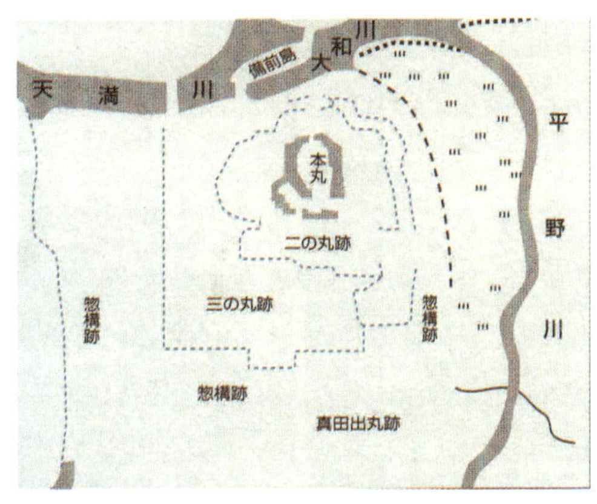

⊙ 大坂城堀平毁示意图。上图为平毁前的情况，下图为平毁后的效果

关于大坂城的填埋拆毁和所谓的家康阴谋论，一直以来都是主流说法。这个论调认为德川方面将"惣构"中的"惣"字曲解为"所有""全部"，东军借着填塞外堀的余势，无视丰臣方面的制止，违背约定，将大坂城内堀全部填埋，使本丸成为裸城。在《幸岛若狭大坂物语》《元宽日记》《翁物语》等后成诸书中，这个说法很有市场。但从一次史料来看，根本未见此类记载。而在庆长十九年十二月二十六日细川忠利写给本国家臣的书信中也明确提到："大坂御城二之丸、三之丸、惣构皆以拆毁，只留下本丸为秀赖大人起居所，惣构由我方派人拆毁，二之丸、三之丸则由城中派人拆毁，城堀等不久就要填平。"可见当时只是留下本丸，其他的设施无一例外地都要平毁。而浅野忠吉在同年十二月写给纪伊某寺的信中也提到："从二之丸、三之丸到惣构全部拆毁。"总之，从当时留下的记录来看，填平被称为内堀的二之丸、三之丸城堀在当时是讲和的内定条件之一，这点是非常明确的。在填平城堀问题上，所谓家康违背约定之类的说法完全是无稽之谈。

那么，这种说法是怎么产生的呢？德川方面插手了本由丰臣方面负责的二之丸和三之丸的填埋工事恐怕是一个重要原因。很明显，大坂城内的浪人知道自己的安危全系于大坂城坚固的外郭，他们想尽量拖延时间，因而整天磨洋工。其实，淀殿会同意城堀填埋这样看上去对自己非常不利的条件，大概也是想尽量拖时间，反正大坂城壕深得很，填个两三年，家康老儿或许就升天享福去了。可是东军参与破城的诸部可没这个耐心，严冬已至，天寒地冻，谁都想早点儿回家抱火炉。《大坂御阵觉书》就提到：“二、三之丸虽然有命城方填平，但进展不快，因远国之军疲于久留阵中，就提出前去帮手，以全军人马把二、三之丸的板墙、矢仓全部拆除，城堀也填平了。”复检参与这一工事的伊达政宗、细川忠利等大名在此期间的往复书信，并未看到两边为此发生纠纷的痕迹。可以说，东军填平大坂内堀，并未遭到丰臣方面的实际阻拦。就此，笠谷和比古提出一种推论，他认为后世诸书流传的所谓德川方面违反约定填埋大坂内堀的论调，实际是大坂首脑方面有意散布的一种说辞，目的在于安抚大坂城中不愿填平城堀的浪人和反对议和的强硬派。笔者认为这个假说可谓卓见，值得倾听。如果真是这样，只能说明大坂城中的主战派反议和的气焰非常高，淀姬和秀赖也不惜亲自造谣来平复他们的怒火，大坂高层已经无法掌控局势的发展了。

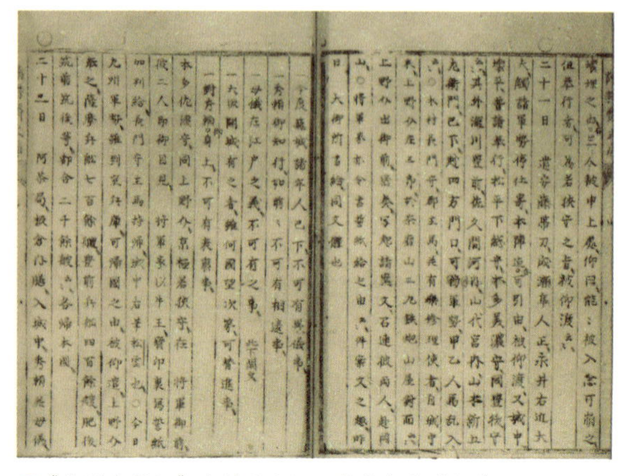

《大坂冬阵记》中关于和议五条件部分的记载

其实，德川方面设置的定时炸弹并不是什么设计填埋城堀的小把戏。如果真要说和议有什么问题内容的话，那大概就是五条和议中的第四项条款：“大坂如开城，无论秀赖欲往何国，都予应允。”通观五条和议的内容，其中前三条可以说是丰臣方面的强烈主张，虽然这些条款得到了承认，但是第四条内容却是十分暧昧。从之前的交涉内容来看，要让德川方面既同意秀赖保留浪人，又拥有和之前一样的知行

细川忠兴和格拉西雅夫人的第三子细川忠利，他是细川氏熊本藩的初代当主，大坂之阵是他的初阵

⊙ 冬之阵阵中场景。疲劳困顿的围城兵士或烤火取暖，或聚集在行商处买烟买酒，避难的居民担着家私，蹚过因为德川军筑堰而变浅了的河川逃离战场

地，秀赖只能退出大坂城。这无疑是关乎和议成否的一个关键性条款。但条款语句居然采用了一个假定语气，这无疑会给丰臣方带来一个“退不退城并无所谓”的错误印象，既而简单签下协议。这就埋下了德川方面根据实际情况，利用和议内容对丰臣方面提出退城要求的伏线。从后面的事态发展看，家康无疑是在观望形势，等待提出这个最后通牒的恰当时机。

这样，尽管冬之阵终以双方停战讲和而告终，但是战争的乌云并没有散去。一方面德川家正密切地注意着大坂方面的一举一动，另一方面大坂城中因为和议和城堀填埋而愤愤不平的主战派和浪人就成了眼下最大的不稳定因素。主战派把和议抛到一边，继续收集兵粮，招募人手，并且开始重修大坂的城防设施。到了第二年的三月五日，京都所司代板仓胜重探得大坂方面正在重掘被填平的壕沟，并且立起栅栏设防，便立即对家康做了报告。三月十二日，他还给后藤庄三郎写了一封信，信中便提到：“关于大坂情形，一直使人监视，听闻昨日情形，大米和木材比之前的数量收集得更多了，积累在船场。问米是自何方运来，说是大坂的商人到兵库去接了兵粮。从诸国运送米和木材的船只并不开往尼崎，而是直接开入（大坂）天保洋面。另外，虽有说法称以前守城的浪人都被解雇，但是他们一个也没有离开大坂，而是住于长屋之中。如今，希望前来奉公的浪人从各地云集而来，比起秀吉在大坂时的人数还多。”很明显，尽管这很可能是主战派的擅自举动，但大坂依然在蓄备军备物资确是事实。另外，浪人的数量不减反增，而大坂商人也以此为机会，大肆活动。此中种种，完全可以被关东理解为大坂违反约定，正在准备下次战争。第二天，板仓胜重又给后藤去了第二封信，其中还追加了以下情报：

（一）虽然大坂城内竖起了丰臣家不会雇用各地而来之人的告示，但是丰臣方厚待来人，让他们拖家带口地住在大坂。

（二）大野治房所召集之人数已达一万二千，并交付了骑马之士的当月扶持金。有一个叫永应的僧人打开秀赖的内库，用金银买米，甚至还把天正十五年铸造的大判金交给浪人。

（三）大野治长和大野治房关系极坏，据大野治房所言："治长是个无德之人，不知在想什么，尽给秀赖大人办坏事，完全无法理喻。"

由上可见，和议之后的大坂城成了一个火药桶，主战派和浪人开始"暴走"，正积极备战；而大野治长、织田有乐斋等首脑层主和派则危如累卵。危机只在旦夕之间。早在二月二十六日，情知形势越来越不妙的织田有乐斋便离开大坂城，来到堺闭居不出。三月二十八日，有乐斋给后藤庄三郎致信称："我虽奉上意留住大坂城，但事已至此，我之献策一无所听，早日离开大坂一件，望请本多正纯大人居中玉成其事，请您转达其意。"以往评论者很多都以此认为有乐斋是家康安插的眼线，但是从这话的口吻看，他也不算内应，只是奉家康的意思说服秀赖母子顺从德川方面的条件。从这个意义上说，其实他也无非是第二个片桐且元罢了。有乐斋比实心任事的片桐且元圆滑得多，在最适合的当口抽身而退，没有弄得和片桐且元一样对旧主引弓放箭，反而免了后世不少无谓的谤议。但根据织田有乐斋在四月十三日对家康所谈的城中内情，大坂城内已经分为三派：第一派是七手组中的大多数、大野治长和后藤基次，他们明确认为开战并无胜算，认为即便献出大坂也要避免开战，可以说是主和派；第二派是真田信繁、木村重成、明石全登和七手组渡边糺，这些人固然认为应该避免开战，但同时要合理解决浪人问题，算是中间派；第三派则是大野治房、毛利胜永、长宗我部盛亲和仙石秀范，这一派的构成很明显是以期望通过大坂方的彻底胜利来复活旧领的原大名们为主，他们和大野治房这个"愤青"同声共气，是最强硬的主战派。而秀赖个人的意见，在三月的时候则基本偏近于中间派。他虽然没有主

⊙ 描绘近世大坂湾水运的航路图。绘图中央部赫然可见大坂城

⊙ 大坂城的火药库

动再启战端的意思，但是要他放弃大坂城和追放浪人，这想必是他做不到的。前者在感情上不允许，后者在现实上不可能。

三月十三日，秀赖所派遣的敦睦使青木一重（七手组主和派，曾为德川家臣）、常高院、二位局、大藏卿局一行抵达骏府。他们在十五日面会家康，对家康九子德川义直将和纪州浅野家成婚表示庆贺之意。并且因为去年兵乱的缘故，大坂方当年的年贡米粒米未进，秀赖希望能让使者求情说项，让家康在畿内再赐他一国封地，以填补财政困难。尽管这时秀赖企图修复和德川的关系，但大坂方面强硬派正在进行军事准备的情报已让家康心生疑虑，他首先以要看将军秀忠意见为由，拒绝了秀赖的请求。三月以来，他开始先期调集人马，将一部分部队派驻摄津的尼崎、京都的淀、伏见等城池，以加强警备。三月十八日前后，京坂地方到处传扬德川将要出阵京都的风声。大野治长想要设法减轻家康的疑心，在三月十九日给后藤庄三郎致信称："此处有种种流言蜚语，已由（米村）权右卫门口头报知，实足惊诧，稍后我会派权右火速前来，到时将会详细陈述（辩解）。"但家康认为解决大坂问题的时机已到，三月末，他一方面让诸大名做好出动准备，另一方面派出了使者，向丰臣方提出两点要求：

（一）秀赖交出大坂城，转封到大和或伊势。

（二）如果还欲居住大坂，则应追放所召集浪人，原有家臣团允许保留。

尽管家康下达了通牒，但是也不能说他已经决定和秀赖兵戎相见，他在当时所下达的动员令，毋宁说是以和平接收大坂城为前提的，也就是说，是在做转封之时交接城池的准备。三月二十八日，德川家对甲斐国的乡士武川众下达动员准备的命令，出阵命令则是四月一日正式发出的，军令文书上明确写着："为大坂转封（国替）一件，公方大人在今月九日、十一日之间将御驾亲往上方（京坂）。"另外，就京都所司代在三月底发出的动员兵士前往京坂的命令，伊势桑名城主本多忠政在四月三日对板仓提出询问。忠政谈到，因为上面没有明确指示，行军模式是采取全副武装的临战状态赶往目的地的"武者押"模式，还是采取到目的地戍守警卫上番的寻常模式。他心里没有谱，要板仓给予明确回答。同时他也提到井伊直孝跟他讲的话："未闻有令出阵，像往常那样过去便行。"而板仓也告知他，骏府方面没有做全副武装临战出动的指示。井伊直孝、藤堂高虎等人都对板仓做了类似内容的询问，而得到了差不多的回答。而四月十六日细川忠兴写给萨摩岛津义弘、家久父子的书信中也提到："关于信州诸军之出动，根据彼国之人所述，上面的文面指示并非是作战动员（御阵触），只是说先派上去，当然也要做好武器准备。"另外，家康对西国大名也提到，只有和大坂彻底撕破脸皮之后，才会让他们出兵。在事实上，在夏之阵中构成东军主力的无疑只是当初动员的一批近畿、东北、关东、北陆大名和旗本，很多大名根本未及前往，导致夏之阵东军参战兵力十分有限。如果硬要用"阴谋论"将家康的以上举动称为是欺骗大坂方面的缓兵之计，恐怕不能说明这个问题。只能说家康的动员态势还是十分慎重，避免刺激到大坂方面。他还是照旧采取软硬兼施的手段，希望秀赖能够顺应大势。总之，四月四日，他就以祝贺德川义直的婚

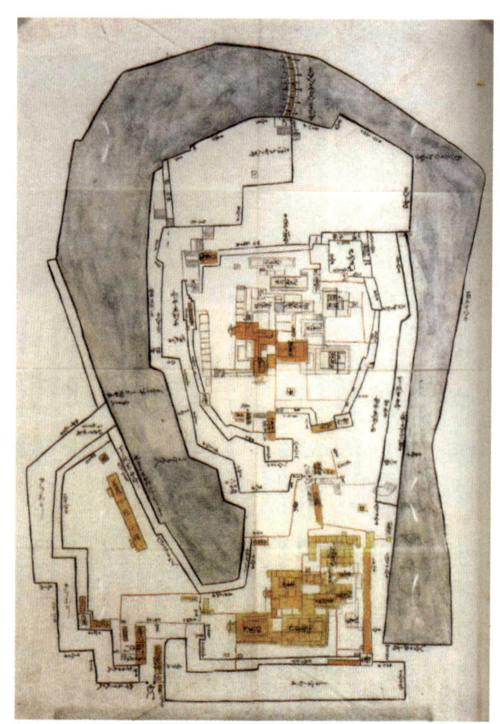

⊙ 丰臣期大坂城本丸绘图

礼为名，率领近卫军士离开骏府西上。德川秀忠也在家康到达名古屋的十日，以警卫京都为名，从江户出发前往京都。

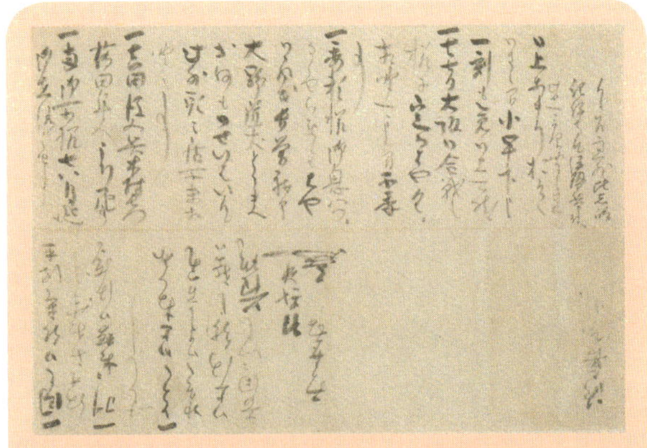

萨摩岛津氏因封国遥在九州极南，未能赶得上冬之阵的战斗，而夏之阵爆发后，幕府在庆长二十年四月二十日才对岛津家下达出兵命令。岛津家久接到指示后动员了一支一万四千人的大军，在五月五日从鹿儿岛出发，到六月二日才抵达摄津尼崎，于是悍勇无比的“萨摩隼人”又一次完美地错过了这场“最后的战国大合战”。在大战期间，他们一直和细川忠兴等人保持联络，以获取上方情报。本图是大坂陷落后五月二十五日细川忠兴写给岛津家久的信，忠兴在催促他早日上坂的同时，还告知他秀赖之子已被捕，真田、后藤等人已经战死，家康秀忠将在京中逗留到七八月，战后处理尚无确报等种种消息

秀赖接到最后通牒的反应十分激烈。四月四日，他在城中召开军议，淀殿和大野治长求他以转封换取丰臣家延续。他明确表示：“答应这般和议乃胆怯者所为，想和谈就和我的骷髅去说吧。”表示坚决不肯交出大坂，他其实在稍前就让大野治长对骏府遣使，将谢绝转封之意回报。使者在四月五日抵达家康处，报上谢绝之意。家康很不高兴，当即表示：“那样的话，（摊牌）也是不得已的事了。”风声传来，大坂城下一片混乱，京坂两地也大乱不已。

秀赖既然态度已定，主和派就彻底成了人人皆曰可杀的“反革命”。九日，主和派大野治长在下城回宅途中，被不明身份的凶手用胁差从左胁一刀插到肩膀，凶手逃了一町路，被大野家臣杀死。虽然没有查明其身份，但这无疑是因秀赖转为主战而气焰大张的强硬派所为。家康让大野治长的末弟，身为二千石旗本的大野治纯前去大坂城探望，询问伤势和下手人，并表示要严罚凶手，似乎还寄希望于大野的和平调停。四月十日，到达名古屋城的家康又召见了青木一重、常高院等丰臣方面的庆贺使，他对一行来人说，如果大坂照旧保留这些浪人，世

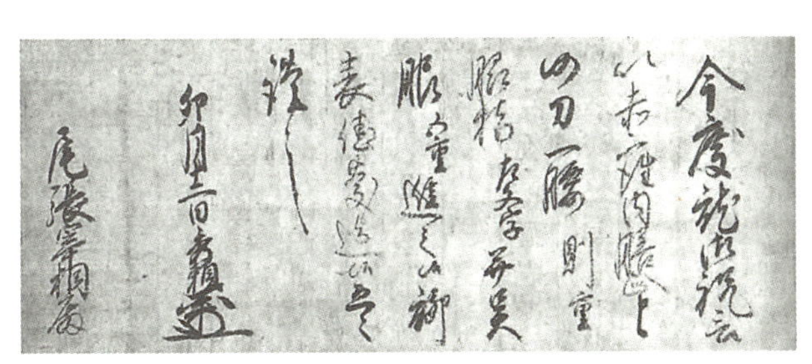

丰臣秀赖在四月十二日就德川义直结婚一事向义直致贺的亲笔礼状。他派赤座内膳正为使，向义直赠呈则重太刀一把，左文字胁差和五件吴服。这张文书是秀赖存世书信中的绝笔

间就会传言秀赖和淀姬尚心怀怨愤。常高院闻言就领会了家康的言外之意——既然不愿退城，那么至少要追放浪人。他便和二位决定先回大坂报信，而在京都正式传达丰臣秀赖的回答。于是大藏卿局、正荣尼和青木一重被安排在京都等待家康大驾。秀赖和淀姬怎么回应常高院带回来的口信的？史料未见之。大概也是和后来一九四五年日本战败前夕，首相铃木贯太郎之于盟国提出的《波茨坦宣言》一样，予以“默杀”了。

四月十六日，大坂方面下发浪人金银，准备武具。很快，大坂方决心一战的消息就传到了家康处。家康见丰臣方对自己的要求置若罔闻，便在四月十九日向诸大名下达了正式出阵命令。四月二十二日，抵达京都的将军德川秀忠和之前十八日抵达的家康在二条城召开军事准备会议。这时，家康最后唤来常高院，以及之前在京都待机的大藏卿局、正荣尼，一同前赴大坂，传达最后的和平条件，而青木一重则在此时被板仓胜重扣留下来，不许他回大坂。

和议的内容正文不传，根据《庆长见闻书》的说法，其大体趣意是：“虽然家康对秀赖不抱有疏远之心，但秀赖既然违背讲和，眼下不得已才出阵。但是，若肯答应和谈，则可宥免。”根据比较后出的《元宽日记》《武德编年集成》等二手资料，和议的内容是：

> （一）秀赖所言去年兵乱、百姓流亡之状虽是实言，但河内和摄津状况尚有不同。
>
> （二）和睦之后，虽应迅速流放浪人，如今还聚集多数浪人，所欲图谋何事？秀赖家臣整军备战之状，天下皆知。
>
> （三）为洗清嫌疑，秀赖应暂时移住大和郡山城，大坂则在城垣修缮完毕后，七年后再予返还。

这三条如果是真，显然已无法让大坂接受。谁知道七年以后会怎么样？反正大御所怕是活不到那岁数了，将军秀忠履行这个诺言的可能性也几乎是零。但看在常高院的面子上，秀赖还是聚集众人，进行评议。结果不必多说，浪人们顿时炸了窝，纷纷反对讲和，他们认为这是家康的奸计，眼下被他赚出城去，将来肯定不保还要提出难题，灭亡丰臣家。他们的议论自然成了城中的主流意见，而成为秀赖理直气壮拒绝和平的最好借口。另外，根据仙台藩方面留下的资料，家康在之前还提过可以保留原丰臣谱代出身的浪人而流放新参众的提议，也被大坂方面拒绝。

这样，大坂再战已是定数。毋庸置疑，这座城塞目下已成裸城。尽管东军并未能如冬之阵那样普遍动员天下之兵，但大坂方面依然处在劣势。对于浪人们来说，他们的前途也是凶多吉少。反映这段时间他们心理活动的第一手史料并不多，所幸真田信繁和其亲人之间的往来书信尚有数封保存，可谓是珍贵的资料。在本节的最后，就让我们看看信繁在面临这场他人生中的最大战争，也在事实上成为最后的决战之前，有着怎么样的活动和心境？

⊙ 大坂城本丸的重建天守雄姿

在讲和成立后，真田信繁前往东军阵营看望代表因病不能出阵的兄长信之前来参战的两个侄子真田信吉和真田信政兄弟。当时信吉大约有二十岁，而信政已经十八岁成人。信繁和这对侄子分别的时候，他们还是不省人事的幼儿，所以说这也算是失散的亲人初次会面。当时信政不在，信吉坐于上座，以堂堂的态度和他这位未谋面的叔叔行礼作揖。信繁十分高兴，便说："和你们年幼分别，不想今天业已成了器量出色的大将，兄长即便上了年纪，也不必担心真田家的未来了。"又问起信之近况，说很想和他再会一面。信吉便答："这次还能见到叔父，也是未曾想到。您老在大坂城外的地方构砦而守（指真田丸），想必十分辛苦。若不得讲和，那里被打下来亦未可知。这次讲和，实在也是天佑。"信繁便答道："确如你所说，此次即便构砦而守，而要面对天下大军，实在也是没有胜算，但是对于一心要拿下我方砦子而杀到眼前的敌

⊙ 真田信之画像。真田家在关原、大坂二役中都陷入了骨肉相争的不幸之局，作为嫡子的信之为保全祖宗基业，想必也是苦恼不已

人，我也不会让他们轻易得手。”然后就在阵中摆了酒席，信繁找来旧臣矢泽赖幸、木村纲茂、半田筑后守、大熊伯耆守四人共温旧话，一醉方归。信繁在最后恳请两个侄子说：“自从关原战败后，尽管靠着兄长信之求情而得苟活，因不得死所而到今天这个地步。兄长肯定要生气责备我是个没出息的家伙，到时候就请你二位替我讲点话让他消气吧。”信繁去后，兄弟二人将事情报知于德川方面，以避免被疑里通。另外在战间期，真田军的勘定方宫下藤左卫门还偷偷地将一些粮草和弹药转交给信繁。这个事情被旧武田细作出身的马场主水上报德川家，导致大坂夏之阵之后真田信吉兄弟遭到了幕府的质问，虽然当时兄弟二人极力辩解而得无事，但真田信之在反复调查事实之后，还是让宫下切腹担责。

庆长二十年（1615 年）一月二十四日，信繁给嫁给了真田家家老小山田壹岐守茂诚（出身甲斐旧族小山田氏的庶系境小山田家）的姐姐村松殿写了一封信。其信云：

就便一笔敬启，因此次不虑之事端而起战事，您说要来愚弟处看望，您担忧之情愚弟全能体谅。但待事情有一段落，而愚弟幸得不死，到此时望您再来。明日会发生怎样的事，今朝无法知晓，但当下还是平常无事。愚弟和主膳大人（村松之子小山田之知）虽说多次见面，但这里总有急务，不能好好说话。如今这里尚无别状，敬请宽心。虽然想详细说点什么，但此人（小山田之知的信使）也有急事，站着等我回音，眼下就先急着写这些。以后再来信详细报知。

在这封信繁借着外甥小山田主膳之知的好意给他姐姐所回的家书中，可以看到他对于自己擅入大坂给家人带来无尽的挂念和烦恼，还是心存愧疚。虽然他心中已有不祥的预感，但是为了使姐姐不要过分操念，他还是强说此处无事，要家人不要担心。

之后，丰臣秀赖下赐信繁以正式的居处，使得他总算能从浪人长屋里搬出来，过上安定一些的生活。信繁的姐夫小山田茂诚为祝贺信繁迁新居，派家臣市右卫门送来两条二尺长的鲑鱼。信繁十分高兴，在二月八日写了一封回书：

感谢您远路来信。托您吉言，当春喜庆无尽。礼物两条鲑鱼已经收到，实在感激您关怀之意。您百忙之中关心在下，在下不胜惶恐，您这里万事太平，已听市右卫门详细报闻，十分满足。我这里也无甚改变，虚弱衰老的模样，市右卫门会详细报知，也就不多费笔墨了。以后怕是再也不能见面了，便都是在（和市右卫门）谈您这边的事。另外详细情况市右卫门会有报说，恐恐谨言。

另外又及，您不断关心在下，写信前来，实在感激不尽。长年累月地住在这样一个地方，已经不指望有谁会来信闻讯了，您老有这样的心意，我实在想象不到。不要时常遣人过来，我这里若有什么需要会和您提。总之是上了年纪，实在遗憾！我从去年开始突然衰老得很快，成了病夫，牙齿掉个干净，胡须也没一根黑的。如今实在很想和您再见一次。以上。

⊙ 大坂城天守阁藏铁二枚胴具足，该具足据说是真田信繁的遗品，其胸甲的设计受到了西洋铠甲的影响，护手上有真田氏的六文钱家徽

在这封信里，信繁尽管非常不舍，还是希望家人不要频繁前来探望他，以免引起德川方面的疑心。另外，他谈起了自己已呈老态，并且以“以后怕是再也不能见面”结了句，暗示了将来必有一战，并且披沥了自己准备一死的决心。另外在二月，信繁的女婿石谷道定也给妻子阿末母亲的养父当时在大坂城中跟随信繁的堀田作兵卫兴重写了一封信，询问信繁和大助幸昌父子的安好。信繁得知后，在二月十日也给女婿写了一封信：

你向作兵卫问我父子安否，甚好。因我等既已守城，决心一死，在此世已不能复相会。阿末或有不顺你心的地方，无论何事也拜托你不要弃她不顾。详细可和惣右卫门谈。

在这封信里，信繁不仅提起了自己准备战死的决心，甚至想到自己死后，石谷夫妻可能会因为自己的原因遭到世人冷眼，他希望即便这样女婿也不要抛弃女儿，体现了信繁为人父的一面。而在三月十九日他写给小山田茂诚父子的书信，便是他的此生绝笔：

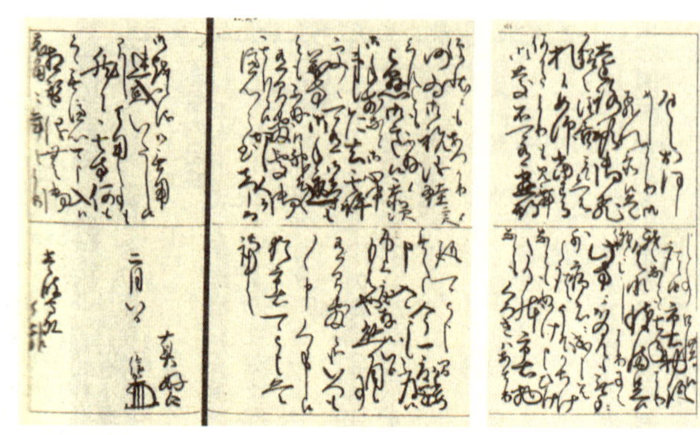

⊙ 庆长二十年二月八日真田信繁（落款为“真好白”）写给小山田茂诚的书信影印件（原收冈本贞烋氏所藏文书，东京大学史料编纂所影印本）

远路来信已收到，知您这里安然无事，甚慰。在下这里也晏然无事，敬请安心。关于在下的待遇，主公（秀赖）的宠眷非比一般，总是劳您费心。现在每一日都在繁忙中度过，若非面会，难以详谈。信里是写不完的，这里的情况可以问来使。今年如果能够平静下来，我总要想个办法见您一面，各种各样的事想说的很多。此浮世飘忽无定，明日之事无由知晓，望您切莫把在下当作活在现世的人。恐恐谨言。

又及，虽想别写一纸，还是作罢。心情略有凌乱，匆忙间弄成这样，总在今后信里具体再说，以上。

三月以后，战云日益密布。尽管信繁之前强打起精神，用最坦然的心情迎接最坏的事态，但人心是肉长的，他又怎么能真的淡定下来？他在信里和亲人做了今生的诀别，但他也知道自己笔调这样沉重，亲友必然悲痛万分，所以在追及的部分，其口气又有所犹豫。他满怀着对亲人的深切愧疚和无限眷念，奔赴了自己人生最后的战场。

八　人运天算道明寺

大坂城既然已经失去了牢固的外郭，注定无法坚守。在前述四月四日的军议上，野战出击便成了丰臣方的基本作战方针。据说，真田信繁此时又提出了出击宇治、濑田的方案，但是大坂方还是决定先观察东军的行动后再出牌。迎击作战的基本指导方针是七手组所主张的城南决战论，由于城北淀川水系依然是天守阁的天然屏障，德川方不会将城北作为主攻方向，胜负自然会在城南的平野上决出。顺便一提，织田有乐斋的儿子织田赖长在这时以自己是织田信长的外甥为由，强硬要求大板高层授予全军的指挥权。众人自然不允，他就以此为由跑出城去。其实如果真给织田赖长全军的指挥权，他反而会叫苦不迭吧，借着最后的机会找个茬子溜出城去才是他的唯一目的。

四月五日，秀赖为勘察地势，在众将的簇拥下出得城去。据《丰内记》的描述："秀赖公个头甚高，神情凶神恶煞，其力可当凡辈十人，骑着肥而剽悍的御马，看上去确是个出色的大将。"这一行人出了大坂正门，到阿倍野、住吉、茶臼山、冈山等必战之地做了仔细的勘察。当时，今福之战的英雄后藤基次和木村重成二人有幸充任行列的先锋，秀赖本阵则立着丰太阁遗留的千成葫芦马印，毛利胜永在鞍前马后恭敬地为秀赖捧着头盔，后卫由真田和长宗我部二将担当，而大野治房则充任殿后，大野治长率领七手组留守城内。这一行事所体现的责任分

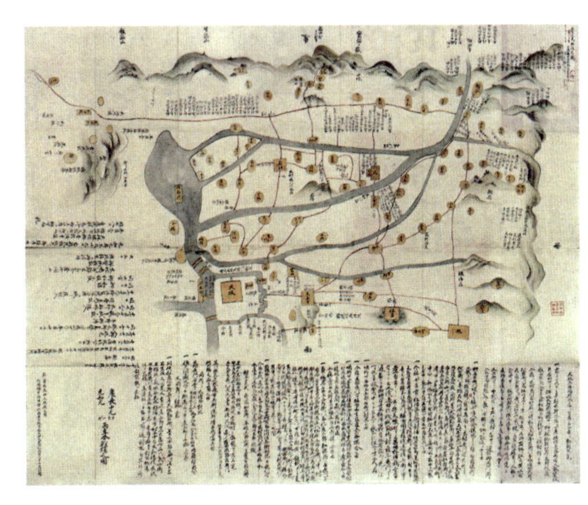

⊙ 庆长元和大坂役之图（原图为植田胜太郎所藏，东京大学史料编纂模写本）。该图不仅标出了激战地的位置，还具体标出了著名武将的本阵所在和战死地

担，可以说是体现了后来夏之阵的丰臣方指挥体系。这一次巡视，也可以说是为了振奋城中士气的一次战前动员，让诸人想起了太阁盛时的绚烂荣华景象，让一些秀吉以来的遗老热泪盈眶。当晚，全城摆起酒宴犒劳三军，以壮众军士气。

四月二十六日拂晓，夏之阵的第一枪由丰臣方主动打响。丰臣方以大野治房及后藤基次麾下一部共二千余人，乘东军从河内口出击的间隙，在凌晨暗夜中进军大和，意图袭击东军的后方。大野治房率军沿着奈良街道前进，越过暗岭进军大和，将大和郡山城作为攻击目标。郡山城守将筒井定庆慌忙动员兵力，仅得一千余众，只能守城不出。大野乘夜对郡山城发动突袭，城兵不整，为之大乱，纷纷逃亡。筒井定庆只能弃城而逃，丰臣军乘乱占据了大和郡山城。二十七日，丰臣方出城烧掠，烧掉了德川的大工头中井正清的老家，然后朝奈良进军。这时，治房听闻德川方面过来负责指挥大和诸军的水野胜成已经抵达奈良，便放弃了攻击南都的计划，朝大和国内规模可称第三的今井町转进。但是，当地居民已经做好防战准备，用铁炮袭击大野治房。大野见先机已失，就退回郡山，然后弃城缩回大坂。此战中在大和诸将中为东军挽回面子的，只有领有该国二见一万石的小领主松仓重政。当时郡山城的筒井定庆向同国的高取、大和新庄二城求救，但高取城主本多俊政和新庄城主桑山一直则按兵不动，只有松仓重政看不下去，便传信二将云：“等在下战死，贵两家再出兵罢了！”然后率队前去追击撤退中的大野治房殿后部队，斩杀了四个走得慢的

⊙ 大和郡山城城迹公园中种植的染井吉野樱花，这里是有名的赏樱名处

残兵。由于松仓割下了夏之阵中对东军来说具有象征意义的“初首”，所以他在战后获得重赏，居然一举出世为九州肥前国高来郡岛原六万二千石的大名。

东京大学史料编纂所模写本浅野长晟画像。该画保存状态不好，剥落严重，这里附清晰度不高的原图照片做参考

在出击大和之后，丰臣方接着对纪伊和歌山的浅野长晟发动了先发制人的打击。浅野家虽然是秀吉遗孀高台院宁宁的本家，但是当主浅野长晟和尾张德川家通婚，几次拒绝大坂方面的求援，在秀赖看来实足可恨。另外，浅野家也是除将要临近大坂的德川军主力外，在大坂周围拥有最大动员实力的大名，与主战场大坂南面接壤，对于丰臣家而言，浅野也是需要做出预防的对象。

秀吉所用千成葫芦马印的实物，此物原本用于装饰在秀吉侵朝渡海的座舰上

在大坂方面正面进攻的同时，他们还利用室町时代以来在当地曾缔造了“自治共和国”而遭秀吉剿灭的纪州土豪对浅野氏这样的织丰系外来领主的厌憎情绪，煽动当地住人发动暴动，配合丰臣军作战。在冬之阵时，他们就煽动了纪伊、大和交界山区以北山乡为中心的三十二个村三千余人发动暴乱，被留守新宫的浅野家臣户田胜直镇压。但是这股一揆[①]一时间内声势还是很大，连家康也不

① 一揆：指日本前近代史上武士或农民为达成某种目的结成的契约组织，在江户时代成了百姓市民暴动的代名词。

⊙ 纪州一揆暴动示意图

⊙ 泉州樫井合战绘图

得不在庆长十九年十二月二十五日派浅野长晟本人回国镇压局面，残部一直到十二月二十七日方告讨平。在夏之阵开始时，大野治长则派出家臣北村善大夫煽动其旧领泉佐野，以及纪伊沿海住民起来暴动，准备和他们夹击浅野长晟。北村答应一揆的总头目杂贺的凑惣右卫门，只要事情成功，就封他做纪州一国之主，并给他们暴动经费，答应给各小头目以万石知行。但暴动队伍擅自进攻和歌山，中了留守人员熊谷治部和寺泽半兵卫的计谋，遭到失败。凑惣右卫门仅以身免，俘虏供出了北村善大夫等人的所在，结果纪伊各地的暴动者也尽数被擒。

一揆内应已告失败，但大坂方不明就里，依然照原计划前进。四月二十八日，他们派出以大野治房、治胤兄弟为主将，领塙直之、冈部则纲、御宿政友、细川兴秋、长冈正近以及大野治长麾下一部共五千余人朝纪伊出击，塙直之、冈部则纲充作先锋，领一千人前行。大野治房首先对小出吉英和飞驒金森可重两部六百余人据守的和泉岸和田城发动攻击。小出吉英守城不出，大野在留下一部牵制岸和田守军的同时继续前进。其后卫大野治胤两千余人则奉命对堺实施报复性的“三光”作战。盖因以冬之阵时丰臣军对堺强行征收金米，本就态度亲关东的堺豪商便恨透了丰臣秀赖，在冬之阵时踊跃担任东军的御用商人，他们便反遭大坂方的仇恨，几乎未加设防的堺镇遂被大野治胤烧掠一空。这座在战国日本的历史上留下厚重一笔，曾经被来日的西欧传教士誉为“东方威尼斯”的繁荣城镇就此成为历史，往后也未曾能够复兴以往的核心城市地位。停泊在堺近海的德川水军向井忠胜前去救援，也被击退。

这一天，连遭家康和板仓胜重出兵催促的浅野长晟率兵五千余众前往大坂。下午一时许，浅野军先锋到达泉佐野，本队在信达布阵。这时，斥候传来了丰臣方面“两万”大军接近的报告。浅野长晟以为敌众我寡，便决定一时后退，在泉佐野四公里左右后方的樫井布阵。这里地形狭隘，是个便于少数兵力设防的场所，长晟打算在此地迎战丰臣军。

⊙ 塙直之在樫井合战中所用的家真铭十文字枪，该枪由和泉当地的乡士之家保存至今

二十九日凌晨，丰臣军先锋冈部则纲从贝塚的愿泉寺出击，塙直之和负责向导的淡轮重政随后出发。路上塙直之和冈部则纲两边互争前锋，吵得不可开交。当塙直之抵达泉佐野时，浅野长晟早已撤退。冈部想要立即追击，塙直之怕有伏兵，便亲自充当斥候部队先行，但是冈部又不满意塙直之冲在自己前面，于是两队毫无意义朝着前方赛跑般地胡乱突进。而负责浅野方后卫的龟田高纲则且战且退，上午八时前后，冈部则纲抵达樫井，和守候在此的浅野军主力展开了激烈的白刃战。冈部则纲迂回到浅野军的西侧翼发起突击，先打垮了前野的前卫部队，但是塙直之等后续部队一时没有赶到，浅野方面不断发起反击。经过四个小时激战，丰臣军陷入不利局面。冈部则纲负伤败走，而塙直之则在白刃搏斗中对上了浅野家的客将上田重安。此公尾张出身，初仕丹羽长秀，后从秀吉，因关原战时参加西军失侯，闲住浅野家。他雅号宗箇，从古田织部学茶，不仅是个身经百战的老手，还是茶道上田宗箇流的祖师。上田是个矮个头，先在搏斗中被体格较大的塙直之夹在腋下，眼看着要给拖进大坂方阵中，上田的家臣前来救主。一个十七八岁的小姓拽住了塙头盔的护颈，将他朝后拉倒，然后用腰刀朝头盔和护颈接连的地方狠狠敲了一下，塙直之因之失去抵抗能力，遂被上田重安骑上身取了首级。对于这位豪杰来说，不幸中的万幸是他总算没有死在一个小卒手

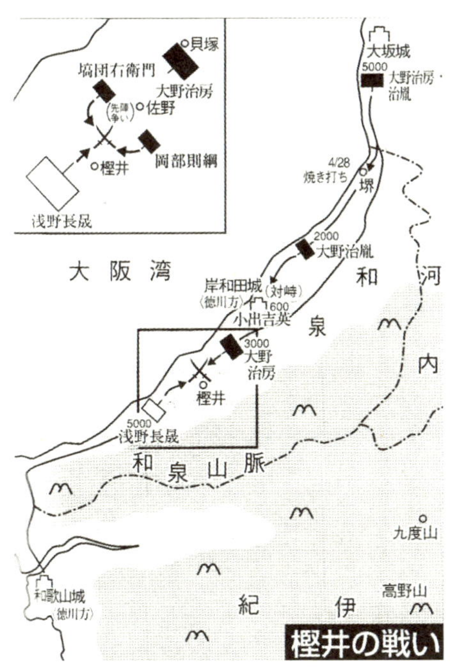

⊙ 樫井之战示意图

里。除了塙直之，丰臣军前锋在此战中还折掉了芦田作内、米田兴季、横井治右卫门、山内权三郎等十二骑物头，遭到了沉重打击。

这样，丰臣军前锋战败溃走。在贝塚的大野治房还打算按照原定计划和纪州一揆夹击浅野军，一直在等着一揆的信号。当前锋的败报传到大野治房本阵时，他大吃一惊，急忙派出御宿政友和长冈正近二将前去樫井救援，但浅野长晟为重整旗鼓，早已退走。丰臣军扑了个空，只能在火葬了塙直之等人的遗骸后，悻悻地退回大坂城去。岸和田城的守军小出吉英沿路追击，还取下了对方三十颗首级。

大坂方面的两次出击，本来是计划在东军集结之前，先击破一部薄弱之敌，以提高人数上不利的守城部队的士气。但是大和之战的战果未能予以扩大，和泉之战却是着实损失惨重，丰臣方的出击并没有收到预想的效果。而完成了集结的德川主力，则按预定计划开始行动。四月二十二日二条城军议以后，家康决定将集结在京都一线的部队分成两路向大坂开进：一部从淀川左岸的京街道南下，从河内方面逼近大坂；另外一队取道大和，然后和出现在大坂城南的丰臣军主力正面会战，一决雌雄。大和路军由家康六子松平忠辉统帅，总数约在三万五千，在四月二十六日出发；河内路军共计十二万余，则由家康、秀忠父子亲领，在五月五日出发。两方预计在大坂东南的道明寺方面会合后，朝大坂城南面前出。夏之阵的揭幕战到此告一段落，而决战业已迫在眉睫。

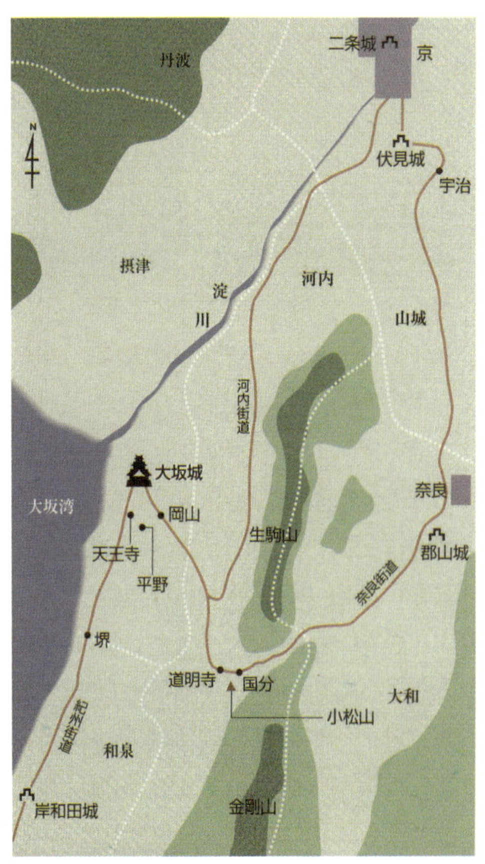

⊙ 大坂夏之阵关联地点示意图

四月三十日，在樫井之战中碰了一鼻子灰的大野治房部队撤回大坂城。大坂城内遂召集诸将召开军事会议，商讨如何迎击东军主力。丰臣方面虽然也基本预想到了德川方会从河内、大和两路进兵，却错误地认为他们的安排基本会和冬之阵差不多。他们预料：德川家康将会带着大队人马经大和国，穿过生驹山脉抵达国分，从大和街道前往大坂；而另外一路偏师会由秀忠带队，沿着生驹山西麓，经东高野街道朝河内平野进击。后藤基次认为，如果让东军顺利会合，其十五万余大军在河内平原上展开，兵力不足的大坂方将难以取胜。应该充分利用河内、大和边界上的山岳天险设防，这样就可以用少数精锐，挫败家康部下东军主力的进击。东军一挫，后续部队必将向大和内退却，这样就可以为大坂的进一步布防争取时间。真田信繁和木村重成都同意后藤的提案，于是大坂方面便决定在接近河内大和国境的要道道明寺阻击东军。

道明寺口位于大坂东南约二十五公里处，东接大和国，从奈良至堺的通道和从纪伊到山城的道路在这里交会。而位于大和、河内国境上的生驹山到葛城山、金刚山一带的山脉则构成一面天然屏障，从大和向河内去，都要翻山越岭，而过了山岭，附近又是一片古坟和丘陵构成的起伏地，并不利于大兵团作战的展开。后藤又兵卫基次选择此地为阻击点的做法并没有错，问题在对东军部署的错误判断。应该说，大坂方面的预想在开战时已经落空，其精锐迎击部队在道明寺迎战的对手，不过是松平忠辉所统帅的一支三万五千人的偏师。丰臣方面自以为能以精锐部队迎击敌军主力，实际上却是把上驷浪费在对方的下驷上了。并且更大的问题在于，由于

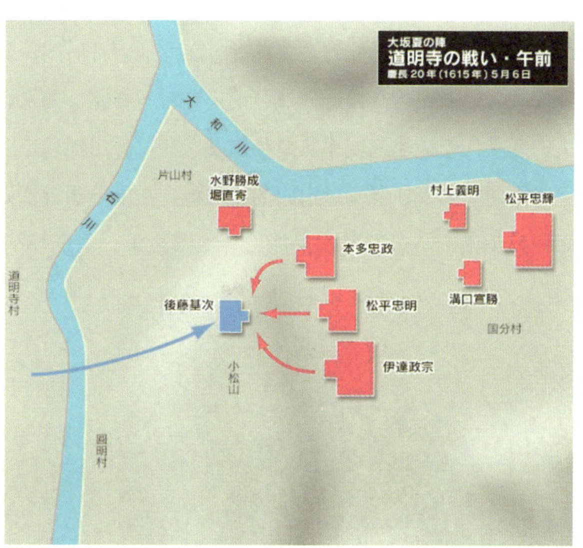

⊙ 道明寺会战前半段示意图

⊙ 小松山说是“山”，其实是一个微高的土丘，四周还连有上古时代的古坟

两路东军的预计会合点就在道明寺，即便真田、后藤能在道明寺挡住大和路军的进击，他们的侧翼也将受到从北面下来的东军主力的威胁。可以说，丰臣军的形势预判出了很大偏差，之后的战术误算实在是不重要的问题。

大坂军道明寺方面迎击的前卫部队则由后藤基次、薄田兼相、明石扫部、井上时利、山川贤信、北川宣胜等部为主，共六千四百人，后卫部队则由真田信繁、毛利胜永、渡边糺、福岛正守（福岛正则之弟）、细川兴秋等一万二千余人构成。

五月一日，后藤基次率领的前卫部队先从大坂出击，在平野宿营，并收集情报。六日十二时前后，后藤部先到达藤井寺，在此地等待后续部队到达。但是，当天雾气甚重，后续部队迟迟未到达。而这一战可谓是和时间赛跑，如果让东军经过了迎击地点，作战则将失去意义，于是他只能率队单独出发。经过誉田抵达道明寺时，他立即派出斥候，得知东军前锋两三千人已经穿过山间的狭隘地，在国分附近展开。故此，丰臣军在山隘口迎击东军的计策破产。后藤基次只能选择次善之策，他选择国分西面的一个高地小松山为迎击阵地，居高临下，尽量吸引东军攻势。这个格局很像当年十四世纪建武之乱时在凑川孤军迎战足利大军的楠木正成，只不过楠木是为了争取时间保证新田义贞的有生力量脱出战场，而他争取时间的目的则是为了等到后续部队赶到。不管怎样，他已经做好了战死的准备，便对部下说：“大家听好，我成了浪人之后，碌碌无为，在以为就要虚度此生的时候，被秀赖公起用，真是三生有幸。为了尽忠于秀赖公，我要战死于诸公之前，以报此恩。”又兵卫作为一个久经战阵的老将，他清楚原定作战既然落空，之后胜算已经渺茫。事已至此，只有豁出性命，等待天命的裁决了。

⊙ 后藤又兵卫基次战死时所着之日月龙纹莳绘佛胴具足（大坂城天守阁藏）

再看东军方面，大和路军的先锋水野胜成已经在四月二十八日进入奈良，做好了防备。之后，德川方面也接到了后藤基次部队正朝此前来的情报。水野胜成在等到后续集结完毕后，五月五日率松仓重政、堀直寄、丹羽氏信、奥田忠次等部三千八百左右部队从奈良出发，抵达国分，布下阵势。在水野前锋之后，第二阵本多忠政约五千，第三阵松平忠明约三千八百，第四阵伊达政宗一万余，第五阵大将松平忠辉一万两千先后跟进。水野胜成的三千八百先锋在后藤部队抵达小松山前就接近了该地，诸将以为应该上山布阵，在此地迎击来敌。但水野胜成考虑到丰臣方的兵力恐怕会远多于自己，困守小松山并非良策，还不如在不利于大军展开的国分迎击敌人比较合适，便先缩回了国分。

⊙ 在小松山之战中立下战功的丹羽氏信从家康处获赐的阵羽织。顺带一提，这一支成为三河伊保藩主的丹羽家和我们熟悉的丹羽长秀（其子长重为陆奥二本松藩主家）没有血缘关系，他们是足利一色氏的旁流

六日拂晓，当东军发现后藤部队占领了小松山后，水野胜成就指挥前锋进攻小松山。胜成本准备包围小松山，但这一位有名的“倾奇者”不知是不是被后藤基次的斗志所感动，最终采取了正面突击的战法。奥田忠次和松仓重政二部先靠近了小松山，山上的后藤前锋发起震天的喊杀声，冲下山来，瞬间将两部冲垮。奥田战死，松仓则陷入危急之状。这时候水野和堀直寄赶到，接应松仓部队后退。之后，东军主力陆续赶到，小松山陷入了重围。伊达政宗的前锋片仓小十郎重长（景纲子，当时名重纲，后为避四代将军家纲讳而改名）的火枪队和下山布阵的后藤部火枪手展开了激烈的对射。在大坂夏之阵中，伊达军的火枪装备率达到了六成，光政宗本队就有三千支火枪，火力甚猛。他们利用装备数量优势，逐渐将后藤逼到山腹。东军松平忠明部队乘着这个机会从小松山东面迫来，冒着后藤军的弹雨冲上山去。但后藤基次像鬼神一样拼死抵抗，打退了东军数次冲锋，终于到了极限。他让失去战意的士兵先退，自己率领敢死之士且战且退，从小松山西面退下山去。在到了山下的平地之后，他又兵分二队，打退了两股敌军。但在奋战之际，东军先锋队中的丹羽氏信部从侧面突袭后藤队，终于成了压死骆驼的最后一根稻草。被丹羽的侧击截断的后藤军在整理队伍之际，遭到了伊达军火枪队的猛烈射击。后藤军的前锋大将古泽

满兴和山田外记中弹身亡，后藤为收容被击溃的前队，亲自上阵指挥，结果胸口中弹而倒。他虽有心杀敌，但已无力回天。其护兵抱住后藤的肩膀想把他拖走，但后藤体躯庞大，又身披重甲，旁人无法拖动。后藤基次知道自己大限已至，便让从者砍掉了自己的首级，埋在了路边。

尽管主将已死，但后藤部下残兵并未逃散，而是继续抵抗，很多人朝密集的敌阵中一头扎进就再也没能出来。战斗从拂晓一直持续到正午，东军继续追击后藤残部。水野胜成一马当先，本多忠政继后，到达小松山西面的小河石川。在石川西岸集结的丰臣军正是在冬之阵薄劳渊之战中出了洋相的“橙武者”薄田兼相，他为雪前耻，在收容了后藤残部以后，决然反击人数占优势的东军。但终究寡不敌众，东军后续云集雨来，薄田被水野胜成的部下击毙，丰臣方面的败军只能向誉田方面撤退。

这样，丰臣方面的大和口迎击战略可以说基本破产了。毛利胜永虽然在当日拂晓从天王寺出发，但到达藤井寺的时候时间已晚，他只能一边接应从前方败下来的后藤、薄田残部，一边继续实施警戒。上午十一时左右，真田信繁和其余诸将陆续赶到，丰臣军才得以重新构筑战线。真田信繁率队和被水野胜成击溃的渡边糺会合，朝誉田方面进击，刚好遇上了尾追着北川宣胜三百而来的伊达政宗一万之众，于是两方在位于誉田的应神天皇陵下展开激战。真田军先同伊达军的前锋片仓重长激烈交锋，真田利用起伏的地形迎战对手。片仓队先是连续施放火铳，真田部卒们纷纷伏倒避弹，等片仓的排枪放空后，便跃起以长枪接战，一度将片仓重长击退到誉田村。片仓队因为早上和后藤交手，激战至此已显疲态，伊达政宗便让二阵奥山兼清替换下片仓重长。正当二队在前沿交接之际，真田

明治时代锦绘中后藤又兵卫勇战小松山的场景

岐阜市历史博物馆藏大坂夏之阵图屏风中的道明寺之战，后藤基次在退下小松山后被东军团团围住

信繁抓住战机，果断发起突击。事出突然，伊达军阵脚不稳，连连后退。伊达家臣小关重次回忆了当时的不利局面："（我军）在第二阵奥山出羽前来换防，重整阵势之际，敌兵急至……事发突然，我方阵脚不坚，芝居（阵势）后退有七八町（七八百米），很多人从政宗公御本阵赶来，九死一生地交战。"但依然挡不住真田的攻势。最后，伊达军只得后退到道明寺。真田信繁也见好就收，率军撤退。

誉田战斗后，德川方大和路军的大将松平忠辉赶到战场，两军重整局势。东军从道明寺到誉田一线展开，丰臣军则从誉田西面到藤井寺展开。这时大野治长也率大队后援赶到，当时的丰臣军数量达到三万。但这个时候，丰臣方面已难以支持。八尾方面交战不利，木村重成战死的消息已经传来，丰臣军如果继续在此地盘桓，后路就有被切断的危险。诸将在毛利胜永的阵地里商议之后，决定以真田信繁为殿军，在下午四时放火烧了附近的民家，在烟幕隐蔽下退走。水野胜成和主将松平忠辉都主张追击，但硬是给忠辉的丈人伊达政宗以他的部队弹药已竭、将士疲惫为理由压了下去。水野胜成难掩怒火，便对政宗说："此时若不急进，家康事后必问责为何不进，到时你无法辩解，肯定要吃处分。如果都是一个死，还不如和敌人拼死。"但是政宗还是不动色，水野去劝说其他诸将，众人也没有反应。水野只能暗自咬牙，束手无策。据《北川闻书》，殿后的真田信繁见东军

大阪玉手川公园中的后藤又兵卫基次纪念碑

伊达政宗画像（东京大学史料编纂所藏摹本）

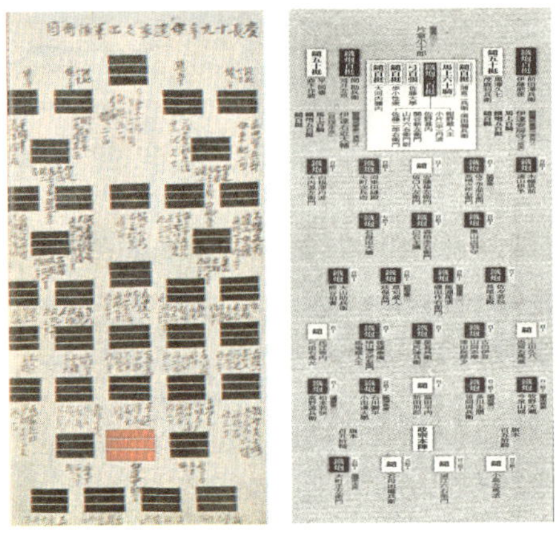

《仙台武鉴》所收大坂之阵中伊达军的战斗序列图

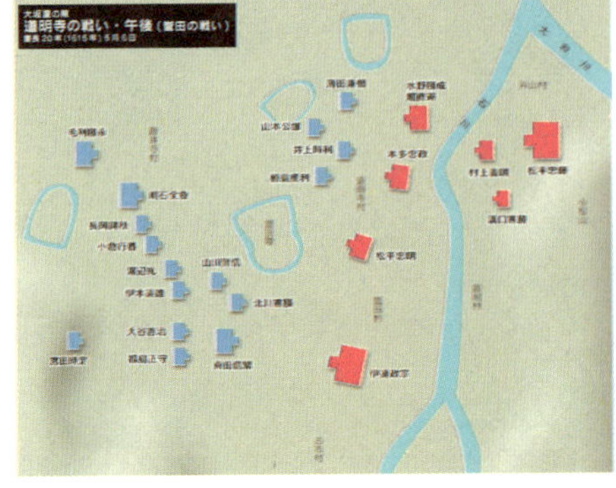

道明寺会战后半段示意图

皆不敢前，便对眼前关东数万之众扔下一句“关东军虽百万，却无一个硬汉”后悠然退走。对于德川方面来说，他们已经有几次中了真田的挑衅而被痛打的经历，恐怕他们是害怕真田留有后手，所以才忍气吞声，不敢追击。此战，东军死伤四百余人，击毙对方二百一十人，并俘虏五人。此夜，东军大和口部队则在藤井寺、誉田、道明寺一带宿阵；丰臣军诸部经过平野，退往冈山、天王寺、茶臼山一带。

八尾若江方面的战斗，则是和道明寺之战同时在五月六日未明时分进行的。该地在道明寺北方约八公里，大坂东面约八公里，八尾和若江两村大概有四公里的距离，其间还有西郡村和萱振村；八尾西面还有久宝寺村隔河相望，经过久宝寺和平野乡，就能抵达大坂南面。五月初，木村重成就和山口弘定、内藤长秋一道防守城北。而他们探得家康、秀忠主力沿着星田、砂、千塚和东高野街道一路南下，朝道明寺方面进军的消息，就一度回城，重编了迎击部队。重成决定同长宗我部盛亲一道前往道明寺。但这个时候，因为大和口的迎击部队已经出发，木村便转变方针，决定和长宗我部部队一道突袭朝东高野街道南下的家康部队侧面，朝若江、八尾方面进军。幸亏木村重成的临时起意，若没有他们在若江、八尾方面一挡，道明寺的迎击部队恐怕要陷入更加危险的局面。

木村重成本部四千七百余人在六日的

凌晨两点出发，以一个灯笼为标记，在暗夜中朝预定地点急行军。在他们经过大和桥时，道明寺方面枪声响起，但木村还是按照既定方针朝若江方面前进。上午五点，他们抵达若江，将全军在高野街道西侧排开，等待东军前来。东军方面，担任家康、秀忠主力兵团前锋的是井伊直孝和藤堂高虎二部。五日夜，东军主力在星田召开军议之后，藤堂高虎就回到千塚的自军本阵，宣布明天拔营进击。六日拂晓，藤堂方面的斥候探得了前方有敌军动静，由于在五日的军议中，家康不许各军擅自开战，高虎便决定先亲自前往秀忠本营报告情况，听上峰判断。但他刚走出不远，晨雾散去，他便看到久宝寺、八尾、萱振、西郡、若江一带都是敌军旌旗阵势，大吃一惊。右先锋藤堂良胜突然觉悟到了丰臣军的意图，大呼："他们这是想要突入将军和大御所的本阵，应当立即开战。"藤堂高虎急忙联络井伊直孝，决定迎战敌人。

伊达政宗所用黑漆涂五枚胴具足，仙台市博物馆藏，这套铠甲配合当初锐气正盛的渡边谦在1987年大河剧《独眼龙政宗》的精彩演出，使渡边版政宗成为当代人最为熟悉的政宗艺术形象

藤堂军的右先锋藤堂良胜、藤堂良重所部首先向木村的前卫发动攻击。对此，在萱振村布阵的木村军右翼七百人前去应战，两方交锋三次，藤堂右先阵先被击溃，藤堂良胜被击毙，藤堂良重也受伤撤退。木村部下想要追击，木村重成不许，下令先把伤员送到若江本阵，准备下一战。木村的弓兵队长饭岛三郎右卫门认为既然已经获胜，则应该尽早退回城中。但木村重成不肯，认为还没有取下家康父子的首级，安能撤退。木村部队便留在当地，再寻战机。

另外一方面，井伊直孝所部五千六百人本打算按照预定计划朝道明寺方面急进，但是接到藤堂的报信后，就朝八尾、若江转进而来。井伊直孝以庵原朝昌领一千人为右前锋，川手良利领一千人为左前锋，在上午七时扑向木村部。木村让火枪队三百六十人埋伏在玉串川的堤上，准备将井伊军诱到堤下田间的畦道上，予以突然打击。但是，井伊的左先锋川手良利登上了玉串川左岸，和其他部队配合一道射击，木村的伏兵朝西后退，堤岸被井伊占据。左前锋庵原也在这时加入了战团，两边激烈交锋。川手在去年的真田丸之役中被打得灰头土脸，这次为了挽回荣誉，可以说是豁出了性命，果然如愿战死。右先锋的庵原

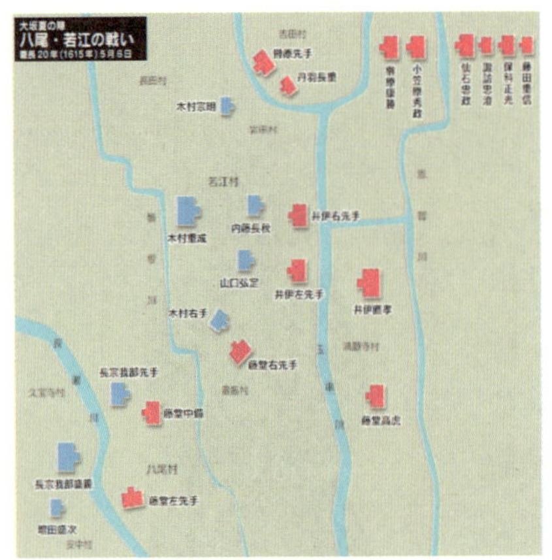

⊙ 八尾、若江之战示意图

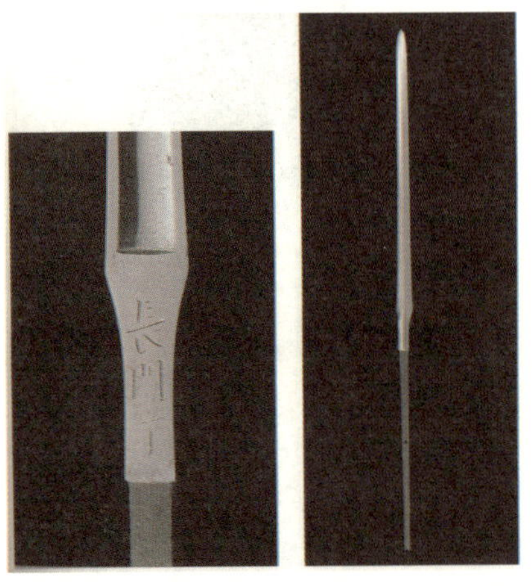

⊙ 木村重成在若江之战中使用的大身枪

⊙ 木村重成所用之螺钿饰马蹬

朝昌也被击退。直孝闻讯，大为震怒，便亲自率领本队出击。木村重成自清晨开始和藤堂的前锋交战，又连续打退了井伊的前锋，如今已露疲态，抵挡不住锐气正盛的井伊本队。木村重成部下的“十二人众”和井伊的“十本枪众”连番血战，结果全数被击毙，饭岛三郎右卫门等人也战死。木村家臣青木四郎左卫门和早川茂太夫劝主君撤退，重成不听，亲自执枪杀入敌阵，壮烈战死。同阵的山口弘定、内藤长秋也一同战死。在木村部队北面的岩手村，还有木村宗明率领的一小股丰臣军。德川军后续的榊原康胜在听说井伊攻击得手后，便对这股部队发起攻击，木村宗明亦败走。

在木村和井伊部队激战的同时，藤堂高虎的主力则遭遇了在八尾村布阵的长宗我部盛亲。在五月六日上午，本被定为道明寺方面的游军预备队的长宗我部盛亲和原丰臣五奉行增田长盛之子盛次（此人冬之阵时尚在东军，夏之阵为报旧主而入城）一道率军出城，经过久宝寺村到达八尾。河内平野因为过去是海，河川横流，到处是湿地，洪水亦多，其实是大军难以展开的地方。如前文所述，冬之阵之前丰臣军还破坏了一部分堤防，盛亲便打算利用这一湿地，狙击从东高野街道南下道明寺的德川本队。

藤堂高虎在得知此地也有丰臣军展开后，便让中央队藤堂高吉和藤堂家信二部朝此挺进，攻击布阵在萱振村的长宗我部先锋吉田重亲。盛亲准备先撤回前队，但是敌人靠得太近，时机已失。失去撤退机会的吉田重亲将部下分成三四十人一团的小队分散应战。但藤堂高吉麾下还有二百人的火枪队，对面前之敌施以猛烈攻击，将吉田重亲全队击溃，重亲战死。由于长宗我部的火枪队在当天落在后面没有赶到战场，导致其前锋难以进行有效的抵抗。

此后，藤堂左先锋藤堂高刑和桑名吉成（别名一孝，系长宗我部旧臣）越过玉串川，从东面逼近位于八尾的长宗我部盛亲本队。高虎旗本本队的藤堂氏胜则进至八尾北面，朝盛亲本队进迫而来。盛亲让麾下三百余骑下马，半蹲在长濑川堤上，等待敌军接近。藤堂高刑看到敌人没有火器，便冲杀过来。盛亲看到时机正好，一声令下，三百余人跃起突击，展开了激烈的白刃战。藤堂高刑先高声通名，跳下马来，和八九个部下冲到堤上。长宗我部的士卒先是后退数步，但是很快就有人大喊“不要退”，几个威猛的盛亲马回之士便跳出来攻击高刑。高刑先杀二人，在和第三个名叫赤星三郎的来敌搏斗时被杀。桑名吉成则被长宗我部家的浪人旧臣们熟识，这番阵上相见，他们便吼叫道：“这不是桑名吗？别让他逃了。”然后围攻而来。长宗我部家臣近藤长兵卫握长枪当先冲至，先打折了桑名吉成手中的枪。吉成拔刀，刀被打落，他再想拔短刀时，被近藤一枪刺杀。藤堂氏胜也战死于此。这时，中央队藤堂高吉才赶到战场，遭到长宗我部盛亲的乘势攻击，也被击溃。盛亲实施追击，共斩敌六十余骑，毙杂兵二百余，获得大胜。

由于藤堂的右先锋已经在若江被木村重成打垮，左前锋和中央队既然连续败北，藤堂高虎的七成战力可以说已被击溃。他只能收拾残部，朝玉串川东堤退却。盛亲则继续居于长濑川堤上，继续守备。两军对峙之际，木村重成败报传来，盛亲知道自己陷入孤立，便开始撤退。藤堂军的游军渡边了（通称勘兵卫）借机追击到久宝寺，

⊙ 在若江之战中击毙木村重成的井伊家臣安藤重胜当时所着之赤色具足

⊙ 藤堂高虎在大坂之阵时着用的红丝胸白威二枚胴具足

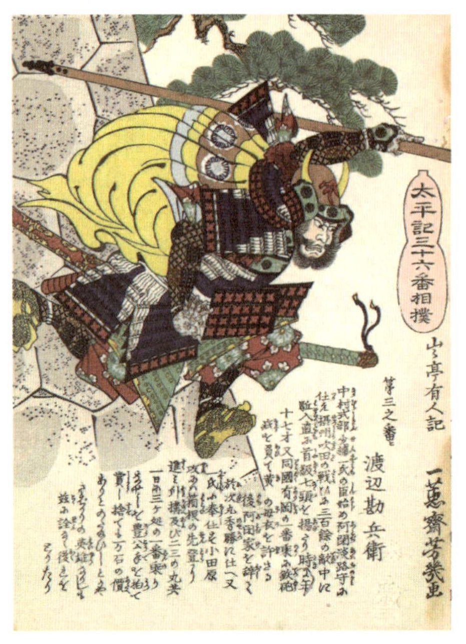

⊙ 江户时代版画中的渡边了画像，他和藤堂高虎闹翻后便没有再出仕，闲云野鹤了此一生

斩获甚多。但为盛亲殿后的增田盛次却奋勇作战，击毙了藤堂军队将矶野行尚。渡边了乘机一气前进到平野乡，但藤堂高虎害怕陷入孤立，不许渡边追击。渡边了不仅拒绝高虎的命令，反而主张和道明寺方面的友军取得联系，一起夹击敌人。他还去游说秀忠派来的军监小泽忠重、永井白元，让他们去说动本队发动进攻。两个军监跑到藤堂高虎本阵，劝他进攻。但高虎不理，连下七道军令命渡边了回军。渡边无法，只能在平野乡放火后撤退，这个事件成了战后渡边了和藤堂高虎主从关系破裂的引子。整个八尾、若江之战，藤堂高虎损失部将六人，杂兵三百，约毙敌七百八十八人。井伊部队也损失敌将数人，杂兵百余人，击毙敌三百五十余人。

如此以来，整个五月六日的战斗便落下帷幕。丰臣军的道明寺会战计划在制订的时候就已经错估了形势，然后碰上接二连三的失算，而以彻底落空告终。还好木村重成和长宗我部盛亲歪打正着地发动了八尾若江迎击战，暂时阻挡了一下家康和秀忠的进攻势头，使得东军两路大军没能够在当天一起到达道明寺、誉田附近。否则，别说是后藤又兵卫，丰臣军的精锐部队恐怕也会遭到更沉重的打击。果真那样，五月七日的最后决战也就打不起来了。所以对于大坂来说，这个结果恐怕也是不幸中的万幸。虽然通过丰臣浪人们的奋战，大坂方在此战中不乏可圈可点的表现，但不管怎么说，丰臣军没有达到原定乘二敌未合之前却敌一路的战役目的。两路东军还是按原计划会合，迫近了无险可守的大坂城。夏之阵的胜负，在下一场决战中就可以见出分晓了。

但是，丰臣家的处境真的是到了完全绝望的地步了吗？

九　大坂方最后的希望

尽管在接下来五月七日的决战中，东军的人数是丰臣军的三倍多，但是在这场最后的大野战中，丰臣军依然存在一定的胜算。这完全是因为家康的战略判断失误和东军在军事上的拙劣所导致的。在介绍天王寺口 - 冈山的决战前，笔者就先辟一节，简单谈一下这个问题。

前文提到，在夏之阵中德川家康、秀忠父子当初仅动员了关东、北陆方面的军队前往大坂，但对西国大名，则只让他们先做好出击准备，在大坂开战以后再朝兵库西宫、尼崎方面集结。这多半是因为他预想大坂城既然已经失去了坚固的城防，只要大军一至，为利而聚的浪人们就会散去，秀赖母子大概也会答应转封。他并不一定要肉体消灭秀赖母子，只要他们能够同意转封，纳入德川体制管理之下，就能解决问题。所以说他只是调集了东北、东国、北陆、畿内的谱代众和部分外样大名，认为这样就够让大坂方喝一壶了。但是实际情况出乎家康的预料，秀赖和城中浪人们的抗战意志极其强烈，终于酿成开战局面。德川家到四月中旬，才开始下令西国大名赶赴战场。由于战斗在五月六日、七日两天就决出了胜负，没能赶到大坂和勉强赶到却已无仗可打的诸侯占了绝大多数。在大坂冬之阵中，德川动员了全国范围的大名参加围城，这使大坂方即便能战胜一阵，但终究因为孤城援绝，无力抵敌

⊙ 德川家康所用愬熊毛植黑丝威具足

全国之兵，不得不举手投降。在夏之阵中，参战东军虽也有十余万人，但较之年前，兵力已有减少。谨慎了一辈子的家康，在军事生涯的最后还是犯了麻痹大意的错误。后来《德川实纪 东照宫御实纪》等幕府官撰书籍中所谓夏之阵中家康有意搞“轻兵简政”“速战速决”，认为“不必等待远国军队赶到，用现在的兵就完全够打”，只消带五日粮食就可以平定大坂的说法，与其说是史实，而不如说是为了掩盖理应“永远正确”的“东照大权现”犯下的战略判断失误而有意编造的说法。总之，夏之阵最后还是东军在短期决战中获得了胜利，英明统帅如何如何料事如神，想怎么编都行。

孙子兵法云：“十则围之，五则攻之，倍则战之。”按照参谋本部编《日本战史 大坂役》的估算，大坂的正面战兵有五万余，而东军的总兵力则是十五万余。既然东军和大坂方的兵力差距也就三倍多，并没有具备进攻作战的绝对优势，那对大坂方来讲，他们的获胜机会就不是零。这一线生机有多大呢？我们从当时东军的编成特点和军事素质就能猜出一二。

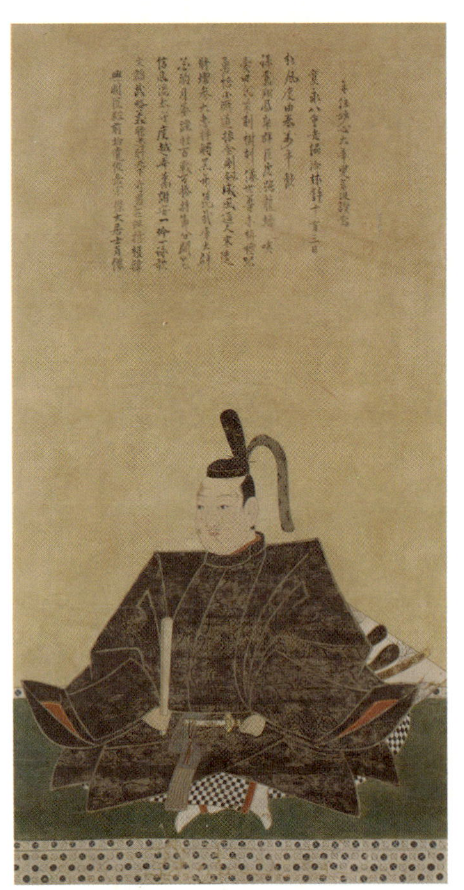

⊙ 池田辉政的长子池田利隆画像（东京大学史料编纂所摹本）

在大坂之阵中，家康为了统制诸大名，将麾下一些资历丰富的老资格武士作为军监（御目付），派遣到参战各大名的阵中，一方面对各大名予以监管，另一方面也可以在军事方面辅佐战争经验不足或根本是零的年轻当主们。但是这些年少气盛的二代目也都是些不服管的主，往往要争功。军监和大名之间的冲突时常发生，导致各部队行动缓慢，贻误战机，有时甚至因此导致将军和大名之间的信任危机。这个问题在冬之阵时已经浮出水面，姬路城主池田利隆就对左右近臣抱怨说：“去年冬之阵时，就蒙受了关东的怀疑。这次战役，虽因万事尽心注意，各队令行进止，未尝失算，但关东所遣之军目付事事掣肘，导致错失战功，实在可憾至极。”这算是当时这些二代目三代目的一个普遍看法，他们对上面的横加掣肘，导致他们不得按照自己的意思捞取功名意见很大。这就导致了在夏之阵时，他们照旧会因为临场判断导致摩擦，生出各种各样的矛盾和混乱。比如说，信浓松本城主小笠原秀政和配属给他的军监、原上杉家臣藤田信吉之间的矛盾就很典型。小笠原秀政在若江战斗的时候接近了木村重成所部，当时他想下令全军发动进攻，但是被藤田信吉喊停。藤田认为眼前都是一片湿地泥沼，应该看对方的动静再作行动。秀政大为不满，强行前进，并且通知自己的协同部队榊原康胜也发起攻击。藤田信吉还是把两边的动作都挡下来，固执己见。结果小笠原和榊原眼巴巴地看着敌人在眼前不能攻击。这时候，藤堂高虎和井伊直孝加入战团，小笠原和榊原就失去了作战的机会。秀政为之火冒三丈，痛骂藤田。榊原康胜也大为不满，家老伊藤忠兵卫便在此时独断单骑杀入敌阵而亡，后来榊原因为放走了眼前的战机而遭到问责，他们以伊藤的战死为由而得以申辩过关。军监制度虽然古已有之，也是日本的将领们对功名心和自主性很强的武士们进行军事节制的必要手段，由于大坂之阵正处于将军家和各大名家臣团新陈代谢的特殊时刻，新老人员磨合不佳，该制度就成了影响东军作战指挥上的一个大问题。

⊙ 可以由一名士兵携带的便携阵太鼓，这是加藤嘉明军在关原之战中使用的

另外一个很大的问题就是东军的兵员素质。当时各大名的参战人员中，有实战经历的老武士大都年事已高，而大多数武士和士兵都属于“战后一代”，实际军事经验几乎是零。而大坂方虽然也是乌合之众，但构成骨干的指挥官则都是自丰臣时代以来就有军事经验的老将。比如说在冬之阵时，这些浪人就对城中的枪眼和防弹盖全做了重新设计，使得东军的火枪射击几乎没有起到什么杀伤效果。但是东军呢？没有实战经验的大名和当主有一大堆，甚至连他们的家老也是

⊙ 岐阜市历史博物馆所藏大坂夏之阵屏风中的本多忠朝

⊙ 仙台城本丸中的伊达政宗骑马像

全新一拨，而担负实际战斗的中下级武士和足轻也大多如此。这样的“菜鸟”群体，在实战中会出怎么样的差错呢？这里就试举几个代表性的事例。

比如说，在大坂冬之阵之际，家康看到部队的军容时便说：“因为带了太多不晓事的军士前来，将会碍手碍脚。”（《武功杂记》）这虽然出自所谓的后世杂史，但是观察冬之阵时东军在攻击真田丸中的各种外行表现，确是事实。另外，在夏之阵天王寺交战之际，东军本多忠朝和大坂方毛利胜永交战时，据《本多家武功觉书》称：“此时酒井宫内（家次）大人之明势（预备队）虽一道参战，因为鼓手不懂押太鼓的打法，搞得出云守大人（本多忠朝）的部下也乱作一团，各自为战。后来出云守大人孤身奋战至死，正是为此。”此乃小幡勘兵卫见闻书所载。我们知道，古代军队的前进后退与行进的快慢，全要依照鼓点的号令，这可以说是当时兵士操练的基本项目。而东军的酒井部队的鼓手已经生疏到了连进鼓退鼓都不会敲，他们的部队又如何能够在战场上顺畅运转呢？如果连基本的号令都无法施行，士兵又怎么能在战场上判断指挥官的意图呢？这样的军队，在事实上和空架子没有区别。

所以说，指挥和监督这些战场新手，即便指挥官经验丰富有三头六臂，也是无力回天。前面在提到大名和军监的对立时的藤田信吉，在大坂之阵的时间点上，如果参加过关原会战就能算是老兵的话，这位可以说是老资格中的老资格了。他出身武藏守护扇谷上杉氏的守护代用土藤田氏的同族，因为被篡

⊙ 御三家之一纪州德川家之祖德川赖宣画像

取了藤田氏的北条氏邦冷遇，便转投武田胜赖，成为上野沼田城的守将，之后和真田昌幸一道撑起了武田家的上野战线。本能寺之变后，他想乘乱夺取沼田城，而被泷川一益打跑，不得已而投奔上杉景胜，成为重臣。在关原之战前夜反出上杉家，而出仕家康，可以说是一个经历丰富的人物。不管他水平怎么样，军事经验肯定是比只参加过小田原之役的小笠原秀政要老道多了。而藤田的判断是对是错，看一看小笠原家自己对当时的地势描述就能明白。秀政当时布阵地点的前方不仅是沼地，对手还布阵在一个高高隆起的土台子上，小笠原若贸然进攻，不但会陷入沼地，爬波时还会被半坡上繁茂的灌木荆棘绊住脚步，后果可能不堪设想。藤田要他们根据情况等待战机的判断可以说是基本合理的（《小笠原秀政年谱》）。但是那些缺乏实战经验的愣头青们一旦热血冲头，往往是即便吃苦在眼前，也不会去听什么老人言的。他们不服军监管倒是小事，这些军监不少在战后还得为失败责任背锅受罚，包括藤田信吉在内的很多军监在战后都为此类原因遭到处分，轻则减封，重则除封。

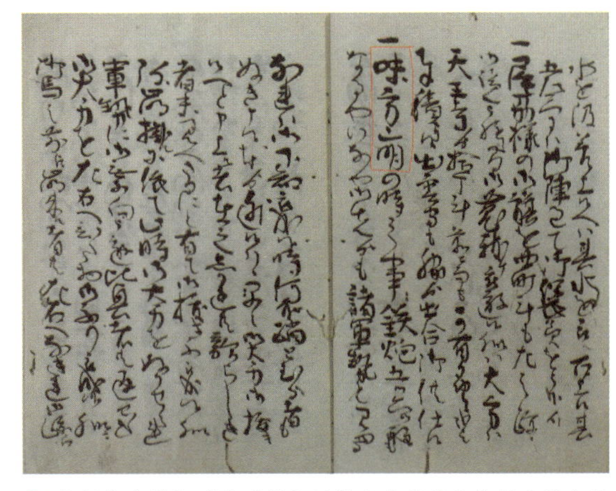

⊙ 内阁文库藏纪州德川家大坂觉书中有关本文所述赖宣所部遭遇溃兵的记事部分

另外，由于大坂夏之阵是之前的战国合战中所不多见的大兵团野战，即便是一些经验丰富的老将，也未必有这种指挥经历。在五月七日的决战中，德川秀忠搞了个战术设计：他让本军先锋前田利常和天王寺方面的松平忠直以狼烟为号，到时共同投入战线。但是，因为前方的敌人密密麻麻展开了一大片，前田军不得不临时设阵以对抗，根本来不及燃起狼烟。时间一分一秒地过去，松平忠直急得不行，就让老将梶原政景（小田原北条氏的宿敌武藏岩付城主太田资正的次子，跟着老爹和北条氏康、氏政打了一辈子的仗）、太田资武（资正三子）以及菅沼休已三人到阵前询问情况，迎接他们的是家老本多成重。本多成重说道："您是老前辈，看那敌人情景，现在该不该马上打，都请您老指教。"结果这三位看了阵仗也大为汗颜，说道："我们当初在关东和二三百规模的敌手倒是经常打，但在这么广的正面上和三五万大军开仗，真是出娘胎第一次。眼前这局面，我们和新手也没啥两样，所以还是你做判断便好。"梶原政景以往跟随父亲太田资正和佐竹义重、北条氏打了一辈子的仗，但总归是地方大名的等级，究竟未直接指挥过织田、丰臣这一级别的总体战。天王寺 - 冈山这种在开阔平面上数万兵马对圆的大阵仗，对于他们来说也是“老革命碰到新问题”，未必有经验应对。当然，在朝鲜打过硬仗的将领恐怕还是能够镇得住场子的。在夏之阵时，东军有在朝作战经历的指挥官，除掉藤堂高虎外，大概只有黑田长政、加藤嘉明、立花宗茂等人了。但他们只是作为秀忠的辅佐前来，并未多带本部人马，能够替秀忠扎稳阵脚，就已经是极限了。

在夏之阵之际，东军不仅军事经验严重不足、配合不灵，还发生了好几次误伤友军的事件。伊达政宗可谓是此中的惯犯，他在大坂之阵中便闹出了“全歼友军”的笑话。事情据说发生在东军攻击船场的时候，当时大和的一个小领主神保相茂（纪伊守护畠山氏旧臣）在击退敌兵后正在休息，不巧挡在了伊达政宗的部队前面，尽管他们对伊达军高呼：“自己人，别开枪！”但是还是挡不住独眼龙老爷一声令下，被他当初曾经痛毙亲爹的铁炮队射杀殆尽。虽然事后他以所谓“伊达军法”为由极力辩解，家康父子事后也没有深究，但政宗的这一“伟勋”还是成了全日本的笑柄，连远在萨摩的岛津都知道了。《萨藩旧纪杂录》后编四中一封写于大坂之役结束后的情况报告书就清楚地记载了此事：“此次伊达殿误杀友军之事，固然在御前过了关，但据说成了诸大名的笑柄，丢脸不浅。被误伤的人据称是大和国众名叫神保长三郎的，带来的二百七十人被政宗殿杀得只剩七骑，这事天下皆知。”另外，惨遭独眼龙毒手的东军将士还有尾张德川义直的家臣铃木淡路，他为追击逃入大坂城门的敌兵，又是挡在了伊达政宗军前，于是被不由分说地砍掉了脑袋。同样在尾张德川军战斗序列里的平岩亲吉同族“弓削众”的属下也遭到了伊达军的误杀，他们向伊达提出抗议，但是这并没有什么用处。另外，藤堂高虎的部下误伤了秀忠的旗本，津山城主森忠政的部将石田惣右卫门也被佐竹义宣部下所

⊙ 德川义直所用黑漆黑丝威具足

伤。虽然说在一片混战之中，误伤可能是难以避免的事，但是做好敌我标记和在军中通传识别口令，应该是一般的军事常识。误伤事件的频繁发生，只能说明东军连这些基本项目都没有做好，归根结底还是军事素质的问题。

⊙ 德川秀忠所用茶丝威具足

关于这一点在这次战役中更明显的反映，就是东军将士稍经风吹草动就会自相惊溃的事例屡见不鲜，当时的史料用语谓之“味方（我方）崩”。比如，当时初次上阵的家康十子德川赖宣（御三家纪州德川祖），其部作为天王寺方面的后继部队进军，光是行军状态就搞得拥堵不堪。指挥官们为不能前进而大为心焦，等到大队人马摸到距离天王寺口约一公里的地方时，只听得战场方面响起五六声枪响，接着，诸大名的败兵就朝赖宣部队的先阵蜂拥而来。赖宣的家臣们看到前方逃兵不断，还以为敌人追击过来了，人人拔出大刀，去掉枪鞘，准备迎战，但是等了好一会儿，居然没有一个敌人打来。当这些溃兵经过赖宣部队时候，赖宣自己便拔出佩刀，骑着马向溃兵们跑去，大骂道：“胆小鬼，快回去！”乱挥着大刀阻止他们逃亡，家臣们也拔出刀来挥舞，驱散来人，防止逃兵冲散队伍。因为他们挥了一路刀，逃兵们不敢接近，赖宣军居然没被冲散。在赖宣侧面的尾张德川军也受到了逃兵的波及，义直虽然年纪尚轻，却咬紧牙关不为所动，所以他的军队也没有发生动摇。

在冈山口伴随德川秀忠的藤堂高虎部队，在进军的时候也遭遇了前方被毛利胜永打垮的溃兵潮，结果这波“味方崩”带来了更激烈的“味方大崩”。其时，藤堂元则和玉置角之介紧紧在前方顶住，才使藤堂军未被冲散。而真田信繁所部溃灭，毛利胜永也开始退却之际，毛利的殿军朝追来的东军施放大铁炮，结果“味方又崩”，藤堂军好不容易才稳住了阵脚。不仅如此，由于大坂方在冈山口埋了地雷，导致秀忠军先队惊溃。这时因为秀忠马前的旗本之士都为了抢战功跑到前线，这次意外的败走搞得秀忠马前连个卫兵也没有了。(《大坂御阵觉书》《落穗集》) 被敌人惊溃到算好的，连自己人的奋战也会引发跑反，在冈山口的战斗中，当大坂方击溃本多正信三子忠纯所部正欲发起追击时，立花宗茂便带上火枪队，前出到敌军侧面连放排枪，挡住了敌人的进攻。结果因为这一阵枪声，东兵惊骚，说这是有人倒戈，便乱了阵脚而败走，敌人是退了，自己也溃了。(《难波战记》)

再退一步讲，如果是在阵上崩溃，倒还算是兵家之常的话，但这时的东军的崩溃功夫已经超越了“风声鹤唳，草木皆兵”的境界，连敌人影子都没见，就会有人莫名其妙地恐慌，引发多米诺骨牌效应，带来全队的惊溃。在天王寺之战基本结束的时候，家康的先阵本多正信、秋元泰朝、松平正纲三部开始往前方进军，天王寺的庚申堂前有个空房，里面有一个敌人丢弃的文具箱，本多正信和松平正纲部下为了争抢此物打了起来，最后有人开了枪。结果，走在前面的徒士以为敌人打来，拖着长枪大举向后溃逃，引得后阵也有甲士数百人跟着跑反，冲乱了其他的队伍。最后终于波及全军，一个“备”一个“备”地崩溃，不少人一路狂奔到八幡、饭森、伏见、京都，据说还有人逃到了尾张。越后高田松平忠辉的部队更是夸张，发生了毫无来由的崩溃。据其家臣长谷川权左卫门的回忆：“先年大坂御阵之时，五月七日诸军皆溃。在下当时为越后少将大人旗本，部队发生溃散时，我朝前跑了五六间地的马，这时溃兵朝少将殿马头左右两侧溃走，一看前面已经没人了。我当是有敌人，朝前跑了五十间，碰见皆川山城（原下野长沼城主皆川广照，皆川氏系老牌关东武士长沼氏的末裔，广照当时是松平忠辉的付家老兼太傅），便问这是怎么回事，答说是‘味方崩’，前面并没有什么敌人。这样我便回到少将殿马前，报说是‘味方崩’。”是怎么样的胆小鬼会搞出这种让人哭笑不得的乌龙来呢?《老谈一言记》中记载的一个笑话可以做一个参考，当时越前松平忠直军中有个小卒，临阵一怯就趴到一块大豆田里，两手紧紧抓着豆秆，死也不起来，最后吐得满块地都沾满了青色的呕吐物。此人在后来被取了个绰号叫“大豆田”，人人见面都取笑他，搞得他在军中混不下去，只能退职回家。

⊙ 岐阜市历史博物馆藏大坂夏之阵屏风中，根据《难波战记》的记事而描绘的冈山口方面丰臣军地雷火爆炸的场景。

另外，尽管战斗是在一线进行，后方还没参加战斗的士兵就害怕起来，自乱阵脚的现象在大坂夏之阵时也时常发生。家康的旗本在当时也发生了自乱阵脚之事，真田信繁能够成功突入家康本阵，多半拜此所赐。

如上所述，短短十五年的和平岁月就已经把号称长于野战、精勇无敌的高第良将“三河谱代”搞得上阵不知兵，临战怯如鸡。东军训练的拙劣和怯战到了这个地步，其人数虽多，也是个手脚运转不灵的虚肿巨人。大坂城依靠有着死战觉悟、作战经验丰富的少数精锐，确实可以利用东军致命的弱点，伺机直捣黄龙。这是秀赖和城中浪人当时唯一可以依靠的救命稻草。不过，这从反面也让人心生疑问，如果家康是“处心积虑”地要用纯军事手段解决丰臣氏，一向小心谨慎的他怎么会放任自己部队糜烂到这个地步？这足以说明家康已经着手将战时体制逐渐转向平时体制，他的军队已经不是临战状态了。

笔者并不是认为家康完全没有武力解决大坂城和丰臣家的意图，但是武力解决肯定不是他的第一选项，只是在交涉谈判彻底无望后才会使出的最终手段。正如前文所述，家康的夏之阵动员名义不是战争，而是实施大坂的转封（国替），其准备并不充分。在家康、秀忠两御所四月抵达京都后，局面才仓促朝开战方向发展，这很明显会影响到士兵的心理调整。因此可以认定，东军的军事准备是完全没有做足的。再回过来说，正是秀赖对武家政权王冠的那种异乎寻常的执念，才导致大坂两阵的发生，而使得浪华巨城付之一炬，生灵涂炭。

十　功败垂成的天王寺－冈山决战

让我们言归正传。对于在五月六日的道明寺会战和八尾－若江战役中失败的大坂方而言，他们只能出动城中的所有兵力集结于天王寺和冈山，想在这里和东军十余万之众决一胜负。关于此时大坂方的作战方案，据《大坂御阵觉书》有以下的记录：

> 在前述战役中失败的大坂方在五月六日战斗结束后源源不断地朝大坂退回，但长宗我部盛亲并未回到大坂，行踪不明，东军也极有可能一气尾追败兵冲到大坂城下。于是大野治房等人就想在茶臼山布阵，假如对方追逐而来，就在此地与之一战。

但是秀赖和黄母衣众正在谋划次日拂晓前在冈山和天王寺一带实施决战的方案，命令全军退回城内。五月六日，丰臣的残军先退进了大坂城中。

在接下来的会议中，真田信繁和毛利胜永主张在庚申堂一带布阵，将敌人引向天王寺，想在那里实施决战。然后，布阵在城西船场一带的明石扫部作为奇兵前出到寺町方面的胜鬘院，迂回到茶臼山南方，前进到阿倍野，冲击东军的后方，这样就可以形成一个前后夹攻的态势。这个作战计划的要点，就在于丰臣秀赖本队的出击。真田信繁提出，这一仗即便是城池陷落了也不要紧，关键在于秀赖出阵后，全军就要全力突击东军本阵，击毙家康。如果失败了，那只能全员战死，大坂方的胜利唯此一途。明石扫部只要能够从西侧的堤岸阴处隐蔽行军，在茶臼山一百米之前的地方待机，根据信号投入作战，从背面夹击的话，此战一定可以成功。

以上的这些说法都出自所谓的二手史料。那么，该作战方案的存否有没有一手资料的佐证呢？其实大野治房有两封写于五月七日交战当天的书信留存下来。兹录于下：

（一）

再三复命之，主马（大野治房）出阵茶臼山、冈山，此必为大事关键。须严申诸士，如有违反军法者，格杀勿论。昨日之战因为前出过远，故而失策。今天之战乃重中之重，即便主马一人立功，而诸军皆北，也是无用。所以须严申军令。谨言。

五月七日　大主

又及，应同真田、毛利相商，不可（没有命令）轻易交战，今天因是关键大事，乃决定天下归向之战，定须三令五申，不许擅自交战。总之，吸引敌人上钩后再行一战，天运必有加佑。

（二）

今已得报敌军迫近，即便如此依然不可轻举妄动，应同近边之真田、毛利商量停当，吸引敌军，予以猛击为要。总之，遵循军法十分重要。船场方面已派明石及同道犬（大野治胤），正在等待他处报告。谨言

五月七日　大主

又及，万不可轻举妄动，同真田、毛利商谈极其重要。

这两封书信的内容是和军记类的说法相契合的，可以立证以上军议内容确属可信。真田信繁等人的最终决战方案，就是尽量吸引德川军，以大野治房的进军为信号，发动总攻，使敌军发生溃乱，从中寻找胜机。这不仅是真田和毛利的主张，也应该得到了大坂方首脑的认可。另外，还可以看到明石扫部和大野治胤确实在船场方面布阵待机，这也可以旁证此作战方案的实际存在。并且，我们可以从信中知道，大坂方算是吸取了道明寺之战丰臣军因协同不佳而失利的教训。因此，严行军法，不许妄动，必须贯彻军令指挥。大野也指出，前一战的失

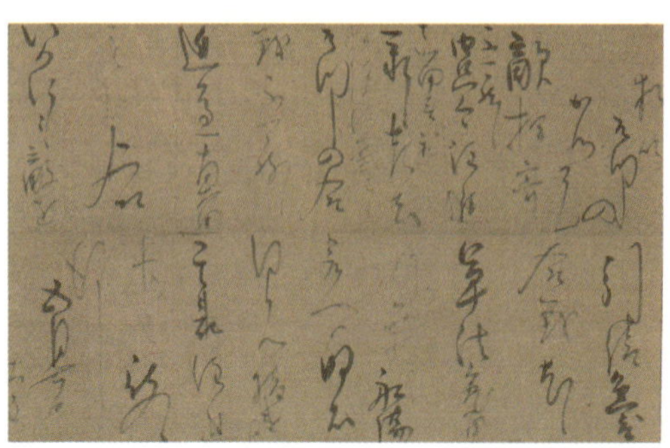

⊙ 庆长二十年五月七日大野治房书状原件

⊙ 在冬之阵和夏之阵各自作为家康和信繁本阵的茶臼山，其实它是一座上古某位不知名豪族的前方后圆古坟

败是因为移动距离过长，导致步调不一，而遭到敌人的各个击破。所以，在这次会战中，他们尤其注意了部队的统制和配合，这是兵力劣势的大坂方击破大敌的关键所在。

⊙ 大坂城天守阁藏，丰臣秀赖所用阵中马扎

那么，大坂方面为何要将天王寺口定为主战场呢？在大坂之阵中属于毛利胜永部而幸存的福富茂左卫门在战后二十三年的宽永十五年（1638 年）写了他的回忆录——《福富茂左卫门觉书》，其中他这样写道：

先年大坂笼城之际，我父子都在毛利丰前守麾下。卯年五月七日，丰前守所部布阵于安部野（阿倍野）方面天王寺本堂西南边，在两边铁炮对放。先锋交锋一轮后，丰前守指麾众势，从大旗下前出。阵地前有一深沟，全军翻越过去，在对面的麦田中和敌人二度交锋。

⊙ 大坂城天守阁藏大坂夏之阵屏风右支，这屏风以下简称为“黑田屏风”，因它是福冈藩主黑田长政在战役结束后不久命人绘制的。该屏风的右支描绘了天王寺-冈山大决战的场景，左支则描绘了城陷后浪人的败溃，町人、城中侍女的逃亡，以及各路散兵游勇掠夺财物与妇人的暴行

这是毛利胜永当天在开战时的叙述，注意画线部分的记叙。揆诸东军参战部队的记载中，也有和画线部分的描述相同的记录。比如仙石氏的记录就说：“敌人在多门前东方深田前的小高地上等待。”保科氏的记录也称：“天王寺方面的先头部队同敌交手，然则敌铁炮队自惣构堤的土墙里前出到外面的土台上，猛烈施放，我方陷入苦战，前有旱田而临深渊，底下全是深田。”关于这一地势，后来基于大坂方的幸存人员鵜川宗宥的口述所作的《大坂役天王寺阵场图》中亦可见此沟。这个深沟是什么时候出现的呢？从堀底当时都是水田来看，不会是近期的产物，可能是石山本愿寺时代的遗迹亦未可知。

这样，真田信繁的战术就明了了。他明显是想将敌军引到这个全是水田、泥泞不堪的深沟里，然后从对面的高地上居高临下予以痛击。这一战术确实很有真田的一贯风格。作战计划一旦成功，丰臣秀赖本队就可大举出动，提振士气。而明石扫部再出奇兵，前后夹

攻。德川方面将重蹈当年第一次上田之战的覆辙，无疑将陷入混乱，这时就是取下家康首级的时刻。

如此，最后的会战终于在五月七日打响。德川军总数约十五万人，丰臣军总数不详，大概在五万到七八万之间，兵力基本是三对一。家康在决战前日在枚冈宿营，七日上午四时从该地出发，十时左右到达平野乡。五月六日在千塚宿营的秀忠则在凌晨二时就出发了，在视察若江－八尾的激战地后，在桑津的藤堂高虎营中休息，然后赶赴平野和家康会合。他希望能够担当天王寺口的主攻，但家康不许。于是家康朝天王寺口进军，他则往冈山口方面进军。家康本以藤堂高虎作为天王寺口的前锋，但藤堂高虎以前日伤亡太大，辞退了这一任命，家康则命他和井伊直孝前去充当冈山方面秀忠部队的前卫。天王寺口的先锋大将乃定为本多忠胜的次子，上总大多喜城主本多忠朝。冈山口的前锋则被定为前田利常。本多忠朝只是个五万石的小大名，却和百万石的前田利常并为前锋，让人感觉很不协调，天王寺口的前锋似应定为越前六十七万石的松平忠直方为相衬。忠直本人也有这个意思，他在六日已派家臣向家康提出申请，但是家康反而勃然大怒，斥责来使道："今天（六日），藤堂和井伊打得很艰苦，你们不是正在睡大觉而浑然不觉吗？如果越前军能够援助他们的话，没准大坂就已经打下来了，实在是马虎之至。大将是个乳臭小儿，你们这些家臣也尽是些酒囊饭袋。这样的话，明天这仗越前军想必是不会立下什么像样的功劳的，功名就会给前田独吞了。"这话传到忠直耳中，反而让他大为发愤，下定了不立功便成仁的决心。于是他拼着命朝天王寺方向赶，首先超过了藤堂高虎的行军队伍，然后又对加贺前田的部队伪称自己已经获得了先锋的拜命，在七日当天早上七时第一个抵达了天王寺。其余诸部也都在上午各就各位。家康也自平野乡出发，朝天王寺方向前进。

结城秀康的嫡子松平忠直画像。在天王寺－冈山决战中，幕府"旗本八万骑"的拙劣表现可以说坍尽了家康父子的台，只有越前松平家的奋战，为三河武士挽回了颜面。但大坂之阵的军功使得这位"王爷"骄傲自满起来，终于引发了他后半生的悲剧。菊池宽的小说《忠直卿行状记》正是以他的暴虐传说为题材创作的

相对于东军，西军则将人马从冈山到天王寺一路排开。在天王寺口，真田信繁在茶臼山到天王寺庚申堂前展开，他的部队据说一路红衣红甲，号为"赤备"。据《津山松平家谱》云："茶臼山近在咫尺，红旗一面布列，有如杜鹃花盛开。"在茶臼山南面，信繁的协同部队伊木远雄、大谷吉胜、渡边糺则一线排开。东有福岛正守、福岛正镇、古田玄蕃、篠原又右卫门、石川康胜、津田右京、结城权左、浅井长房；毛利胜永则连立白旗，在庚申堂前摆开；西面则有山本公雄、樫井勘解由布阵。冈山口则有大野治房负责守备；后方则由七手组担任后继；明石扫部则前出到船场，准备相机实施迂回作战。

一般来说，战斗从两军对阵的上午就应该打响，但是这时家康想让九子德川义直、十子德川赖宣也见识一下实战，便称没有指示不许随便开战。而且本多政重在探查了丰臣军的阵地后，回报称敌军士气旺盛，队伍整齐，正在等待开战。家康又派使者到大坂城，劝以出城改封之说。如此一来，一时间两军都没有进攻的势头，尤其大坂方等着东军先

出手，更是不敢轻举妄动。而东军因有大御所之严命，却也按兵不动。但是随着时间一点点流逝，东军诸将因迟迟不开战而心焦起来。这时已近初夏，正午的天气开始炎热起来，诸军身披甲胄，苦不堪言，谁都想早点儿开打了事。时近正午，天王寺口的先锋本多忠朝部终于按捺不住，他们朝茶臼山东面前进了二十米左右，朝着对面敌军猛放火铳，对方也开始应射，然后两边就开始互射起来。松平忠直之弟松平忠昌率领的越前松平军中央队也开始射击，早就想要出战雪耻的松平忠直便决定出阵，他命令自己的旗本前进，自己也到阵前，先站着吃了一碗泡饭，然后激励众军道：“现在吃饱了肚子，死了也不会堕饿鬼道，现在立即到阎王殿上走一遭吧！”于是越前军大为振奋。两边用火枪对射了数轮之后，距离越靠越近，弓箭的对射也开始了。午时过后，本多忠朝终于率军朝毛利胜永的阵地直扑过来，毛利胜永等他接近后，便命令火枪齐射。据说，当即就打死打伤本多的先头部队七十余人。

⊙ 松平忠直所用马镫，上面绘有德川氏的葵纹

真田信繁见毛利胜永和东军前锋大打出手，大为吃惊，急忙派人前去阻止。但是毛利胜永能否收手已经不是他本人能够决定的了，东军已经发动进攻，毛利不得不认真应战。真田信繁赶紧派出部下寺尾胜右卫门去大坂催促秀赖出阵。下面是当时在秀赖身边并在战后出仕前田家的浅井一政（当时名今木源左卫门）的回忆：“五月七日巳时，寺尾源左卫门自先锋真田处来，说敌人已经接近，秀赖正要入更衣间，下令说让修理（大野治长）过来。修理一到，便与他相商此事。修理说：‘按照之前的既定方案，秀赖御出马后就放出信号开战，现在就这么办吧。’我（今木）说：‘胜右卫门年纪已经高，现在肯定累了，使者可让在下来做。’修理非常同意，便说快这么办吧。”

这样，大坂一方虽然定下了报知出阵的使者，但秀赖并没有立即出现在天王寺口。因为，此前家康派来的讲和使者，提出只要秀赖接受退城转封，便可休战。不管关东的讲和是诚是伪，问题还是出在秀赖自己身上，他既然和家康厮杀到了这个份上，事到如今尚有何和可谈？但这个自幼成长在深宫之中的贵公子在这个关键时刻，居然为此婆婆妈妈起来，是战是和，犹豫不决，终于错过了出阵的最佳时机。

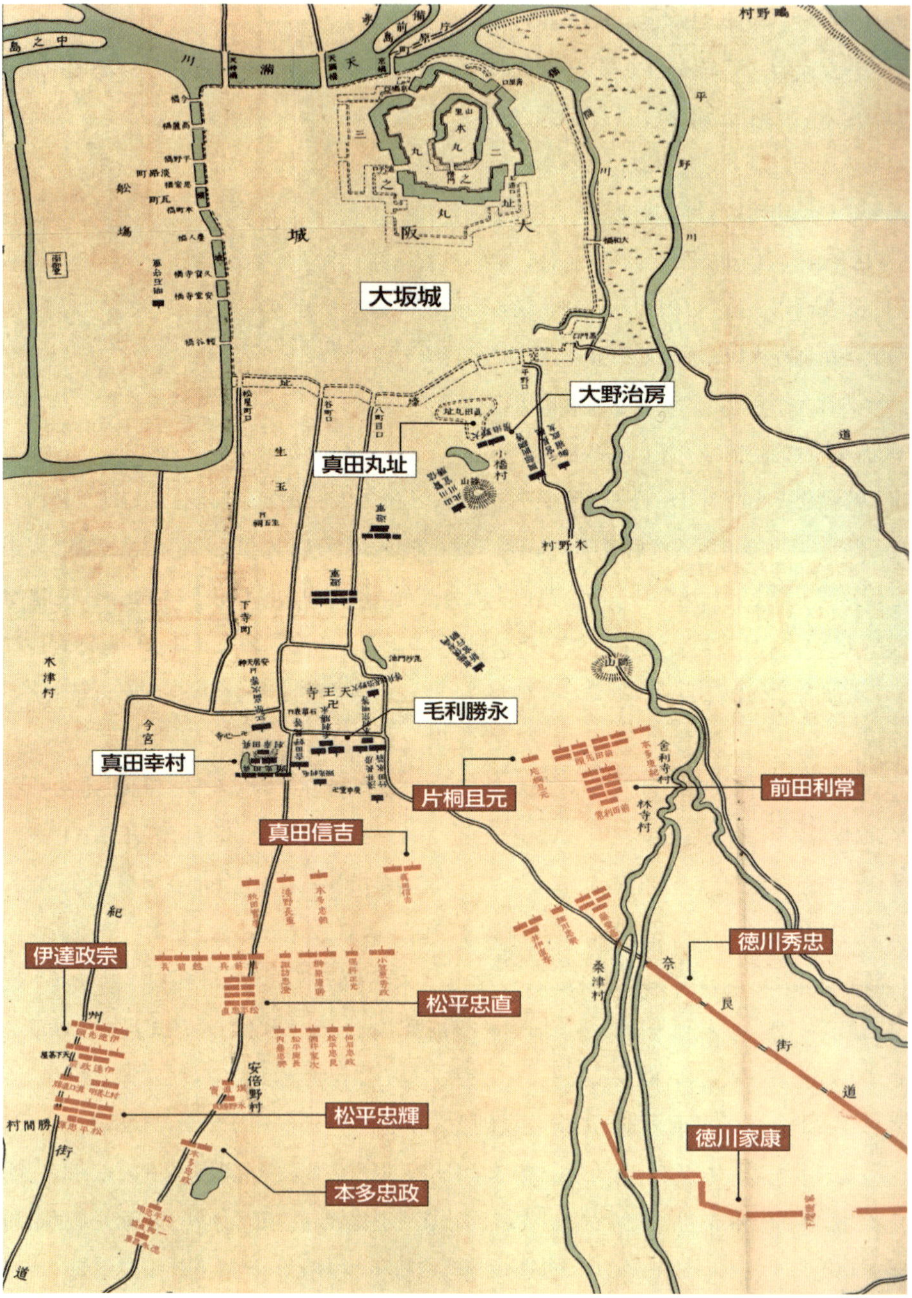

⊙ 旧日本陆军（IJA）参谋本部编《日本战史·大坂役》所载五月七日决战两军布阵图

因此，战斗就在东军没有下令而大坂方没有做好准备的情况下展开了。真田信繁的计划也就此落空。箭在弦上不得不发，如今他们也只能尽其人事以听天命。

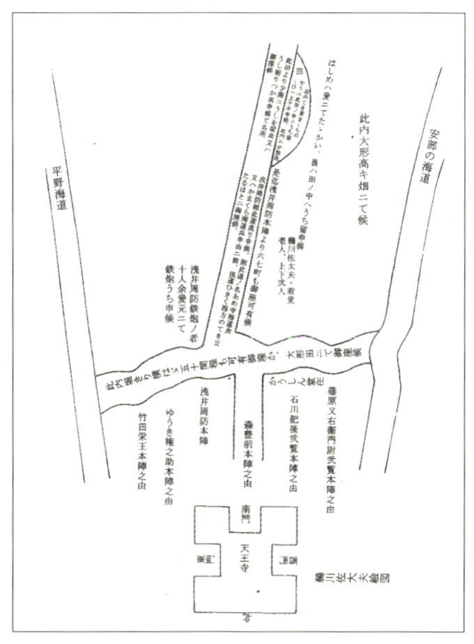

鵜川宗宥《大坂役天王寺阵场图》。我们可以看见毛利（森）丰前守胜永布阵在天王寺前，请注意关于中间那条横沟的说明，其译文为：此内堀横向间距约有五十间（九十米），大抵都为水田

毛利胜永面对冲杀而来的本多部，沉着应战。他让右翼的毛利胜家、山本公雄应战东军的秋田实季和浅野长重，让左翼的浅井长房和竹田永翁迎击德川方的真田信吉、信政兄弟。毛利胜永则亲提中军前来和本多忠朝厮杀。乱战之中，本多军有名有姓的武士一一战死，全军陷入崩溃状态。本多忠朝手提长枪，一步不退地在前奋战，激励众军以死相拼，但还是抵不住崩溃之势。护卫武士或死或伤，本多忠朝孤身一人和群敌搏斗，先被毛利的火枪手打下马来，但他仍然继续奋战，结果被当时属于浅井长房部下的鵜川宗宥击毙。忠朝一战死，各队阵线开始瓦解，只有秋田实季的阵势没被冲乱。真田部队也被浅井长房攻破，重臣祢津主水、原乡左卫门、恩田左京、羽田雅乐以下三十六人阵亡，另外有二十四人负伤。

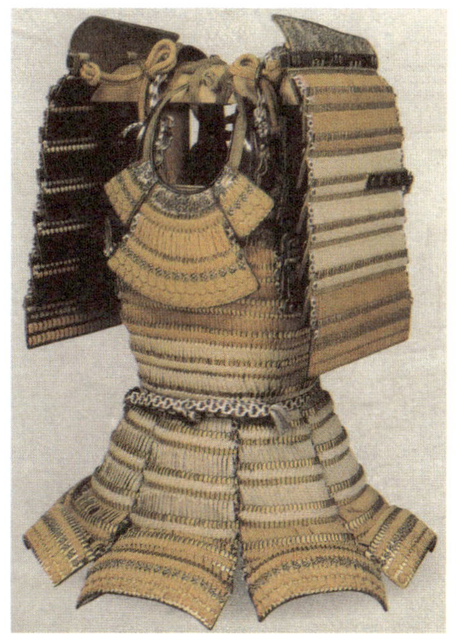

丰臣秀赖所用金小色红丝威中白腹卷。这在当时来讲是较为古式的铠甲，但也是为了彰显秀赖的家格

另外，在茶臼山东侧，德川方面的小笠原秀政为一雪前耻，也是按捺不住杀敌的激切之心。主将自己不好好指挥部队，却一马当先突入敌军阵中。一阵猛冲之后，击垮了丰臣军竹田永翁部，接下来和布阵在毛利胜永阵地东侧的大野治长部队开始交锋。这个时候，毛利胜永杀到了小笠原部队的背面，加以猛攻，方才还耀武扬威的小笠原军便全军崩溃。小笠原秀政的长子忠脩战死，次子

⊙ 黑田屏风中的名场面，如鬼神一般孤身奋战的本多忠朝（中戴鹿角盔者）

⊙ 小笠原秀政之弟小笠原忠真在大坂夏之阵决战当天穿用的萌黄丝威胸取丸胴具足。劫后余生的他在战后继承了家督，从信浓松本转封到播磨的明石，最后在丰前小仓落户，之后在那里一直延续到幕末，保住了这支镰仓以来的源氏名族的血脉

忠真身受重伤，他自己在身负重伤后，被部下拖到后方，但最后还是咽了气。他的对头保科正光的部队也被毛利打垮。白帜猎猎的毛利胜永全军如同白夜叉一样猛冲猛打，杀得关东诸军丢盔卸甲。

德川方面的第二阵榊原康胜、仙石忠政、诹访忠恒三部都被打垮。在打垮敌军第二阵后，他又对后方的酒井家次、相马利胤、松平忠良等五千三百余人的第三阵发起攻击。这些部队也抵敌不住，先后崩溃，眼看着就要杀到家康阵前了。东军虽然人数众多，但是因为各大名各自为战，此时乱作一团。家康虽然派遣了军监统制他们，但是眼见此等情景哪是能够正常指挥的了的。各大名之间互不信任，疑神疑鬼，稍有风吹草动，就会自乱阵脚。尤其是原丰臣系大名更是遭到关东诸军的怀疑，当时都风传有马丰氏、京极忠高、京极高知三部里通秀赖。一时间败兵蜂拥，流言四起，东军各部无不惊惶，全线发生了严重的混乱。

在毛利胜永如鬼神下凡一般于关东万军之中纵横驰骋之际，真田信繁一直在观察战况的发展，并焦急地等待秀赖出马。当浅井一政从秀赖处赶到，将秀赖按照原定安排出马的情况通知信繁后，信繁便决定下山参战。他率自己所部三千五百“赤备”出马，朝眼前的越前松平忠直一万五千大军杀去。真田军从正在和毛利胜永厮杀的小笠原秀政军左翼通过，和松

黑田屏风中的小笠原秀政部队

平忠直部展开厮杀。真田军一色红甲红旗，而越前之旗甲则尚黑，两边展开了激烈的白刃战。信繁麾下的伊木远雄、大谷吉胜、渡边糺三部两千人这时也朝松平忠直军冲杀，松平忠直一点儿不示弱，越前兵人人奋勇，两边胶着在一起，杀得难解难分。战后，京坂地区立即流行起一句俗谣歌颂越前兵的奋战：

> 冲啊！冲啊！越前兵（かかれかかれ越前兵）
> 一往无前！越前兵（たんだ掛れの越前兵）
> 不知生死的黑边旗（命しらずの裙黒旗）

据说夏之阵东军阵斩首级一共一万四千六百二十九颗，其中越前松平忠直所获的首级达到了三千七百五十颗，超越了冈山口前田利常所取的三千二百颗。夏之阵天王寺口之战，德川家引以为豪的嫡系部队几乎全面溃败。如果说是谁为三河武士挽回了面子，那就是松平忠直和孤身一人壮烈战死的本多忠朝了。忠直的父亲结城秀康一生渴望扬功名沙场，却因出自孽庶，坐了一辈子的冷板凳。可以说松平忠直在这战国乱世的最后一场血战中，成功地完成了其父未竟的遗愿。

天有不测风云，当真田信繁和松平忠直杀得难解难分之际，向大坂赶去的浅野长晟所部——纪州部队，突然出现在越前松平军侧面。东军各部开始没来由地恐慌起来，大坂方预先埋伏下来的细作这时候也开始煽风点火，浅野长晟将要投靠大坂的风声不胫而走，家康前线各阵的部队顿时发生了场面浩大的“里

红旗是夏之阵中井伊直孝所用的军旗，其中八幡大菩萨神号的“八”字一般会被拟化为鸟状，这是因为鸽子被认为是八幡神的神使。白旗是毛利胜永在夏之阵中使用的军旗

⊙ 真田和越前松平两军的前锋正在进行激烈的长枪交锋

崩”（各军的后方部队先开始溃逃，带动前线一起溃逃）。家康对此大为吃惊，立即派出旗本部队，意图制止前线的溃逃，但是不起任何作用，这些旗本部队也被逃兵冲得七零八落。真田信繁抓住战机，对越前松平军的右翼部队发起猛烈攻击，突破敌阵，便朝门户大开的家康本阵一路杀奔而来。在家康旗本众前布阵的部队，正是信繁嫂子的大哥本多忠政与其子本多忠刻、本多政朝，他们和真田军奋力交锋，不敌败退。家臣佐野兵右卫门、安方左传次等战死，这连带导致了伊势亀山城主松平忠明所部的“里崩”。萨摩岛津氏的观察者在写给本国的报告书中写道：“五月七日，真田左卫门佐朝御所大人之御阵冲去，御阵之人或逐亡，或战死，活下来的人都往后跑了三里多。”家康的旗本部队以先锋土井利胜的逃跑为导火索，导致全军溃败。家康本阵的马印、大旗、御枪，在元亀年间三方原大战以来，第一次倒下了。跟在家康面前的旗本卫士，只剩了小栗忠左卫门久次一人，还有一些小十人组的低级徒士。家康面临着空前的危机。耶稣会1615-1616年度的年报在叙述这时的战况时写道：

> 在正午过去的两个小时后，战斗开始了。位于前方的真田和另外一位司令官毛利丰前一道作战，他们发挥了言语难以诉说的力量，激烈地袭击了敌军三四次。为此，前来迎击的将军渐渐放弃了战场开始准备退却，原因是他看到了开战以来，许多士兵成群结队地逃

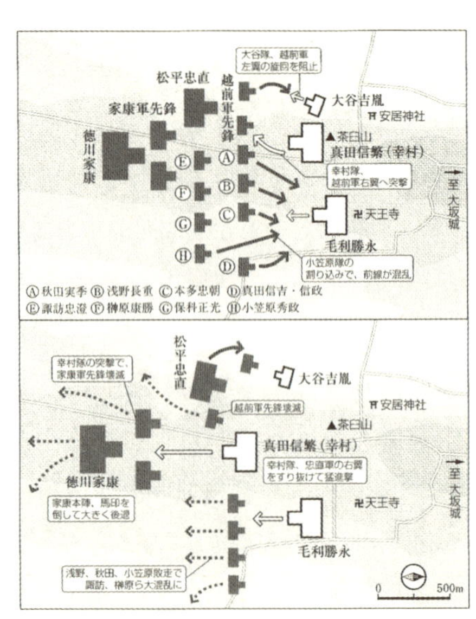

⊙ 天王寺决战经过示意图。毛利胜永吸引住了德川军的主力，为真田信繁寻找战机突袭家康本阵创造了必要条件

⊙ 仙台真田家所藏德川家康传令兵背插的五字旗指物，据说是夏之阵中信繁自家康本阵中缴获之物。仙台真田家以信繁的次子真田大八为祖，大八在大坂落城后被仙台藩重臣片仓家保护，化名为片仓守信，后裔一直隐姓埋名到江户中叶以后才复回本姓。幕末戊辰战争时，担任仙台藩参谋的真田喜平太幸欢就是该家当主。另外，今天的松代真田家当主真田幸俊也是维新时宇和岛藩主伊达宗城的后裔。真田和伊达两家原来并没什么交集，却因大坂之阵结下了不可思议的缘分

⊙ 正朝着家康本阵奋勇冲锋的真田信繁（岐阜市历博藏大坂夏之阵屏风）

亡。所以说，如果真田再一次发动进攻的话，就会追赶上将军和他麾下的士兵。不仅如此，可以断言以下的事实，也就是说，如果不是在最后关头，秀赖方面的攻击有几分迟钝，让人感到女武神在一瞬之间改变了战场风向的话，内府（家康）将绝望地顺从日本人的习惯而切腹。

与此同时，在冈山口的交战也差不多发生了同样的情况。冈山口的前锋前田利常麾下山的崎长德、本多政重、寺西若狭、村井长光从东面进攻，急于表现的德川秀忠也派出将军的近卫队书院番水野忠清、青山忠俊、松平定纲诸组，大番头阿部正次、高木正次也率队而进。秀忠一开始就派出了他的旗本主力，他们和大野治房在冈山口前不利野战的泥地里战斗。大野治房看到秀忠本营空虚，就把前田部队交给手下的寄骑诸部予以牵制，自己带着弟弟大野治胤和内藤长宗长驱迂回到秀忠本阵发起进攻。这时本该在秀忠战斗序列中

的藤堂高虎和井伊直孝为救援家康而离开了冈山口，秀忠一下成了一个光杆司令，陷入了无人调遣的困境。幸亏秀忠麾下有黑田长政、加藤嘉明、立花宗茂这些经验丰富的老将，所以尚未像家康那样狼狈败走。丰臣军在两个战场都取得了优势，胜利女神貌似已经在向秀赖微笑了。

但这个时候发生了怎么样的变故呢？

根据各种记录，看到丰臣军在作战中占得了优势后，真田信繁便再一次要求大野治长速请秀赖本队出马。大野治长对此没有意见，便带着十骑随从赶回城中，准备直接请求秀赖出阵。但是，在回城途中，因为旧伤复发，他浑身是血地从马上摔下来。前线的兵士在此时也到了精神和体力上的临界点，他们看到这一幕，顿时以为大野治长正在败逃。以往是东军一直在“里崩”不停，这下倒引发了大坂方前线兵士的“里崩”。这一点可以由耶稣会的年报的观察所印证，年报在上面一幕后，接下去写道：

> 同时，在这个节骨眼上，既是善战的武将，又像秀赖亲临战场一般（当然，秀赖完全没有离城）。打着秀赖的旗号的大野修理，尽管在这样有利的战况中，却离谱地和大军一道为呼吁秀赖出阵而朝大坂市中回军，这是让秀赖出城壮烈战

黑田屏风中的家康本阵，图中挥舞军扇、发号施令的骑马武将即家康

黑田屏风中冈山口的将军秀忠本阵，秀忠正在检验前线取来的敌将首

死吗？抑或是和修理所想的一样，是为了让秀赖充满自信地参战，而得到胜利。

但是，这一举动对于大坂方来说却可悲地招来了毁灭性的败局，为什么会这样呢？士兵们回头一看，看到里通内府的背叛者所放的火点燃了城中的建筑物时，完全失去了希望。大坂方军队所有的士兵一方面觉得值得依靠的修理的军队放弃了自己的阵位，认为修理逃走了。另外他们看见大坂市中燃烧起来，认为这是秀赖最终绝望而在城中放火。

为此，他们大为气馁，尽管还有一步就要取得胜利了，却魂飞胆丧地开始从战场求生而逃走。内府（家康）方面固然就要大败临头，看到敌人瞬间开始脱离了战场，协助者的火焰在城中燃起，从而恢复了士气，便从背后对逃敌加以攻击。内府军追赶敌兵，将他们像羔羊一般杀戮。

⊙ 仙台真田家藏信繁生前遗留的南蛮具足，这是一套将西式胸甲和日式当世具足结合在一起的精良铠甲。信繁在五月七日当天就穿着这套铠甲袭击了家康的本阵

大野治长的脱离战线虽然是基于和信繁的协商，但是他这一撤，却给正处于临界点的真田军带来了严重的情况误判和士气打击。于是，真田的“赤备”也如拿破仑最后的近卫军预备队在滑铁卢的关键一刻那样，成了强弩之末而溃败。这时，松平忠直的部下占据了真田的茶臼山本阵，从冈山方面而来的井伊直孝、藤堂高虎也率军前来驰援，德川的旗本部队也开始回转参战。真田信繁的武运，也就到此为止了。而冈山口的大野治房部队居然搞出了同样的问题，他派御宿政友去和真田信繁联系，但是也招致了本部兵马的误解，也导致了“里崩”。而御宿政友也没能见到信繁，他在途中被越前松平家臣野元右近击毙。

根据《大坂御阵觉书》的记载，当大野治长满头是血地赶回大坂城内的秀赖本阵之时，因为人们都不知道他是回来干什么的，在前日负伤的

⊙ 御宿勘兵卫政友在战死时背插的五七桐纹旗指物，据说野元在击毙御宿后，就顺便用这面旗帜把御宿的首级打了包。旗上的黄斑或许就是当时遗留的血痕

⊙ 黑田屏风中描绘的秀赖本队，虽然阵中树立着丰臣家当主的金葫芦大马标，但主将却不在阵中

士兵们个个开始恐慌起来，认为前方已经败退了。另外，信繁为上保险，除了让治长回大坂求援之外，还让自己在道明寺之战和片仓重长作战时已带伤的长子真田幸昌回大坂报信，请求秀赖出兵。于是人们又猜测是不是真田军已经战败，人心更加浮动。在此前后，城中燃起了大火，这个时间大约在酉刻，即下午六时许（也有申之下刻，即下午四时的说法）。根据阴阳家土御门泰重的《泰重卿记》记载:“大坂方面有流言称城池已陷落，火光燃起，在清凉殿屋顶上可以看到，火焰从昼之八时（日本旧计时法，相当于午后二时）直到夜半都能看到。”午后二时正是真田与毛利在前线奋战的时刻，可能是在四时延烧到了天守，下手者据说是藤吉郎时代就服侍秀吉一家的一个厨子大角与左卫门，他已经被京都所司代板仓胜重所收买，做了间谍。他放的这把火给战线前后的大坂方将士带来的心理冲击不可谓不大。就如前面耶稣会年报所说的那样，这把火成了东军发起逆袭的信号。

在这种失败气氛之下，大野治长来到秀赖御前，朝秀赖报告了前线的战况，请求秀赖出阵。这个时候，各阵先锋败退的消息传来，秀赖亦奋然欲出城战死。但是七手组的首席速水守久谏阻此举，他说："曝尸于乱军之中非主将所为，不如退守本丸，力尽后再自杀吧。"秀赖采纳了速水的意见，于是秀赖再也不可能在天王寺口的战场出现了。接着，他便从樱门向城中退却。城中守兵见了此景纷纷失色，便也不去护卫主君严守城门了，而是纷纷逃跑。大坂方面的阵前阵后都乱成了一锅粥，此战的大势就此决定了。

秀赖援兵不至，大坂方天运已绝。真田信繁的部队耗尽了他们最后的战力，依然孤立无援，被从冈山口杀奔过来的藤堂高虎和井伊直孝二军的侧击打得七零八落。据说在开战之后，信繁向居于后方的七手组求援三次，但七手组不知为何却纹丝不动，放任真田信繁被松平忠直、井伊直孝和藤堂高虎三部蹂躏。真田信繁见败局已定，只得收拾残余兵力朝后撤退。在退却途中，被越前松平忠直部下的铁炮头西尾宗次（一名久作，通称仁左卫门）发现。这个西尾一直被认为是无名小卒，但据武田氏研究家平山优的考证，他是一名经验丰富的老兵。他是远江的浪人西尾是尊之子，曾经在武田胜赖的家臣、原虎胤的孙子横田尹松麾下为随兵，在天正二年著名的远江高天神城之战中，他和主人一道冲出德川军的重围而得生还。武田灭亡后，他在文禄二年出仕结城秀康（顺便一提，横田尹松也作为军监参加了大坂之阵），可以说是一名经验相当老到

⊙ 注意图中背插着白色幌旗（所谓"母衣"）的骑马武士，他们是秀赖侧近的传令员，他们将前线的败报传到城中，已经前出到城门口的秀赖终于放弃了出阵。真田信繁和毛利胜永的血战成果遂化为乌有

⊙ 仙台真田家所藏信繁生前使用用于指挥全军的"采配"，据说这是信繁临死前所用之物

的战士了。当下他看到信繁，就认定来者是条大鱼，便上前搦战。信繁应声下马，取枪与之搏斗，激战数合。西尾一枪刺中信繁，信繁力尽而命丧。西尾尚不知所杀何人，便拿着首级回到了自己的营地。其旧友，曾服侍真田家的羽中田市左卫门兄弟前来看望，认出了信繁的首级而悲恸，西尾才知道自己立下了不世之功。信繁既运尽而战死，同信繁一道迎战敌军的石川康胜及其妻弟大谷吉治亦死于乱军之中。据说，伊木远雄则在战败后和七手组的真野赖包互刺自尽。

另外，福田千鹤氏在《丰臣秀赖》一书中，引用了宽文十二年（1673年）成书的《大坂日记》。此书记载大野治纯在决战前给其兄治长写了一封密信，信上写道："七手组头全部变心里通家康了，家康已经通知他们在七日决战的时候，等秀赖一出城就把他干掉，莫让秀赖出本丸。"大野治长将密信示秀赖，秀赖终于为此而不出战。福田认为这是德川的缓兵之计。事实上，七手组中的伊东长次逃出大坂以后，居然不仅没遭处罚，还被家康保证了领地安全。七手组中和他有同样待遇的人，只有青木一重，但一来他作为之前的使者被德川方面扣在京都，没有参战，二来他本来就是家康的旧臣。而这个伊东长次之前和德川非亲非故，他里通德川还倒是真有可能。在决战之中，七手组的动向非常古怪，在战斗最激烈的时候他们不顾己方求援作壁上观，只是在撤退的时候装模作样地打了一下。所以大野治纯的通信如果真有其事，恐怕也不是什么家康授意的谋略，还真是通报了一些内情。

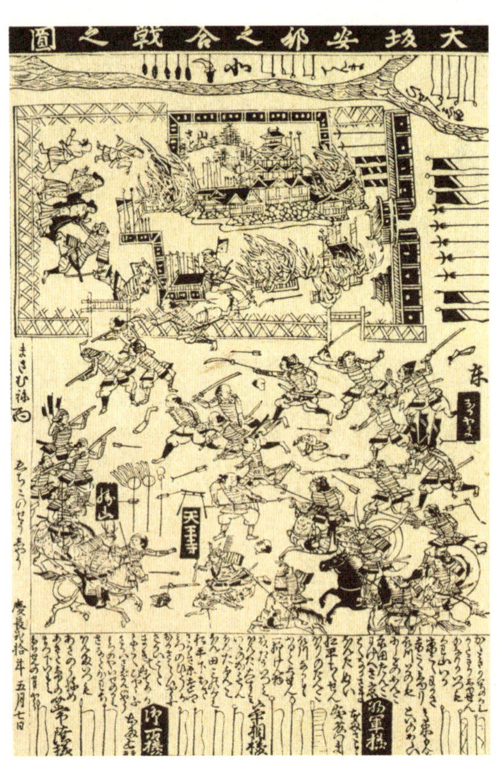

⊙ 大坂阿部之合战之图，这是大坂之战结束后最早发行的一批瓦版中的插图，是关于大坂之阵最早的图像资料，好比我们今天的新闻号外照片

在真田信繁部溃灭之际，毛利胜永依然在敌军中奋战，但他看到茶臼山陷落之后，便且战且走，成功退回大坂城内。冈山口的大野治房也终因力尽而朝玉造方向退去。丰臣家唯一的希望，貌似就是在船场布阵的明石全登了，但他的侧面攻击之策也落了空，大野治长虽然命他从船场出兵，

⊙ 最上家本大坂夏阵图。这张图据说是家康送给大坂夏之阵时奉命留守江户，未能到场的山形城主最上家亲（最上义光次子）的。原本在明治二十七年山形市的火灾中烧毁，但江户后期有其他的模写本流布。本图是东京大学史料编纂所编纂大日本史料时利用靖国神社游就馆所藏底本制作的模写本，其上贴着参考各种异本的考异笔记。该屏风描绘了德川军一路追杀丰臣溃兵的景象。我们可以看到，只有有身份的武士和其侧近卫士才会着甲，而一般的杂兵、铁炮足轻并不着甲。还描绘了进行战场救护的场景，很生动地反映了当时的战场情况

但是这时天王寺口的战线已经崩溃，明石的出击完全错过了最佳时机。明石虽然奋勇作战，穿透了越前松平的阵势，但被水野胜成、藤堂高虎、本多忠政诸部所阻，终因力战不支而退。他没有回到大坂，而是自此以后不知所终。

前线既败，东军追击败退的大坂军，一拥而入杀进了已经失去了城防保护的大坂町内，这些刚越过生死一线、杀气腾腾、武装到牙齿的士兵会对居民做什么呢？这是不必多说的。于是战国史上最后，也可谓规模最大的掠夺开始了。在战国乱世中，在战争中掠夺人口本是司空见惯的事，这也被目为乱世之习，抢掠可以说是大将对下级兵士的一种恩赏。但德川家康在关原之战时，为标榜自己镇乱致治，为后世开太平，不仅规定东军将士不许在自己的领地上“放火”，并且规定：“即便在敌地，亦不许乱取男女。”在此役中，东西两军都较为注意军纪，相对于战国时代大名交付给地方的禁止告示牌中一般只有笼统的一句“不许砍伐草木，禁止滥妨狼藉①”，两军参战大名在关原之际交付给村落的禁止往来军士施暴的告示牌中，则都记有“滥妨狼藉，并扣留男女以下事”“不论男女捕去事”“取人妻子牛马事”等详细的禁止条目。对于这些法令的具体执行情况，我们无从得知，但至少在日本近世初期的战场，掠夺和抓捕战争奴隶在原则上已被目为禁止事项。

① 滥妨狼藉：指军队骚扰民家、擅自征用或抢劫财物。

大坂夏之阵爆发时，大概人们知道这可能是最后的发财机会了，尽管有军法严刑临头，东军进行人口掠夺的现象依然十分严重。醍醐寺义演僧正战后在京都就目睹了很多的战争奴隶，他写道："将军昨日御临伏见城，参阵之众有掠得女子儿童归来，状甚凄惨。"在黑田所作的大坂夏之阵屏风中，也清晰地描绘士兵劫掠的场景。淀姬身边的侍女阿菊（其祖父山口茂介系浅井长政旧臣）在逃出城时，就在一排避弹竹束前被一个手持一把锈迹斑斑大刀的杂兵拦住。那人大吼："有钱就拿出来！"幸好她身边备有竹流金，便给了那人两根，差不多是十四两的高额了。这时阿菊心生一计，便问那人："藤堂殿的本阵在何方？"答曰："在松原口。"于是阿菊便说："你能把我送到那里，就有更多赏钱。"于是她靠着这个小兵的护送，向其祖父的旧友藤堂高虎本阵所在的松原口逃跑，路上遇到从城中逃出来的常高院一行人，方才安全下来。这个能留下回忆录的女子当然是幸运儿。而城上城下大多数的男女就没有这样幸运了。大久保忠教在《三河物语》里也记载道："据守大坂之人而保得性命的，大多脱了甲胄，一丝不挂，和女子一起逃散，到处都捕了女子，七零八落地带到了北国、四国、九州、中国、五畿内、关东、出羽、奥州。"当时的英国平户商馆的柯克思也风闻德川方面战后在大坂一下子就处死了二百多名从事战争奴隶买卖的人贩子。五月十二日，德川方面发布法令，为甄别大坂浪人，命诸大名针对自己所虏人口以及外逃人口，凡是在大坂之外所掠，可听其归还。阿波蜂须贺氏为此进行了一次"大坂滥妨人清查"，彻查军中的掳掠人口情况，制成了详尽的账簿，其体例如下：

⊙ 黑田屏风左支中的场景。前线已溃，大敌将至，城中的男女和溃兵夹杂在一起，夺路而逃

女一人，生国大和，在大坂町守寡而居，为细山主水部下森三郎兵卫所虏来。

男子二人，为右女之子，年各八岁、五岁。

女子一人，右女之子，年三岁。

在账簿最后的统计中，可知蜂须贺军共掠得一百七十七人，其中下级武家奉公人男十七、女三十三；町民男二十九、女四十七；儿童男三十五、女十六。日本学者高木昭作予以重算，得出实数是男三十八、女六十八、儿童六十四，实数一百七十人。这仅是一个大名对外公开的数字，实际调查有否隐漏，我们无从得知，究竟一共有多少人在战争中被虏，我们更无从得知。到了大坂之阵十年后的宽永三年（1626年），还有四天王寺所属的乐工因为面临无嗣绝家的困境，为找回在大坂之阵中被伊达军所虏的儿子二藏，而托仙台的熟人向伊达藩当局寻求协查的记录。在大坂之阵中还流传有这样的“佳话”，说是真田信繁感于仙台藩重臣片仓重长的奋战，而派人郑重地将女儿阿梅送到仙台阵中，许配给片仓为妻。这大概也是为了掩盖仙台“乱捕”的实状而捏造的故事，片仓恐怕是事后才发现这个掳来的丫头居然是真田信繁的女儿，感慨自己算是撞了大运吧。

⊙《阿菊物语》的刻本插图，描绘了传主逃出城去的场景

因为要彻底盘查搜捕逃出城外的大坂浪人，德川方面的军事戒严体制拖了很长时间，一直到元和二年（1616年）十月，才发布了姗姗来迟的人身买卖停止令。这里再顺便一提，对于逃出去的大坂残党，一般的说法是幕府搜剿极严。事实上，德川家大抵是对有正规丰臣家臣身份（称“古参众”，甚至包括关原被改易的西军丰臣嫡系浪人）的人宽大为怀，而对新投大坂的浪人（称“新参众”）则看得严。在元和元年的七月，幕府就起用了两个正规秀赖家臣加藤正方和织田元信为幕臣。八月，又通知岛津氏可以聘用愿意前来出仕的丰臣家臣，等于默许丰臣旧臣重新出来找出路。但在大坂之阵爆发前后进城的浪人则被视为谋反之人，一直无法恢复政治权利。一直到元和九年（1623年），京都所司代板仓重宗才发出通知，允许诸大名聘用属于“新参”的大坂浪人。但是这时既然天下太平，他们出仕别家的机会也就不多了。浪人问题在德川政权结束所谓“武断政治”前，困扰了日本社会很长时间。

总之，惊心动魄的天王寺 - 冈山口大战，以丰臣方的功败垂成落下了帷幕。怎样评价这场在日本历史上规模空前绝后的大野战呢？与其让笔者的拙笔来描写，还不如让当时的史料“开口作证”。笔者就以前文时引用的《萨藩旧纪杂录后编四》卷七十一 1263 号文书作为本节的收尾。这封书信是岛津家在京坂的人员就大坂夏之阵的战况，在六月对当主岛

⊙ 黑田屏风左支的全貌，比起王侯将相们光辉英雄事迹的右支，这半支屏风绘尽了战争的丑恶和它给民众带来的灾难。长政之父黑田如水曾经有遗言说：“比起神罚，主君之罚更为可怖，而比起主君之罚，臣下百姓之罚更为可怖，问其缘由，神罚可由祈祷得免，主君之罚可由谢罪得免，若是怠慢了臣下百姓，必然亡国灭家，求神求情亦难逃其罚，故比起神罚君罚，臣下万民之罚最为可怖。”（《黑田家谱》）丰臣政权的骤兴忽亡，就给了日本统治者这样的炳鉴，正是武将们这样的意识转变，才造就了“元和偃武”和德川的和平盛世

⊙ 黑田屏风左支中描绘的落城百态，有正在抢劫追剥的杂兵和强盗，有掳掠妇女的东军官兵，有正在点算战利品的杂兵和野盗，还有渡过长柄川逃命的大坂町人和溃兵

津家久提交的报告书，恰如其分地评价了战事经过。当然其中也不免有错误和需要说明的地方，笔者在必要的地方加以附注：

（一）此次大坂御城之众奋战之状，所立战果古今无有其比，区区笔纸难以道尽。

（二）真田左卫门、木村长门、后藤又兵卫、薄田隼人，右四人五月六日战死，其战功古今少有。（真田战死日期有误。）

（三）将军大人之御旗本众和诸大名都有逃亡之情，闻关东众眼下正在城中受功过审查。

（四）大坂众之战绩实非言语所能形容，如今（此处残损）固然得胜，那也是因为大御所大人运气太好，故而取胜。

（五）秀赖大人切腹时，陪伴之众人特书一纸报进。

（六）秀赖大人之子（国松）年仅八岁，在京中装车示众后，在六条河原予以处死，虽然说往古也有这样的情节，但是其景之哀亦在信中难以说尽。虽说年纪很小，但临终之际十分坦然，上下无不感动。

（七）将军方之御旗本战死者特书一纸报进。

（八）长宗我部（盛亲）殿在六日之战中，几次立下功劳，七日逃出战场。后于八幡（在京都）被捕，绑缚后关在二条城牢狱里，在三条河原被处死。

（九）藤堂和泉守（高虎）部下有五千人，六日之战被长宗我部多有杀伤，藤堂新七郎（良胜）殿、同仁右卫门（高刑）殿等同姓之众有四人战死。其外和泉守家中之能臣良将尽皆战死。

（十）将军麾下称井伊扫部（直孝）这次立下日本第一大功，褒赏其金子千枚、银子千枚，确实是扬名于外。

（十一）和泉守殿亦受金千枚、银千枚，赏知行二十万石。（实际上是从二十二万石加增至三十二万石。）

（十二）这次战役中丢丑之辈据说都被除封。

（十三）此次伊达殿误杀友军之事，固然在御前过了关，但据说成了诸大名的笑柄，丢脸不浅。被误伤者据称是大和国众，名叫神保长三郎，带来的二百七十人被政宗殿杀得只剩七骑，这事天下皆知。

（十四）松平上总守（忠辉）这次虽在第一阵，却没赶上合战，连续犯错，从将军至各大名处皆有物议。

（十五）九州众中长冈越中守殿（细川忠兴）在意料之外立下功劳。于御前亦得佳评。

（十六）加藤左马（嘉明）殿、黑田筑前守（长政）殿若不在将军旗本之下，这次恐不能战胜，两人虽有战功，在御前却未闻得其欢颜。

（十七）大野主马（治房）从战场逃走，至今不知行踪，可谓失态。

（十八）大野道犬（治胤）亦逃走，被多番搜捕，发现藏于丰国神社社殿之地板下，被关入牢中，尚未闻处置。（此人后来被交给堺町住民处置，被恨他入骨的堺町民众烹杀。）

（十九）此次（大坂）战略皆在大野修理（治长）方寸间，然出离修理所想，而有处置失当之处，搞到无法收拾，实在难以形容。人们皆说这种失态古今所未有。

（二十）秀赖大人之部众在天守举火，决心一个不剩地在内烧死。这和修理意见相左，修理说要救出公主（指千姬），修理想靠她求情，换得（秀赖母子）一命，虽说他设法让公主出城，但将军大人不予宽宥，都落得切腹告终，因此修理为之大失其名誉。

（二十一）在大坂城中有叛心之人，除伊东丹后（七手组伊东长次）之外尚未有闻，丹后逃入高野山。另外厨房中有人通敌，在厨房放火，点燃了城郭，此人虽乃太阁大人还叫藤吉郎的时候就被起用之人，却也谋反，连那样的人都如此，此外就不必多言。（伊东长次战后获赦，领地安堵，1629 年死，内通恐确有其事。）

（二十二）片桐东市正（且元）已经死去，另外其弟（贞隆）三天后死去，另外东市正之子、妻子都前后病死，秀赖死后不过三十日就有此等事，可谓大奇。（片桐且元死于秀赖自尽二十天后的 5 月 28 日，另外此条有误传，片桐且元之子孝利，以及片桐贞隆都未在此时死去。）

（二十三）五月七日，真田左卫门冲向御所之御阵，追杀逐散阵中之人，阵中之人活命者都逃了三里有余。真田在冲杀三次后战死。众人只是评价，真田乃日本第一武士，古来的传说里亦未及此。

（二十四）（此条载将军旗本战死者名，略去。）

（二十五）秀赖五月八日未刻切腹，其母亦然（以下载同时切腹者名，略去）。

（二十六）七人之组头（七手组）殉者四人，青木民部（一重）这次作为使节早有派出，伊东丹后、中岛式部（氏种）两人逃走。（青木一重原本就是德川旧臣，后来复仕德川氏，另外中岛氏种自杀身亡，未有逃走。）

（二十七）汤浅右近、赤座内膳（直规）下落不明。

（二十八）秀赖传令兵三原龟介逃到京都，躲在抬箱之内，从里爬出时被杀。

（二十九）槙岛玄蕃（重利）据说战死，情况不明。

（三十）闻仙石宗也（秀范）逃到丹后，尚未捕到。（此人确实失踪。）

（三十一）大坂众中立功战死者有山口左马（弘定），是前之山口玄蕃（山口宗永、原加贺大圣寺城主，关原属于西军，战败后自杀）之子，和木村长门守

（重成）一道被井伊扫部助（直孝）所杀。

（三十二）御所、将军本阵七日被追上三次，御马印亦有丢失，明明白白没有逃跑的人几乎一个没有。（后略。）

以上各条，因为下面都有传闻，故记而呈上，若有错报，之后将追报之。

又及，该信写罢时，古田织部助（重然）父子在伏见宅中切腹，原因据说是里通大坂。

庆长二十年六月十一日

十一　烧为灰烬的山里丸库房

在天王寺 - 冈山口的三小时激烈搏杀之后，夏之阵胜负终告决出。损失了大半将士的丰臣败军朝城中退却，东军乘胜逼近三之丸。此前驻留在城边的池田利隆、京极忠高、京极高知、石川忠总、堀尾忠晴等两万余人也一齐迫近大坂。秀赖既然接受了速水守久的意见，放弃出城决战，那么就等于承认了大坂方的战败。到了下午四时许，城中的内应者所纵之火越燃越烈，东军开始大举进入城中，他们越过三之丸的木栅，在城中各处纵火。大坂城中已经没有人指挥抵抗了，只能听由东军士兵横冲直撞，纵火抢掠。到下午五时左右，二之丸也陷入了德川军之手。

事已至此，不愿投降德川的丰臣将士开始逐一寻找自了之路。七手组之一，当年六十岁的郡宗保乃是自秀吉以来担任其直属亲卫队的黄母衣众之一，他将秀吉的军旗和马标取回，至于本丸御殿的千叠间（有一千张榻榻米的广间）中，和其子一道切腹以殉。担任秀赖枪术教师的渡边糺和两个儿子一起在千叠间切腹，其母正荣尼也在目睹了儿孙绝命后自尽。真野赖包、中岛氏种、成田兵藏等人则相继自杀，堀田盛高和野野村吉安虽然想进本丸，却被火焰所阻，便坐在二之丸和本丸之间的石壁上自尽。大野治房、大野治胤、伊东长次、仙石秀范等人则突出城去，各寻生机。秀赖和淀姬、千姬虽然想登天守阁而自尽，但又被速水守久阻止，他让秀赖母子众人避往山里曲轮，藏进该曲轮的一个仓库中以暂避火势。大野治长在这时候想出了最后一计，他让千姬和其侍女带上几个卫兵逃到城外家康阵中，让她为淀姬和秀赖求情，并表示治长本人愿意承担一切责任。从这一点讲，大野治长也是个有担当的人，并没有后世俗说丑化的那么不堪。这一位丰臣家的末代宰相在大坂开战后，也是尽到了他自己所能的一切努力来维持这个烂摊子，最后在夏之阵中的失误也是天命难违，非他主观之过。但我们不知道他临死前有没有后悔当初排挤走了片桐且元，因为他在坐上这个位子后面临的两难处境，也就是片桐当初的苦处所在，而他既然是近

⊙ 山里丸秀赖、淀殿自尽之地的纪念碑

幸出身，就很难违拗秀赖和淀姬不切实际的想法。他毕竟不是外臣，而一直是淀姬和秀赖的“家人”，所以他没法从这个负累上脱身，只能听凭这个负累把自己压死，从而导致一事无成。从这个意义上讲，他的悲剧色彩倒是比淀姬和秀赖要浓些。

总而言之，由于治长的献策，千姬终于能够出得城去，其实际情况只能依据各种风闻。据《山口休庵咄》的说法：“秀赖公同母公、大野治长等人相商，秀赖公之御前姬君自城中而出，被送往大御所处，有个名叫南部志摩守的人则骑在马上，在乘舆前开道，说‘姬君要出大坂，不管何方都请让道’。”《山本日记》则称：“因为事出突然，只得坐着粗糙的乘舆，上下带着六十个扈从。”根据《骏府记》的记载：“申刻（下午四时），城中派米村权右卫门为使到茶臼山，对本多正信和后藤光次称：‘诸浪人尽皆战死，今天姬君已出城而前往冈山，秀赖与其母及其外侍女数人、大野治长母子、速水甲斐守（守久），其外诸人都在山里曲轮二间三间之库中藏身，若肯饶得秀赖母子性命，治长以下诸人皆愿意切腹。’”本多正信将情况报告家康，家康表示赦免与否要听臣下评议，便将使者交给后藤等人看管。

又据长州毛利家方面事后所掌握的情况，到了第二天（八日）辰刻，片桐且元传来了秀赖母子确在该处的报告，家康马上派遣井伊直孝和酒井家次二人作为检使前去确认。大野治长这时再次为秀赖求情，家康对此表示：“让将军决定吧。”秀忠便说：“已经不是第一次了，还是早早切腹吧。”（《萩藩阀阅录遗漏》）这个情况也和上揭岛津方面得到的情报相符。于是秀赖母子、大野治长母子、毛利胜永、速水守久、真田幸昌、竹田永翁等男女一起自尽，时在八日正午，山里丸库房也被他们点燃。自秀吉以来称雄一时的丰臣氏自此化为大坂劫难的梦中之梦。

那么，生活在当时的人们是怎样看待大坂的灭亡的呢？在大坂战后十天之后的五月十八日，参加完夏之阵的伊达政宗给其五子伊达宗纲的乳母小野殿写了一封信，关于大坂城中诸人的情况，他这样谈道：“本月六日到七日两天之间有战事，此番大坂方一败涂地，八日清晨秀赖和其母虽躲进烧剩了的土藏，还是受命切了腹。老母并无她早先夸下的海口那样气概，算是白白送命了。”

在此前的五月十一日，政宗给自己的庶长子伊达秀宗也写了一封信，告知夏之阵的最终局面。他在信中写道：“大坂方面自己烧掉了本丸，秀赖和老母在天守下面曲轮的仓库里活到第二天。公方接走了姬样，命秀赖切腹，其老母也被处死了。”然后感慨道：“搞得这么难堪而丧了性命，真是无法想象。”

伊达政宗用冷冷的眼光看着秀赖母子的终局，他肯定想起了关原战后他托今井宗薰向德川方面所提出的方案——将秀赖放在大坂，因为总有一天要出事，还不如将秀赖紧紧看管起来，那样恐怕也不会弄到像今天这样凄惨。他当年的预测，至此算是成了现实，他恐怕正为自己的料事如神而暗中得意吧。在长于保身之术的政宗看来，淀姬和秀赖大概就是两个愚不可及的傻瓜，如果他们都能像他政宗这样能屈能伸，大概也不至于落到今日的局面了。

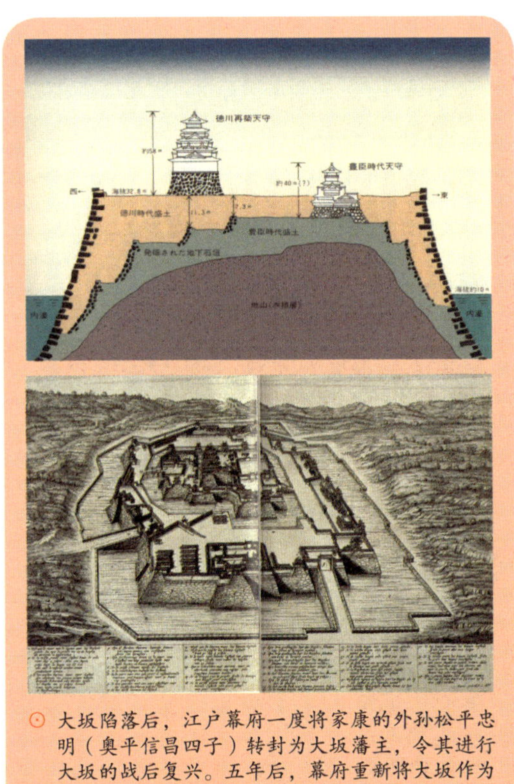

⊙ 大坂陷落后，江户幕府一度将家康的外孙松平忠明（奥平信昌四子）转封为大坂藩主，令其进行大坂的战后复兴。五年后，幕府重新将大坂作为直辖领，在丰臣大坂城的地基上重建了德川大坂城，并且扩建了大坂街市。这一大建设真正奠定了大坂作为江户时代的商都的基础，也显示了德川氏对丰臣旧制的彻底推翻。图为1669年荷兰人描绘的再建大坂城的雄姿，以及德川大坂城和丰臣大坂城的对比

政宗若有这样的想法，他确是想错了，他虽然在大坂之阵爆发之前，还依据原有格式在书信中用敬称称呼秀赖母子，但在其潜意识里大概早把秀赖当成了一个普通大名，才用普通大名在“天下人”底下求生存的思维去理解秀赖母子的行动。那样来看，秀赖母子当然是愚不可及。但是，正如本书前两章所叙述的观点一样，丰臣氏在关原战后并不是一个普通的大名，他被国外观察者看成是正统的继承人，拥有和“天下人”地位相应的家格，占据着秀吉政权京坂首都圈的一隅，以及关原战后偶然形成的有

利地缘战略态势。丰臣秀赖本人从生下来就注定是万人之上的“神童世子”，作为秀吉的继承者，故太阁对他的骄纵和溺爱到了无以复加的地步。下面将列举现今大阪市政府所藏丰臣秀吉文书中，秀吉在庆长三年五月二十日写给秀赖的一封书信。从书信的内容中，我们便可见其可怕程度：

不管怎么想，都是右京大夫（秀赖的乳母、一说是木村重成生母）无理。不论是谁，若有不合中纳言大人（秀赖）的意思的，爹爹便要将她打得死去活来。如果有不肯听话的，上报便是。请报知妈妈说政妈妈（宁宁）身体已康复，敬请放心。爹爹定会前来，要说的话非常非常多，万吉万吉。

信件很快到来，爹爹非常高兴，桔、龟、安、椳（四个侍女）听说不合中纳言大人的心意，就和之前说的那样，爹爹不在的时候就和妈妈说，把四个人用绳子一道绑了。爹爹必到你这里，把这些人一个个打死，所以请勿挂怀。

秀赖就是在秀吉这样如此的溺爱中长大的，成长以后又被淀姬和周围人灌输了一整套正统的帝王意识，前述《帝鉴图说》的刊行是一例。而据藤本正行等人的研究，晚年奉仕秀赖的太田牛一所撰述的《太阁大人军记》，更是为让秀赖了解其父的光辉传统，得其理

⊙ 京都西本愿寺大广间，建造于宽永年间，这里是今天日本最能体现织丰和江户初期“天下人”政治气氛的空间之一。读者可以想象德川将军在这样的空间中会见外国使节的情形

世治国之要而编纂的。秀赖既然自小就被捧为天上明珠，又被其周围之人怀有这样的期望，他如果甘为一普通大名，才是奇怪至极的事，他当然认为自己应该合情合理地统治这个本属于他的天下。在这种背景下，秀赖母子才会一而再再而三地对德川方面的宽容举措置若罔闻，不断地抗拒家康的政治安排，力图维持丰臣家的地位。终于在庆长十六年二条城会见前后玩过了火，触及了家康的敏感神经。但是他们依然不改其高姿态，终以偶然发生的方广寺钟铭处置失当为诱因，自己引发了丰臣方与德川方的全面对抗。当秀赖将浪人招进城中后，无论他后悔与否，事情也不可挽回了。

那么，这场战争对德川政权而言，又意味着什么呢？关于缔造了日本的“近世”时代的三位“天下人”信长、秀吉、家康，世间常有“织田捣米，丰臣和面，德川坐食天下饼”的说法。在这种史观看来，德川家康通过关原一战攫取了天下大权，就已经得到了整个“天下”，其势稳如泰山。大坂之阵起自家康多余的猜疑心，生搬硬套给大坂方按上了莫须有的罪名，而成为家康一生最大的一个“污点”。但正如本书所论述的一样，关原之战不是德川家康建立其国家政权的终点，而是克服秀吉政治框架，草创德川天下的起点。德川氏在关原战后固然掌握了政治的主导地位，但他们相当程度上受制于他们因关原的失误所招致的“西高东低”的地缘政治格局以及秀吉政治框架的局限。家康在相当长的一段时期内必须在不刺激丰臣氏和丰臣恩顾大名的前提下小心从事，故而家康一时不得不给予丰臣氏以一种非君非臣的特殊地位和待遇。但志在构筑德川氏永久政权的家康必然不会满足于此，他利用秀吉晚年的妄行给丰臣政权造成的政权名分空

江户后期的讽刺画，题目是“织田捣米，秀吉和面，家康坐而食之”之类的庸俗历史观。此图出后，作者和出版方都被当局处以五十日“手锁”——不许创作出版的处罚。这种生硬的弹压自然只会起到反效果

白（因清算关白秀次而招致的关白职长期空位），用传统悠久的将军型“公仪”代替了秀吉创建不久、根基不深的武家关白制。若家康属于枭雄型人物的话，他这时就可以玩弄阴谋处理掉秀赖母子了。但家康依然不放弃采取融合手段和平进行政权过渡。他采取的基本战略是不急于处理德川与丰臣关系这一难题，而是先将问题搁置起来，一方面试图达成丰臣与德川的血缘一体化以融化吸收丰臣氏，另一方面在国家建构上逐步去丰臣化，扎稳政权基础。在政治和军事战略两个方面建立对大坂方的绝对优势，断绝大坂的侥幸思想，让秀赖母子认清形势，而使之宾服于江户政权，而武力消灭大坂只是不得已情况下的保留手段。但是秀赖拒不放弃自己的特殊地位，想要和德川家平起平坐。当两边的妥协空间越来越小，最终的破局便不可避免。

大坂城陷落后，德川政权在庆长二十年闰六月，发布了命诸国大名拆除除居城以外的一切军事要塞的《一国一城令》，象征着国家从战备动员状态走向日常和平状态的过渡。七月，德川政权又在伏见城颁布了作为国家成宪，以将军名义发布的《武家诸法度》，之后，又发布了对朝廷进行规制的《禁中并公家诸法度》。这一切都意味着德川政权的稳固确立和天下太平的到来。家康在看到这一切后，于元和二年过世。而元和三年（1617年）八月，名副其实地成为将军的秀忠，则在京都伏见城迎接了朝鲜光海君政权派来的通信使吴允谦。自壬辰、丁酉倭乱平息，日朝恢复外交接触后，在庆长十二年（1607年）五月朝鲜第一次对日遣使的国书中，朝方便指出：“交邻有道，自古而然，二百年来海波不扬，何莫非天朝（明）之赐，敝邦亦何负贵国也哉。抑壬辰之变，无故动兵，构祸极惨，而及先王丘墓，敝邦君臣，痛心切骨，义不与贵国共戴一天。”对日方控诉了秀吉发动的侵略战争给朝鲜带来的切肤之痛。而庆长十四年（1609年）日方的回使亦不许进入汉城，只在釜山进行接待。日朝关系史学者李进熙氏对此评价道：“这是因为秀吉的军队是沿着室町时代日本使节走过的道路一气朝着汉阳进军，而丰臣一族尚残留在世，俘虏尚未刷还，朝鲜王朝还不能抹去对德川幕府的不信任感。”虽然朝鲜王朝对日的这种不信任感在整个江户时代都未能抹除，但随着丰臣家的彻底灭亡，元和三年的这一次遣使，气氛较之上次就大为缓和，不仅使节从所谓“回答兼刷还使”恢复到了以往的友好使节“通信使”的称呼。而从秀忠和正使的会见中，也可见朝方对大坂之阵的高度评价：

关白（秀忠）使译官传言。得见稀罕之盛事。心甚感幸。吾等答曰。二百年交好之义。中间乖败。今幸已歼雠贼。更修旧好。两国生民之福也。行酒三巡后关白又请别杯。行二杯曰。使臣远来劳苦。故请进别杯耳。行酒后又曰。吾则当罢入。使吾两弟待饭。愿使臣安心便坐。吾等卽行拜礼而辞。仍起入。所谓两弟卽入厅。长曰尾长州太守（德川义直，根据对马方面的记录，义直未出席，实际是德川赖房）。次曰骏河州太守（德川赖宣）。关白又使大泽小将（高家旗本大泽基宿）传言。恐使臣尊体不安。故不得久坐。愿安心更加酒馔。卽进饭。又行酒五巡而罢。还出厅外。上野（本多正纯）板仓（板仓胜重）迎劳曰。今日得见盛仪。幸甚幸甚。吾等答曰。关白至诚接待。不胜感幸。但此后事。惟刷还我民爲重。愿执政转达关白。特为刷括付还。无使一人遗落。今日邻好之实。正在此处。若于此处。不为着实。则是徒为外貌。非诚信也。

可见，大坂城的陷落，也为当时日朝关系的正常化开辟了道路。所谓的“元和偃武”，不仅是单在日本层面的“偃武”，从东亚史的角度看，也是日本和朝鲜半岛非正常状态的一个“偃武”。而德川家对丰臣氏的处理，可以说是日本人用自己的手处理了使两国人民惨遭战祸的战争罪犯。虽然说整个十六至十七世纪东亚世界动荡期的结束，可能还要等到 1681 年清朝统治者镇压“三藩之乱”。但是通过这一次“偃武”，日朝之间的纷争火种基本摘除。至明治维新为止，两国大体维持了善邻友好的关系。

在文章的最后，笔者想说，日本民族向来有着名为“袒护判官”（判官びいき）的传统，即一种同情历史失败者的民族文化。“判官”这里特指的是开创了武家政治的第一位征夷大将军源赖朝的弟弟源义经。按照日本民间的一般看法，他为其兄消灭平氏政权，为父报仇，立下大功，却因自己的“单纯”而触犯了镰仓政权的政治忌讳，最后被其兄迫害而亡。这样的历史失败者，一直作为“悲剧的贵公子”成为日本民间的同情对象。

德川家康自江户开幕以后，日本的政治核心从原有的首都圈京都和大坂转移至江户。江户幕府严格的身份制度和关东本位主义，使得经济上富有实力的大坂富商“町人”不能具备和他们的财富相衬的社会地位。而在江户时代后半期，幕藩体制发生动摇的时候，以德川吉宗、松平定信等人为代表的保守政治家们便用重本抑末的经济政策和俭约令来应对体制危机，并且进行思想控制。他们打压“上方町人”的文化生活，京都和大坂的商业富裕地区无疑会首当其冲地遭到波及。“上方町人”怨愤之余，就开始怀念起历史上并不存在的“太阁时代的好时光”。在江户前期，民间就流传有一句俗谣：“像花一样的秀赖大人，被鬼一般的真田带走了，逃啊，逃啊，逃向了加护岛（鹿儿岛）。”其原型无疑就是义经传说里色白如美女的源义经被悍勇无比的恶僧武藏坊弁庆庇护着逃向北方的故事构造。“袒护判官”的文化和民众对于现实政治不满的情绪巧妙地结合在一起，就诞生了天生的“贵公子”丰臣秀赖遭到狡诈的狸猫精家康迫害的“悲剧物语”。而在大坂之阵中活跃的浪人武将如真田信繁，就在这些文艺作品中摇身一变，成为统率奇侠异士（所谓“真田十勇士”），勇敢地助弱抗强的超级英雄“真田幸村”。明治末到大正流行于大阪的通俗小说“立川文库系列”中有关真田十勇士、真田幸村的作品，就是江户以来大阪市民文化对大坂之阵故事戏说演义的集大成。这些文艺作品中的虚构形象和他们的历史原型不能说是同一人物，但也不是他者，而是通过通俗文艺的媒介，不可思议地联系在了一起。

进入明治大正以后，已经先后发动中日甲午、日俄战争，以侵略扩张为国策的日本政府开始有意识地追捧和显彰“海外进出的先觉者”丰臣秀吉，对秀吉发动的对外战争歌功颂德，秀吉成了当时日本最受欢迎的国民英雄之一。在这种形势之下，以江户时代的大坂说书话本为蓝本，在内容上彻底地贬德川褒丰臣的武侠小说“立川文库”系列开始爆发性地流行，成为人人爱读的流行读物。它不仅使“真田十勇士”等虚构艺术形象深入人心，也使得各种无中生有的俗说变得妇孺皆知。司马辽太郎之辈的流行小说无非是选择性地剪裁资料包装这些早就为人们熟悉的固有印象，以讨好读者而已

物语有着物语的精彩世界，而历史则有虚构和事实的明确边界。如今在日本正儿八经的历史学者中，也有人对秀赖抱有某种多余的同情（尤其以富于感性的女性学者为多），他们硬是要将丰臣秀赖定性成楚楚可怜的“悲剧的贵公子”。通过否定“德川史观”把秀赖和淀姬诬蔑为顽童愚妇的说法，证明秀吉死后的丰臣家也有其“公仪”和“威光”，而要为秀赖、淀姬母子“一雪其憾”（福田千鹤《丰臣秀赖》）。但是他们越是发掘出被德川氏的政治宣传所隐瞒的秀赖的“公仪”和“威光”，则越是揭示了大坂之阵背后不可避免的构造性矛盾，以及德川家康最终发动大坂之阵的合理性。书生轻议冢中人，冢中笑尔书生气。秀赖在九泉之下如果知道他在后世有着这样一班“知音”，恐怕并不会以为然。丰臣秀赖作为太阁的唯一正统继承人，是为维护他丰臣家的天下江山力竭而死，而不是什么“悲剧的贵公子”。天子守国门，国君死社稷，怀着其父晚年未竟的“中华皇帝”幻梦，在硝烟和烈火中迎敌天下之军势而不屈地灭亡，这才是秀赖所渴望的末日挽歌。

丰臣秀赖与大坂之阵略年谱

公元纪年	日本纪年	事项
1593年	文禄二年	8月3日，丰臣秀赖作为太阁丰臣秀吉之子出生于大坂，其母为浅井氏淀殿。8月9日，取名为“拾”。10月1日，秀吉计划将拾和关白丰臣秀次的女儿联姻。
1594年	文禄三年	11月，拾从大坂城移徙至伏见城。
1595年	文禄四年	2月27日，秀吉为拾向朝廷奏请叙位。7月8日，秀次事件爆发（关白丰臣秀次被秀吉逐之高野山，7月15日秀次自尽，8月2日秀吉尽诛秀次老幼女眷39人）。7月12日秀吉命德川家康、毛利辉元对拾写下效忠的誓文。8月，秀吉拆除聚乐第。
1596年	庆长元年	5月9日，拾从伏见入京都，家康以下为供奉。5月13日，秀吉和拾参内，拾叙从五位上。12月17日，拾改名秀赖。
1597年	庆长二年	9月28日，秀吉在秀赖陪同下参内，秀赖在禁里元服成人，叙任从四位下左近卫中将，次日升任左近卫中将。
1598年	庆长三年	4月20日，秀赖参内，叙任为从二位权中纳言。8月5日，五大老、五奉行向秀吉提交誓文，誓约对秀赖没有异心。此日秀吉亲书遗言。8月18日，秀吉死于伏见。9月15日，秀赖立志创建方广寺大佛。12月，日军从朝鲜成功撤退，“文禄－庆长之役”告终。
1599年	庆长四年	元日，秀赖在伏见受诸侯朝贺。1月10日，按秀吉遗命，秀赖从伏见迁往大坂，家康供奉之。闰3月3日，秀赖的太傅前田利家去世。8月18日，举行丰国大明神祭。9月28日，家康作为秀赖的监护者入住大坂西丸。
1600年	庆长五年	元日，秀赖在大坂受诸侯朝贺。5月3日，家康发动“会津征伐”，讨伐上杉景胜，秀赖赠金二万石、米二万石为之壮行。6月18日，家康从伏见出征。7月19日，石田三成等西军攻击伏见城。9月15日，东西两军在关原决战，西军败北。10月1日，石田三成等主谋被处死。10月15日，秀赖的领知被确定于集中于摄津河内和泉三国，在别地亦有散在的65万余石。
1601年	庆长六年	1月15日，家康以下诸侯朝贺秀赖。2月3日，片桐且元被定为秀赖的师傅，并命为家老职。3月27日，秀赖升为权大纳言。
1602年	庆长七年	1月6日，秀赖升为正二位。3月14日，家康为贺年而来大坂参秀赖。3月21日，为年贺，朝廷公卿前赴大坂。12月4日，重建中的方广寺大佛殿因火灾烧毁。12月30日，此前后世间流传秀赖就任关白的传言。

公元纪年	日本纪年	事项
1603年	庆长八年	元日，诸侯在大坂朝贺秀赖。2月8日，家康到大坂朝贺秀赖。2月12日，朝廷任家康为征夷大将军。2月20日，亲王、门迹、公卿向秀赖贺年。7月22日，秀赖任内大臣。7月28日，秀赖和秀忠女千姬成婚。
1604年	庆长九年	1月27日，敕使派向大坂，亲王、门迹亦赴大坂，向秀赖行贺礼。8月14日，丰国神社临时祭，秀赖在家康陪同下为秀吉行逝世七周年法会。
1605年	庆长十年	1月29日，公卿、诸门迹在大坂向秀赖贺年。4月12日，秀赖升任右大臣。4月16日，家康退将军位，秀忠以内大臣职继兼将军役职。5月10日，家康请秀赖上京为秀忠贺，淀姬坚拒之。
1606年	庆长十一年	1月25日，公卿、诸门迹赴大坂为秀赖贺年。
1607年	庆长十二年	1月11日，秀赖辞右大臣。1月28日，敕使、诸公卿门迹赴大坂为秀赖贺年。3月25日，幕府为骏府筑城，向诸大名调征五百石夫。秀赖领亦被课役。7月3日，骏府城竣工，家康移住之。
1608年	庆长十三年	1月2日，秀赖遣织田赖长赴骏府，为家康贺年。1月27日，敕使、公卿至大坂为秀赖贺年。2月，秀赖感染天花。福岛正则亲至大坂看护，西国、中国之大名也有暗中探望者。3月27日，秀赖痊愈。此年，秀赖之子国松丸出生。
1609年	庆长十四年	元日，秀赖遣使赴骏府，为家康贺年。1月17日，敕使、亲王至大坂为秀赖贺年，18日公卿赴大坂为秀赖贺年。该月，秀赖决定重开方广寺再兴工程。此年，秀赖长女出生（后天秀尼），其母据幕府公式记录为前武藏忍城主成田氏长女甲斐姬，实际不详。是年，家康开始构建对大坂军事包围网。
1610年	庆长十五年	1月2日，秀赖使者伊藤扫部赴骏府为家康贺年。1月18日，敕使、亲王、门迹、公卿至大坂为秀赖贺年。6月12日，方广寺大佛殿地镇祭举行。
1611年	庆长十六年	元日，秀赖使者大野治房赴骏府为家康贺年。1月28日，公卿众赴大坂为秀赖贺年。3月6日，家康为天皇让位事上京，自骏府出发。3月17日，家康进京。3月20日，家康命织田有乐斋长益赴大坂，促秀赖上京。3月27日，秀赖应承上京。28日，秀赖上京，在二条城和家康会见。
1612年	庆长十七年	元日，秀赖使者薄田兼相赴骏府为家康贺年。1月28日，公卿、门迹赴大坂为秀赖贺年。

公元纪年	日本纪年	事项
1613 年	庆长十八年	元日，后阳成上皇及将军德川秀忠之使者至大坂为秀赖贺年。1 月 2 日，秀赖以速水守久为使赴骏府，以大野治房为使赴江户，为秀忠、家康贺年。1 月 26 日，敕使、亲王、公卿、门迹赴大坂为秀赖贺年。
1614 年	庆长十九年	1 月 2 日，秀赖使者薄田兼相赴江户为将军贺年。1 月 23 日，亲王、公卿、门迹赴大坂为秀赖贺年。4 月 16 日，秀赖铸方广寺大钟，片桐且元为奉行。4 月 24 日，秀赖遣片桐且元赴骏府。5 月 21 日，大佛供养定为 8 月 3 日，且元自骏府出发。7 月 26 日，家康以钟铭有不利关东之意、栋札不妥为由，决定将大佛供养延期，并告知片桐且元。8 月 13 日，片桐且元为辨明事实赴骏府。8 月 20 日，家康遣使见且元，问钟铭及大坂召集浪人风传诸事。9 月 7 日，家康命西国大名提交誓文，发誓效忠德川家。9 月 12 日，片桐且元归坂，就关东之诘问，设秀赖参勤、淀姬为质，转封他国三策以对。10 月 1 日，因三策遭到秀赖母子竣拒，大坂激进分子欲杀且元，且元与大坂断绝关系，退往摄津茨木。10 月 2 日，冬之阵开始，秀赖飞檄诸侯求援，召集浪人。10 月 7 日，真田信繁、长宗我部盛亲、后藤基次等浪人武将入城。10 月 25 日，秀赖军议。11 月 16 日，家康秀忠茶臼山军议，以诸大名在内二十万之众包围大坂。11 月 19 日，东军蜂须贺至镇与丰臣军初战于木津川口。11 月 26 日，今福－鴫野之战，秀赖观战于京桥口菱橹。12 月 2 日，真田丸攻防战，东军大败北。12 月 19 日，冬之阵和议成立。
1615 年	庆长二十年	元日，秀赖使者在二条城为家康贺年。2 月，城中开始重掘此前和议中已经填平的城堀，并复集浪人。3 月 12 日，京都所司代板仓胜重报告大坂不稳举动，家康要求丰臣家或转封，或追放浪人。4 月 4 日，秀赖决定抗战，召开军议。4 月 5 日，秀赖巡视城内外。4 月 18 日，家康入二条城。4 月 22 日，秀忠入伏见城。东军军议，以家康、秀忠一路出河内，松平忠辉一路出大和。并对大坂提出最后通牒，大坂拒之，夏之阵不可避免。4 月 26 日，秀赖军攻入大和，陷郡山城后退走。4 月 28 日，和泉之战，秀赖军败于浅野长晟。5 月 6 日，秀赖军后藤基次、真田信繁等部迎击东军松平忠辉支队于道明寺、誉田。木村重成、长宗我部盛亲等部迎击东军本队先锋于八尾、若江。皆未达成战役目的。5 月 7 日，天王寺－冈山决战，秀赖军力战而北，东军攻入大坂城。5 月 8 日，秀赖、淀姬自杀，大坂夏之阵结束。

后　记

日本人有关对大坂之阵的评价，二战前“德川阴谋史观”的论调便甚嚣尘上。往古者不论，日本战前著名的评论家德富苏峰在大正年间执笔的一套通俗历史读物《近世日本国民史》中的第十二册《家康时代中卷 大坂役》中的观点，就足以包含后世如历史小说家司马辽太郎氏、号称“秀吉研究第一人”的学者桑田忠亲氏之类响当当人物关于大坂之阵的论调。德富苏峰认为家康一生，去今川、结织田、绝北条、与丰臣，皆如行云流水，不落痕迹，一生谋略尽人巧而达天巧之域，唯独大坂之役以以诡诈辛辣的手段打败丰臣孤儿寡母，捏造种种借口，无一自然处，“如平生品行方正以闻者，一夜堕魔界，直做他荡儿之看”；家康一生一世之伪装，至大坂役全为剥去，是如何可笑千万之事，“日暮图穷，倒行逆施，不得已处，极为可怜”。德富此书和今日的通俗读物极为不同，处处搜罗史料，殆有一大资料集之观，故而影响极其深远。连笔者本书的写作，亦多有赖于彼书中抄录之史料。而战后有闻之大学者大作家，却也是基本沿袭德富这一路的观点，作家如司马辽太郎者且不论，正规的研究者受其影响也很深，比如曾为大坂城天守阁博物馆长的著名学者冈本良一，便在其于1964年在创元社刊行的《大坂冬之阵、夏之阵》一书的后记中对大坂之阵和家康做了如下评价：

> 秀吉死后，日本的历史以家康为轴心转动，并且家康巧妙地引领着当时战国风气极其浓厚，骚动不安的社会，确立了尔后绵延三百年之太平基础，其伟大之手腕不得不说是一大功绩。
>
> 但是古来关原之战便被称为决定天下之战，在这一战获得胜利的德川氏，其霸权已经确立。所以说固然可以说大坂之阵是关原合战的最后完成，但即便家康不发动这场大坂之阵，天下大势也将会尘土自归其出，德川氏的基础依然会得以

安泰，当然，之后日本的历史样貌恐怕也不会有很大的改变吧。真要说的话，确实，家康因为其年龄关系，还是没有跑出专制君主的惯例，在一辈子辛苦之后，还用以往的家康绝不相似的胡搞蛮干灭亡了丰臣氏，为此长时间在后世得到了“老狸猫精”这样不好的评价。家康虽然如其策划的一样灭掉了丰臣氏，但不得不说，对于家康而言，大坂之阵是他整个生涯最大的失败之处的理由，就在于这是毫无必要的蛮干。我甚为家康惜之。

这可以说是对大坂之阵俗说的一句中心概括，也是笔者想要对其提出质疑的一种史观。在笔者看来，丰臣和德川之所以最后不得不撕破脸皮兵刃相见，并不是什么不自然的结果，而是自然而然的结果。家康并没有所谓的人格豹变，他也还是那个忍辱负重，谨慎小心的家康。他可以说是力图在政权经营可以允许的最大范围内包容丰臣氏，但正统君主意识极强的秀赖，却不能接受丰臣氏必须屈居臣位才能延续的现实。他也是宁为玉碎，不为瓦全。秀赖不是甘为山阳公谨退其藩守的汉献帝，而家康也不是无理杀死心悦诚服地交出皇帝位置的司马德文的刘寄奴。

笔者之所以著此书，一方面是出于司马辽太郎关于大坂之阵的小说《城塞》眼下已在国内出版。司马氏以笔力雄浑见长，虽是通俗小说，却颇能引经据典，使人大有读纪实作品之感。他又长于入木三分的人物刻画，所以其小说中的人物像，像“红脸的关羽、白脸的曹操”一样，成为日本一般群众对历史人物的印象。他作品的独特感染力，却会让一大批读者觉得自己有学到了历史真实的错觉。所谓“司马史观”，就是此类出离小说家本人意图的一种副产物。司马的这部小说，观点未脱以上所谓阴谋史观。这使得笔者觉得有必要汲取现在日本学界最先端的江户初期政治史研究成果，重新梳理事实，对于阴谋史观进行批判。事实上可谓大坂之役阴谋论集大成者的德富苏峰《近世日本国民史 大坂役》一书，看似资料翔实、观点很有说服力，但他没有严谨地做考订。他一般是先入为主地阐述他的主观看法，然后像读者理应自明一样，不加分析地罗列资料。其实足证其说法无法自洽的资料，也被他插到了书中去，但是他碰到这种情况，往往会来上一句“其真乎？伪乎？吾人宁信其……”，诉诸自己的主观感觉把资料枪毙掉。德富氏的著述态度既然如此，那么对于他的观点，商榷余地还是相当之大的。

另外一个方面，则是由于笔者写毕此书的2015年，正值大坂夏之阵四百周年，而2016年度大河剧的拍摄也将以真田幸村与大坂之阵为题材。现今国内却没有一本介绍大坂之阵基本事实的战史类书籍，故以笔者之未精拙笔，勾画这一历史事件的基本轮廓，为日本战国史的爱好者更好地观剧，提供一本内容相对可靠的战史读物，以资参考。笔者的意图成功与否，一切委诸君判断，并欢迎基于确实史料的批评和指教。

笔者本书中的一些观点并非完全的个人独创，其中引用了很多日本学界优秀的政治史研究成果，因为本书并非作为学术著作而写作，故无暇一一注出来源，有日语阅读能力的读者有兴趣可自行查询书后开列的参考文献，本人征引的资料全在其内。其中笠谷和比古先生的庆长年间“二重公仪”论，虽然不无可商榷之处，但他列举的事实也为打破关于大坂之阵的通说提供了有益的思路。福田千鹤对于秀赖的基础研究也给笔者的立论以很多教益，而担任 2016 年大河剧《真田丸》历史顾问一职的武田氏研究家平山优关于真田信繁的新著，更是越过了以往所有关于信繁（幸村）此人的史传的超水准之作，关于大坂之阵的军事过程，笔者在他的著作中获益良多。在此附记，致以谢意。

本书的写作得到了笔者许多严师益友的无私帮助，如今负笈东瀛的张子平兄，他在撰写博士论文的百忙之中，为本书的写作提供了许多资料和图片，还和笔者切磋观点，提供灵感，并对文中日本近世史料的判读评价做出指导。没有张子平兄的督促和鞭策，生性愚鲁懒惰的笔者是不能完成此书的。另外，吴焉、翁浩骞、张捷闻诸兄为本书的写作也提供了不少便利，在此一并致以诚挚的谢意。本书将献给壮志未酬身先逝的好友陈凌先生，笔者亦在此谨祈他的冥福。本书亦献给笔者年事已高的双亲，以感谢他们对不肖之子的声援和不计回报的付出。

参考文献

史料、图册

東京大学史料編纂所編《大日本史料》十二編之十五－二十　東京大学出版会 1911 － 1918

《当代記》《駿府記》(《史籍雑纂》二）所收　国書刊行会 1911

中村通夫、湯沢幸吉郎校訂《雑兵物語、おあむ物語、(附）おきく物語》　岩波文庫 1943

《伊達政宗卿伝記史料》　藩祖伊達政宗顯彰会 1938

斎木一馬、岡山泰四、相良亨校注《日本思想大系 26 三河物語、葉隠》　岩波書店 1974

中村勝利校注、藤堂高文《御先手勤方覚書元和先鋒録》　三重県郷土資料刊行会 1976

《鹿児島県史料　薩藩旧記雑録後編四》　鹿児島県 1984

《義演准后日記》(《史料纂集》)　続群書類従完成会 1985

《内閣文庫所蔵史料叢刊 65　慶長見聞録案紙、慶長日記、慶長元和年録》　汲古書院 1986

松田毅一監訳《十六、七世紀イエズス会日本報告集》第Ⅱ期第 2 巻　同朋舎 1996

大石学など編《現代語訳徳川実紀　家康公伝》(全五巻）　吉川弘文館 2011

大坂の陣 400 年紀念特別展《浪人たちの大坂の陣》　大坂城天守閣 2014

大坂の陣 400 年紀念特別展《豊臣と徳川》　大坂城天守閣 2015

论著、杂志

徳富猪一郎《近世日本国民史　家康時代中巻大坂役》 民友社 1922

中村孝也《家康伝》 講談社 1965

岡本良一《大坂冬の陣夏の陣》 創元社 1972

北島正元《日本の歴史 16 江戸幕府》 小学館 1975

渡辺世祐《豊太閤の私的生活》 講談社学術文庫 1980

豊田国夫《名前の禁忌習俗》 講談社学術文庫 1988

李進熙《江戸時代の朝鮮通信使》 講談社学術文庫 1992

藤井讓治《日本の歴史 12 江戸開幕》 集英社 1992

藤井讓治《徳川将軍家領知宛行制の研究》 思文閣 2008

池上裕子《日本の歴史 15 織豊政権と江戸幕府》 講談社 2002

池享編《日本の時代史 13 天下統一と朝鮮侵略》 吉川弘文館 2003

歴史学研究会、日本史研究会編《日本史講座 5 近世の形成》 東京大学出版会 2004

旧参謀本部編《日本の戦史 大坂の役》 徳間文庫 1994

酒井紀美《日本中世の在地社会》 吉川弘文館 1999

曽根勇二《片桐且元》 吉川弘文館 2001

曽根勇二《敗者の日本史 13 大坂の陣と豊臣秀頼》 吉川弘文館 2013

笠谷和比古《関ヶ原合戦》 講談社 1994

笠谷和比古《関ヶ原合戦と近世の国制》 思文閣 2000

笠谷和比古《戦争の日本史 17 関ヶ原合戦と大坂の陣》 吉川弘文館 2007

笠谷和比古、黒田慶一《豊臣大坂城》 新潮選書 2015

宇田川武久編《日本銃砲の歴史と技術》 雄山閣 2014

藤田達生《日本近世国家成立史の研究》 校倉書房 2001

圭室文雄編《日本の名僧 15 政界の導者天海、崇伝》 吉川弘文館 2004

藤木久志《新版　雑兵たちの戦場》 朝日新聞社 2005

福田千鶴《淀殿》 ミネルヴァ書房 2007

福田千鶴《豊臣秀頼》 吉川弘文館 2014

小和田哲男《北政所と淀殿》 吉川弘文館 2009

本多隆成《定本徳川家康》 吉川弘文館 2010

本多隆成《徳川家康と関ヶ原の戦い》 吉川弘文館 2013

歴史読本編集部編《ここまでわかった！大坂の陣と豊臣秀頼》 新人物文庫 2015

野村玄《“天下人”の神格化と天皇》 思文閣 2015

渡邉大門《大坂落城　戦国終焉の舞台》 角川選書 2012

平山優《真田信繁》 角川選書 2015

丸島和洋《真田四代と信繁》 平凡社新书 2015

歴史群像編集部編《歴史群像シリーズ戦国 SELECTION 激闘大坂の陣》 学習研究社 2000

歴史群像編集部編《新歴史群像シリーズ 10 真田三代》 学習研究社 2007